KB218335

왜 도둑입니까?

성경은 무엇이라고 대답합니까!

* 이 책의 본문, 표지 서체는 함초롱바탕, 함초롱돋움체로 쓰였습니다.

왜
도둑입니까?

성경은 무엇이라고 대답합니까!

초판1쇄 - 2018년 1월 25일

지 은 이 - 한 언 수
펴 낸 이 - 채 주 희
편   집 - 김주영, 김하영
펴 낸 곳 - 엘맨출판사

서울시 마포구 신수동 448-6
출판등록 - 제10-1562호(1985.10.29)

Tel. / 02-323-4060
Fax / 02-323-6416
e-mail / elman1985@hanmail.net
홈페이지/www.elman,kr
잘못된 책은 바꾸어 드립니다.
무단복제를 금합니다.

ISBN 978-89-5515-616-4

값 14.800원

왜

도둑입니까?

성경은 무엇이라고 대답합니까!

한언수 지음

WHY

엘맨

목차

● 머리말

교회에 출석한지가 어언 40년이 넘었나 봅니다. 성인이 되어서야
예수님을 믿는다고 교회에 출석은 했지만 무엇을 어떻게 해야 할
지 모르고 출석만 할 때였습니다. 처음 출석하는 교회의 목사님께
서 저를 매주 목요일마다 초청하여 많은 이야기를 들려 주셨습니
다. 그 목사님이 성경을 읽어야 된다고 하시기에 성경을 읽기 시작
했습니다. 그러나 성경을 읽으면 읽을수록 기독교는 우리 한(韓)민
족이 가질 종교가 아니라 이스라엘 민족이 가질 종교였습니다. 그
래서 목사님께 "기독교는 보따리에 싸서 이스라엘로 던져 버려야
할 것 같다."고 강하게 말씀드렸습니다. 그때 목사님이 저를 가만
히 쳐다보시면서 "한군! 한군! 그런 것은 스스로 깨달아야지"라고
말씀하셨습니다. 지금도 그 목사님의 표정을 잊지 못합니다. 그리
하여 시작한 종교생활은 참담하기 짝이 없었습니다. 아무 것도 모
르니 교회는 맹물같이 맛이 없었습니다. 그럼에도 불구하고 교회
는 출석해야 하겠다는 마음은 있었습니다.

또한 잊을 수 없는 한 분 목사님은 저를 신학교로 인도하신 분이
십니다. 오랫동안 모시지는 못했지만 꽤나 마음에 담아두고 그리워
하는 목사님입니다. 지금까지 그분에게 누가 되지 않도록 노력하고

있습니다. 그 당시에 성경을 읽다가 충격을 받은 적이 있습니다. 마태복음 10장 38절에 "또 자기 십자가를 지고 나를 따르지 않는 자도 내게 합당하지 아니하니라."는 말씀을 읽고는 어안이 벙벙하였습니다. 또 마태복음 16장 24절에도 "이에 예수께서 제자들에게 이르시되 누구든지 나를 따라오려거든 자기를 부인하고 자기 십자가를 지고 나를 따를 것이니라."는 말씀도 있습니다.

이 두 구절을 보면서 "사람이 자기 십자가를 지지 않으면 천국에 들어가지 못하겠구나!"라는 생각이 들었습니다. 그런데 문제는 "자기 십자가"가 무엇인지 알지 못한다는 것이었습니다. 그렇지 않겠습니까? 알지도 못하는 십자가를 어떻게 지고 가겠습니까? 그래서 여러 사람들에게 '자기 십자가'가 무엇인지 묻고 다녔습니다. 하지만 그때 들었던 대답은 많은 도움이 되지 못했습니다. 왜냐하면 한결같이 '예수님의 십자가'만 설명해 주었기 때문입니다. 우리가 어떻게 예수님의 십자가를 지고 갈 수가 있겠습니까? 예수님의 십자가는 예수님만이 질 수 있는 것입니다. 예수님의 십자가는 예수님이 지고 가셨기 때문에 우리들은 그 십자가를 바라보고 믿을 십자가이지 우리가 질 십자가는 아닌 것입니다.

그래서 새벽기도 시간에 "자기 십자가가 무엇입니까"라는 문제를 놓고 기도하기 시작했습니다. 꽤 오랫동안 기도한 것 같습니다. 그런 중에 성경도 잘 알지 못하는 저에게 하나님의 특별하신 은혜가 있어 "자기 십자가"가 무엇인지 깨닫게 되었습니다. 자기 십자가는 자기 사명인 것입니다.(이 해석이 올바르다고 확신하는 것은 제가 다니는 신학교 설교 연습시간에 박희천교수님이 '자기 십자가'를 설명하시는데 제가 깨달은 그대로였습니다.) 이를 깨닫고 나니 목사님이 "너 신학교 가라"고 하셨습니다.

이렇게 시작한 목회의 길이 어언 30년이 넘어서고 있습니다. 가장 부족하고 어리석은 제가 목회를 하면서 가슴을 치지 않을 수 없었던 것은 제가 모른다는 것이었습니다. 제가 저에게 하는 질문이 "너는 아느냐"입니다. 그 대답은 언제나 "모릅니다."라는 것이었습니다. 제가 모르는 것을 어디서 묻기도 많이 하였습니다. 그러나 만족할만한 대답을 얻지 못할 때가 많았습니다. 그러므로 제가 질문한 것을 성경은 뭐라고 대답하는지 궁금했습니다. 질문에 대한 대답을 성경에서 얻고자 지금까지 묻고 대답하기를 반복하고 있습니다.

이렇게 질문하고 대답한 것을 모아 놓았던 것을 다른 사람들과 나누고 싶었습니다. 왜냐하면 나와 같이 모르는 것을 가슴 아파하는 분들이 있을 것이기 때문입니다. 인생을 살면서 괴로움이 많습니다. 그 괴로움 중에서 가장 큰 괴로움은 성경을 모른다는 것을 알 때입니다.

제가 다 아는 것도 아닙니다. 또한 많이 아는 것도 아닙니다. 그러나 몇 가지만이라도 성경을 알고자 하시는 분들에게 도움이 되기를 바라서 책으로 펴내게 되었습니다.

책 내용은 전적으로 성경을 바탕으로 하여 해석한 것이지만 성경이 침묵하는 것은 저의 경험과 실제적으로 관찰하고 살펴본 것들도 있습니다. 내용 중에서 잘못 대답한 것이 있으면 이는 전적으로 저의 잘못입니다. 이 책의 내용은 오랫동안 묵상하고 기도하면서 나온 대답들입니다. 가볍게 생각할 것이 아닙니다. 깊이 묵상하고 검토하여 성경과 일치하는지 살펴볼만한 것들이라고 생각합니다. 그러므로 이 책을 통해 성경을 더 세밀하게 보고 더 신중하게 읽는데 유익한 길을 발견하기를 바랍니다. 성경 한 구절을 보고 깊이 묵상하면서 그 뜻을 알게 될 때에 너무 기쁘고 즐거웠습니다.

오늘날 교회마다 '말씀대로'라는 말을 많이 합니다. 이 책이 '말씀대로'라는 말에 조금이라도 도움이 되기를 바랍니다. 어떻게 사는 것이 말씀대로 사는 것인가? 또 나는 바른 신앙생활을 하고 있는가? 어떻게 하면 하나님의 뜻대로 행하겠는가? 하는 질문들에 대한 대답이 되기를 바랍니다.

아직은 부족합니다. 준비한 원고 중에 일부만 출판하게 되었습니다. 하지만 이 책이 '성경이 뭐라고 대답하느냐?'는 질문에 대한 대답의 시작이 되기를 바랍니다. 아무쪼록 이 책에 기록된 질문과 답을 통해 자극을 받아서 여러 훌륭한 분들이 일어나서 사람들의 질문에 대한 대답을 완성해 나가기를 바라고 바라는 바입니다.

송현중앙교회 서재에서

한언수목사가

가르쳐 지키게 하라?
(마 28:20)

질문 : 교회는 모일 때마다 목회자는 설교를 하고 성도는 듣습니다. 그리고 설교를 가장 귀하게 여깁니다. 교회에 설교가 왜 중요합니까?

대답 : 교회에서 설교는 매우 중요합니다. 예수님께서 이 땅에 인간이 되어 오셨다가 그 백성들의 죄를 지고 십자가 위에서 돌아가셨습니다. 예수님이 돌아가신 지 삼일 만에 부활하셔서 40일 동안 계시다가 이 땅을 떠나시면서 제일 마지막으로 명령하신 말씀이 "내가 너희에게 분부한 것을 가르쳐 지키게 하라."(마 28:20)는 것입니다. 설교는 하나님의 말씀 즉 예수님이 분부한 것을 가르치고 설명하여 성도들로 하여금 하나님의 말씀대로 생활하도록 하는 것입니다. 하나님의 백성들은 하나님의 말씀을 떠나서는 살 수가 없습니다. 그러므로 가르치고 배우는 일은 매우 중요한 일입니다.

교회의 본질은 예수님의 가르침을 따라서 행하여 하나님께 영광을 돌리는 것입니다. 그러므로 마태가 전하는 복음에 예수님께서는 "자기 십자가를 지고 나를 따르지 않는 자도 내게 합당하지 아니하니라."(마 10:38)고 하셨고, 누가는 "누구든지 자기 십자가를 지고 나를 따르지 않는 자도 능히 내 제자가 되지 못하리라."(눅 14:27)고 하였습니다. 이 두 구절을 보면 교회는 자기 사명을 다하고 예수님의 제자가 되어 예수님께서 가르치신 것을 지켜 행해야 하는 것을 알 수 있습니다. 그러므로 예수님께서 승천하시기 전 마지막 지상명령이 "내가 너희에게 분부한 모든 것을 가르쳐 지키게 하라."(마 28:20)는 것입니다. 교회는 예수님께서 분부하신 것을 가르쳐서 지키게 해야 합니다. 교회의 가르침은 세상의 행복을 찾도록 하는 것이 아니라 예수님께서 이 세상에 계실 때에 가르치신 것이 무엇인지를 가르쳐서 이를 지킴으로 하나님을 기쁘시게 해야 하는 것입니다.

하나님께서 우주 만물을 창조하시고 그 주인이 되셨으니 모든 것이 주인을 위하여 있는 것입니다. 집에 여러 가지 물건들이 있습니다. TV도 있고 냉장고도 있습니다. 아무리 많은 물건이 있어도 주인에게 필요 없는 것은 가치가 없습니다. 아무리 낡고 허름해도 주인이 필요하게 여기면 소중히 간직합니다. 그러므로 우주 만물의 주인은 하나님이시니 하나님께서 필요하시다고 하시면 아무리 못나고 보잘 것 없는 사람이라도 천국의 보배가 되는 것입니다. 하나님께서 주인이 되시므로 사람이 하나님을 위하여 사는 것에 대하여 바울 사도께서 잘 알려줍니다. "그런즉 너희가 먹든지 마시든지 무엇을 하든지 다 하나님의 영광을 위하여 하라."(고전 10:31)고 하였고, 또한 "나의 간절한 기대와 소망을 따라 아무 일에든지 부끄러워하지 아니하고 지금도 전과 같이 온전히 담대하여 살든지 죽든지 내 몸에서 그리스도가 존귀하게 되게 하려 하나니 이는 내게 사는 것이 그리스도니 죽는 것도 유익함이라."(빌 1:20~21)

고 고백합니다. 그리고 "우리가 살아도 주를 위하여 살고 죽어도 주를 위하여 죽나니 그러므로 사나 죽으나 우리가 주의 것이로다."(롬 14:8)라고 하여 우리가 사람의 행복을 위하여 사는 것이 아니라 주님의 영광을 위하여 살아야 된다고 하였습니다.

예수님께서 "내가 너희에게 분부한 모든 것을 가르쳐 지키게 하라."(마 28:20)고 하셨는데 예수님이 가르치신 것은 복음서에 잘 간직하였습니다. 그뿐 아니라 사도들의 서신들과 계시록에 어떻게 행할 것을 기록하였습니다. 그러므로 예수님의 제자들은 성경을 잘 읽고 깊이 묵상하여 예수님의 말씀을 잘 이해하도록 노력해야 합니다. 예수님의 가르치심과 모세가 전하여 준 율법을 비교하면서 성경을 공부하면 유익할 것입니다. 모세가 이스라엘 백성들에게 율법을 전하여준 목적이 '기업으로 차지할 땅에서 행하게 하기 위함'이라고 하였습니다. 모세를 통하여 주신 율법은 하나님께서 그 백성들이 하나님이 주신 땅에 들어가서 어떻게 살아갈 것인가를 알려 주신 것입니다. 모세를 통하여 주신 율법은 하나님의 백성들이 하나님이 주신 기업에서 어떻게 행할 것을 알려 주시는 것이라면 예수님께서 가르쳐 주신 말씀은 우리가 하나님의 나라(교회)에 들어가서 바르게 살도록 하시기 위함인 것입니다.

그러므로 성경에는 '하라', '하지 말라'는 말씀이 많습니다. 이는 하나님의 백성들은 하나님이 거하실 처소가 되기 위하여 지어져 가는 것이기 때문에 다듬어져야 합니다(엡 2:22). 하나님의 성전으로 지어지기 위해서는 그 재목이 흠이 없어야 합니다. 흠 없는 재목이 되기 위하여 하나님께서 그 백성들을 만세 전에 예정하여 하나님의 아들들이 되게 하셨습니다(엡 1:3~6). 하나님의 아들들로 하여금 거룩하고 흠이 없게 하여서 완전한 성전의 재목이 되게 하시기 위하여 가르치라 하신 것입니다. 히브리서에서 "너희가 참음은 징계를 받기 위함이라 하나님이 아들과 같이 너희를 대우하시나니 어찌 아버지가 징계하지 않는 아들이 있으리요 징계는 다

받는 것이거늘 너희에게 없으면 사생자요 친아들이 아니니라."(히 12:7~8)고 하였습니다.

그렇습니다. 예수님의 가르치심은 아버지가 그 아들을 사랑하여 훌륭한 인격을 갖추게 하기 위하여 징계함 같은 것입니다. 그러므로 "무릇 징계가 당시에는 즐거워 보이지 않고 슬퍼 보이나 후에 그로 말미암아 연단 받은 자들은 의와 평강의 열매를 맺느니라."(히 12:11)고 하여 징계가 좋은 열매를 맺게 한다고 하였습니다. 이 말씀은 시편에 잘 나타나 있습니다. "내가 주의 계명들을 믿었사오니 좋은 명철과 지식을 내게 가르치소서 고난당하기 전에는 내가 그릇 행하였더니 이제는 주의 말씀을 지키나이다."(시 119:66~67)라고 하여 가르침 받기를 원하는 이유가 주의 말씀을 지키기 위한 것이었습니다. 하나님의 말씀을 지키는데 있어서 고난이 유익이 되어 이 고난으로 인하여 주의 말씀을 지키게 되었다고 고백합니다. 그리고 이어서 "고난당한 것이 내게 유익이라 이로 말미암아 내가 주의 율례들을 배우게 되었나이다 주의 입의 법이 내게는 천천 금은보다 좋으니이다."(시119:71~72)라고 하여 고난은 주의 말씀을 알게 하고 지키게 함으로 천금보다 귀하다고 하는 것입니다.

우리 주님께서 가르쳐 지키게 하라하심은 우리로 하여금 거룩하여 흠이 없고 온전하여 부족함이 없이 하늘 성전의 재목이 되게 하시기 위함인 것입니다. 우리는 이 말씀을 귀중히 여겨 이를 가르치고 지키도록 해야 합니다.

"이스라엘아 이제 내가 너희에게 가르치는 규례와 법도를 듣고 준행하라 그리하면 너희가 살 것이요 너희 조상의 하나님 여호와께서 너희에게 주시는 땅에 들어가서 그것을 얻게 되리라 내가 너희에게 명령하는 말을 너희는 가감하지 말고 내가 너희에게 내리는 너희 하나님 여호와의 명령을 지키라 여호와께서 바알브올의 일로 말미암아 행하신 바를 너희가 눈으로 보았거니와 바알브올을 따른 모든 사람을 너희의 하나님 여호와께서 너희 가운데에서 멸망시키셨으되 오직 너희의 하나님 여호와께 붙어 떠나지 않은 너희는 오늘까지 다 생존하였느니라 내가 나의 하나님 여호와께서 명령하신 대로 규례와 법도를 너희에게 가르쳤나니 이는 너희가 들어가서 기업으로 차지할 땅에서 그대로 행하게 하려 함인즉 너희는 지켜 행하라 이것이 여러 민족 앞에서 너희의 지혜요 너희의 지식이라 그들이 이 모든 규례를 듣고 이르기를 이 큰 나라 사람은 과연 지혜와 지식이 있는 백성이로다 하리라."(신 4:1~6)고 하셨습니다.

그러므로 교회는 가르쳐 지키게 하는 일이 무엇보다 중요함으로 가르치는 사람은 사람의 교훈을 가르치는 것이 아니라 예수님께서 가르치신 것을 받아서 가르쳐 지키게 해야 하는 것입니다.

가인의 제사는 무엇이 잘못 되었는가?

질문 : 가인의 제사는 무엇이 잘못 되었습니까?

대답 : 가인의 제사가 가인의 개인적인 잘못이라 할 수 없습니다. 가인이 정성을 덜 쏟았거나 불경스러운 일을 하였으면 그가 그의 잘못을 뉘우치고 새롭게 제사를 드릴 수 있었을 것입니다. 그러나 그가 제사를 정성을 다해서 드리지 않고 성의 없이 드렸다고는 볼 수 없습니다. 그도 최선을 다하여 하나님께 제사를 올렸을 것입니다. 그러므로 그가 자기의 힘을 다하고 정성을 다하여 제사를 드렸는데도 하나님께서 열납하지 않으시니 그가 분노한 것입니다.

그러면 가인의 잘못이 무엇입니까? 이는 그가 선택한 직업이 잘못된 것입니다. 그가 농사하는 자가 되지 않고 아벨같이 목축하는 자였으면 그도 짐승의 새끼를 드려서 그 제사를 하나님께서 열납하셨을 것입니다.

가인은 농사하는 자였음으로 농사를 지어 얻은 농산물을 드렸습니다(창 4:3). 아벨은 그가 특별히 정성을 드렸기 때문에 하나님께서 그의 제사를 열납하신 것은 아닐 것입니다. 그는 양치는 자였으니(창4:2) 자연스럽게 양의 새끼를 제물로 드린 것입니다. 그러므로 사람은 자기가 어디에 있어야 되는지 잘 살펴야 될 것입니다(시 1:1).

많은 사람들이 가인의 제사와 아벨의 제사를 두고 열납된 제사와 열납되지 못한 제사로 비교합니다. 창세기 4장에 나오는 가인이 그의 아우 아벨을 죽인 살인기사를 보면 아벨은 양치는 자였고 가인은 농사하는 자였습니다(창 4:2). 세월이 지나 가인은 자기가 농사지은 소산물로 제물을 삼아 여호와께 드렸고(창 4:3), 아벨은 그가 기르던 양의 첫 새끼를 제물로 드렸습니다(창 4:4). 그런데 하나님께서는 아벨과 그 제물은 열납하셨으나 가인과 그 제물은 열납하지 않으셨습니다.

여기서 가인과 그의 제물은 열납하시지 않으신 이유가 무엇인가를 생각해 보고자 합니다. 여호와 하나님께서 가인의 제물을 받지 않으실 때에 가인이 분하여 안색이 변하였다고 합니다. 왜 가인이 분해했겠습니까? 만약에 가인이 정성을 다하지 못했다면 자기의 양심이 찔려서 다시 정성을 다하여 새롭게 준비하여 드렸을 것입니다. 왜냐하면 창세기 4장 7절에 "네가 선을 행하면 어찌 낯을 들지 못하겠느냐 선을 행하지 아니하면 죄가 문에 엎드려 있느니라."고 하십니다. 여기서 "죄가 문에 엎드려 있느니라."는 말은 죄를 제물로 번역해도 되는 말입니다. 제물은 문에서 잡는 것이 통상적인 일이었습니다. 그러므로 출애굽 시대에 양의 피를 문설주와 인방에 바르고 문지방에는 바르라는 말씀이 없습니다(출 12:7). 혹자는 이르기를 문지방에는 양을 잡을 때에 피가 묻었기 때문에 피를 바르라고 하지 않았다고 합니다. 그렇기 때문에 "네가 선을 행하면 어찌 낯을 들지 못하겠느냐 선을 행하지 아니하면 죄가 문에 엎드려 있느니라."고 하신 말씀은 "네가 알지 못하여 피 없는 제사를 드렸으면 이제라도 제물을 잡아서 다시 드리면 되지 않겠느냐?"라는 해석이 됩니다. 이 해석이 옳다면 하나님께서 가인에게 "죄가 문에 엎드려 있느니라."는 말씀은 이제라도 다시 짐승으로 제물을 삼아 다시 제사를 드리면 받으시겠다는 말씀이 됩니다. 가인은 그때까지 피의 제사를 원하시는 하나님의 뜻을 알지 못하여 분하게 여겼던 것입니다(히 9:22).

가인의 잘못은 그의 행위에 있는 것이 아니라 제물의 종류에 있는 것입니다. 히브리서 9장 22절에 "피 흘림이 없은즉 사함이 없느니라."고 하였습니다. 그러므로 하나님께서 가인을 책망하신 "네가 선을 행하면 어찌 낯을 들지 못하겠느냐 선을 행하지 아니하면 죄가 문에 엎드려 있느니라."는 말씀은 "네가 피의 제사를 드렸으면 어찌 낯을 들지 못하겠느냐 피 없는 제사를 드려 열납 되지 않았으니 이제라도 짐승을 제물로 삼아 피의 제사를 드리면 되지 않겠느냐"라고 하신 것입니다. 이렇게 하나님의 사랑을 보여주셔서 회개의 기회를 주셨으나 가인은 자신의 잘못을 돌이키지 않고 동생을 죽인 것입니다.

그러면 가인의 잘못이 무엇입니까?

가인이 제사를 드릴 때에 정성을 다하지 않은 것이 자기의 마음이었으면 그는 자기의 잘못을 알고 고쳤을 것입니다. 그러나 그가 최선을 다해 제사를 드렸으나 하나님께서 열납하지 않으시니 그는 최선을 다했기 때문에 어떻게 할 방법을 알지 못했을 것입니다. 그러므로 그는 하나님께서 다시 피 있는 제사를 드리도록 요구하셨지만 깨닫지 못한 것입니다.

이렇게 인류 최초의 살인자가 된 가인은 하나님께 정성을 다하지 않았기 때문에 버림받은 것이 아니라 그의 제사의 결점 때문입니다. 그의 제사는 피 없는 제사이었습니다. 왜 그렇게 되었는가? 이는 그의 환경이 그렇게 한 것입니다.

창세기 4장 2절에 보면 가인은 농사하는 자였습니다. 그러니 그가 농사꾼이므로 농산물로 드리게 되고 농산물로 제물을 삼으니 피 없는 제사가 되었습니다. 그러나 아벨은 양치는 자였으니 자연스럽게 양의 첫 새끼 즉 피의 제사를 드린 것입니다.

그러므로 사람은 환경을 잘 선택해야 합니다. 하나님을 경외하고 잘 섬길 수 있는 환경에서 자라면 하나님을 잘 섬길 수가 있습니다. 그러나 죄악에 빠질 환경에서 자라면 죄악에 빠집니다.

성경은 이를 잘 설명합니다. 아브라함을 가나안 땅으로 인도하신 것은 가나안 땅은 하늘에서 내리는 비를 흡수하는 땅이요 여호와께서 돌보아주시는 땅이요 여호와의 눈이 항상 그 위에 있는 땅입니다(신 11:11~12). 그러므로 하나님의 눈이 항상 있는 땅이므로 하나님의 인도를 받을 수가 있고 보호를 받을 수가 있는 땅인 것입니다. 아브라함이 가나안 땅으로 인도함을 받았으니 하나님의 인도하심을 받고 하나님의 보호를 받게 된 것입니다. 또한 출애굽 할 때 하나님께서는 가나안 땅의 백성들을 멸하라고 하셨습니다. 이는 그들을 멸하지 않으면 그들의 영향을 받아서 하나님을 섬기지 않게 된다고 하신 것입니다. 그리고 아브라함의 후손에게 이방인과 혼인하지 말라고 하였습니다. 이 또한 하나님을 섬김에 있어서 성결함을 유지하기 위한 조치였습니다.

그 내용을 보면 "네 하나님 여호와께서 그들을 네게 넘겨 네게 치게 하시리니 그 때에 너는 그들을 진멸할 것이라 그들과 어떤 언약도 하지 말 것이요 그들을 불쌍히 여기지도 말 것이며 또 그들과 혼인하지도 말지니 네 딸을 그들의 아들에게 주지 말 것이요 그들의 딸도 네 며느리로 삼지 말 것은 그가 네 아들을 유혹하여 그가 여호와를 떠나고 다른 신들을 섬기게 하므로 여호와께서 너희에게 진노하사 갑자기 너희를 멸하실 것임이니라."(신 7:2~4)고 하였습니다. 이 말씀은 그의 주위에 다른 신을 섬기도록 하는 유혹을 완전히 제거하기 위하여 가나안 인들을 진멸하라고 하신 것입니다.

가인의 잘못은 환경을 잘못 선택하였기 때문에 열납되지 못하는 제사를 드리게 된 것입니다. 그러므로 오늘을 사는 우리들은 우리들뿐 아니라 우리의 후손들이 신앙생활을 잘 할 수 있는 환경을 만들어 주어야 합니다. 그래야 이 나라의 교회가 온전한 신앙생활을 하게 되고 더욱 부흥할 것입니다. 이 중대한 일을 생각하여 우리의 후손을 위하여 바른 성경 해석과 가르침으로 바른 신앙관을 심어주어야 할 것입니다.

거짓말하는 사람

(왕상 22장)

질문 : 거짓말 하는 사람은 왜 거짓말을 합니까?

대답 : 거짓말 하는 사람은 거짓말 하는 영의 지배를 받기 때문에 거짓말을 합니다. 성경에는 아합을 꾀어 길르앗 라못으로 올라가서 죽게 하기 위하여 영들 중의 하나가 거짓말 하는 영이 되어 그 선지자들에게 거짓말을 하도록 하였습니다. 미가야 외에 모든 선지자들이 거짓말로 예언을 한 것입니다. 그러므로 거짓말을 하는 사람은 자기가 거짓말하는 영에 사로 잡혀 있다는 것을 알고 하나님의 성령을 받아 거짓말에서 벗어나야 합니다.

거짓말을 하는 것은 매우 나쁜 일입니다. 거짓말은 남을 속이는 사기입니다. 그러므로 거짓말은 남을 헤치는 매우 심각한 무기가 됩니다. 사람이 왜 거짓말을 하는 것입니까? 이는 그 속에 거짓말하는 영이 역사하기 때문입니다. 열왕기상 22장에 보면 북쪽 나라 이스라엘 왕 아합이 남쪽 유다 왕 여호사밧에게 '길르앗 라못을 치러가자'고 제안합니다. 그 때에 여호사밧 왕이 먼저 여호와께 묻기를 제안합니다. 그들이 여호와 앞에 물을 때에 선지자 사백 명쯤 모아놓고 물으니 한결같이 "올라가소서! 주께서 그 성읍을 왕의 손에 넘기시리이다."(왕상 22:6)라고 대답했습니다. 그러나 미가야 선지자 한 사람은 하나님의 말씀을 전하는데 그가 하나님의 보좌를 보았습니다. 그 보좌에 계시는 하나님의 계획은 아합을 길르앗 라못으로 가서 싸워 죽게 하시는 것이었습니다. 그 계획을 이루시기 위하여 한 영이 거짓말하는 영이 되어 그 선지자의 입에 있겠다고 할 때에 여호와께서 "너는 꾀겠고 또 이루리라 나가서 그리하라."(왕상 22:22)고 하셨습니다. 그러므로 그 사백 명쯤 되는 선지자들은 모두가 아합이 죽음의 곳으로 올라가도록 거짓말을 했습니다. 사람이 거짓말을 할 때에 자기는 확신을 가지고 말합니다. 왜냐하면 거짓말하는 영으로 말미암아 꾀임을 받았기 때문입니다. 특별히 예언을 한다는 사람들 중에는 이와 같은 사람들이 많을 것입니다. 자기는 꿈으로도 환상으로도 확실한 증거가 있다고 하지만 그 꿈과 환상이 거짓말하는 영으로 말미암을 수 있다는 사실을 알아야 합니다.

거짓말은 매우 위험합니다. 바울 사도는 거짓말하는 자를 위하여 율법이 있다고 하였습니다(딤전 1:9~10). 그리고 요한계시록 21장에 보면 새 하늘과 새 땅에 들어가지 못하는 자들 중에 거짓말하는 자들이 있습니다. 이 거짓말하는 자들은 새 하늘과 새 땅에 들어가지 못하고 불과 유황으로 타는 못에 던져진다고 하였습니다(계 21:8). 또한 하늘로부터 내려오는 거룩한 성 예루살렘에도 들어가지 못합니다(계 21:27). (여기서 예루살렘은 새 하늘과 새 땅의 가장 중심이 되는 곳이라고 생각합니다.)

우리는 이 세상을 위하여 육으로 살 것이 아니라 성령을 따라 살아야 합니다. 그 이유는 하나님의 나라에 들어가 살 것을 소망하기 때문입니다. 그러나 거짓말하는 자가 되면 이 소망이 아무 쓸데가 없습니다. 이미 그들은 새 하늘과 새 땅에 들어가지 못하고 하나님께로부터 하늘로서 내려오는 거룩한 성 예루살렘에도 들어가지 못합니다. 이와 같이 거짓말하는 자는 불쌍한 자가 되는 것입니다. 거짓말 하는 자가 자기는 어떤 확신을 가지고 말하지만 거짓말하는 영에 의한 것이라는 사실을 알아야 합니다. 그러므로 구원(믿음)은 하나님께서 주시는 선물입니다(엡 2:8). 우리들을 하나님의 성령님께서 붙잡아주지 않으시면 언제 넘어질지 모릅니다. 하나님의 성령님이 우리를 붙들어 주셔서 흔들리지 않는 믿음을 가져야 거짓말하는 영이 임하지 못합니다.

모세가 하나님의 백성들에게 교훈하기를 "만일 선지자가 있어 여호와의 이름으로 말한 일에 증험도 없고 성취함도 없으면 이는 여호와께서 말씀하신 것이 아니요 그 선지자가 제 마음대로 한 말이니 너는 그를 두려워하지 말지니라."(신 18:22)고 하였습니다. 그렇습니다. 아합 왕 시대에 사백 명의 거짓 선지자들은 그들이 확신을 가지고 말하였으나 그 말은 이루어지지 않고 하나님의 선지자 미가야의 말만 이루어졌습니다(왕상 22장).

마음이 온전한 사람은 거짓말하는 자를 멀리합니다. 다윗은 거짓을 행하는 자를 그의 집에 거주하지 못하게 하고 거짓말하는 자를 그 앞에 서지 못하게 하겠다고 하였습니다(시 101:7). 또한 시편에서 "왕은 하나님을 즐거워하리니 주께 맹세한 자마다 자랑할 것이나 거짓말하는 자의 입은 막히리로다."(시 63:11)라고 하였습니다. 그러므로 거짓말하는 자는 하나님 앞에 서지 못합니다.

이사야가 우리에게 전하는 하나님의 말씀은 "거기에 대로가 있어 그 길을 거룩한 길이라 일컫는 바 되리니 깨끗하지 못한 자는 지나가지 못하겠고 오직 구속함을 입은 자들을 위하여 있게 될 것이라 우매한 행인은 그 길로 다니지 못할 것이며"(사 35:8)라고 하였습니다. 여기에 깨끗하지 못한 자는 거룩한 길로 다니지 못한다고 하였는데 거짓말하는 자가 깨끗하지 못한 것은 자명한 것입니다.

그러므로 하나님의 백성들은 거짓말하는 자가 되지 않도록 하나님의 말씀을 지키는 자가 되어야 할 것입니다. 아굴이 이디엘과 우갈에게 한 잠언에는 "하나님의 말씀은 다 순전하며 하나님은 그를 의지하는 자의 방패시니라 너는 그의 말씀에 더하지 말라 그가 너를 책망하시겠고 너는 거짓말하는 자가 될까 두려우니라."(잠 30:5~6)고 하였습니다. 하나님의 말씀이 순전함으로 하나님을 의지하는 자의 방패가 되시니 그의 말씀을 더하지도 말고 빼지도 말아서 하나님의 말씀을 왜곡시키지 말아야 합니다. 왜냐하면 말씀에 더하거나 빼면 거짓말하는 자가 되기 때문입니다.

바울 사도께서는 "때가 이르리니 사람이 바른 교훈을 받지 아니하며 귀가 가려져서 자기의 사욕을 따를 스승을 많이 두고 또 그 귀를 진리에서 돌이켜 허탄한 이야기를 따르리라."(딤후 4:3~4)고 하였습니다. 그러므로 거짓 스승들이 일어나서 거짓말로 가르치는 때가 올 때에 미혹 받지 않도록 성령으로 충만함을 받아 성령의 인도하심을 따라 살아가야 합니다.

고난은 왜 오는가? ?

질문 : 사람들이 고난을 당하는데 왜 고난을 당합니까?(믿음의 사람들도 고난을 당합니다.)

대답 : 사람들은 이 세 가지 문제 때문에 고난을 당합니다. 첫째는 죄 때문에 고난을 당합니다. 둘째는 악습 때문에 고난을 당합니다. 셋째는 교훈을 얻기 위해서 오는 고난도 있습니다. 즉 하나님을 아는 지식을 얻게 하시기 위하여 고난으로 깨우쳐 주시는 것입니다. 이는 하나님께서 사람들을 훈련하시는 과정입니다.

사람들에게 고난은 왜 옵니까? 하나님께서 심히 기뻐하시는 가장 탁월한 창조물인 인간이 왜 고난을 당하겠습니까? 하나님께서 그토록 기뻐하시는 창조물인 인간은 가장 즐겁고 행복한 삶을 살아야 하는 것입니다. 그런데 인간은 행복하지 않습니다.

모세는 노래하기를 "우리의 연수가 칠십이요 강건하면 팔십이라도 그 연수의 자랑은 수고와 슬픔뿐이요"(시 90:10)라고 하였습니다. 우리 인생은 이 세상에 사는 자체가 수고와 고난의 생활인 것입니다. 그러므로 예수님께서도 "수고하고 무거운 짐 진 자들아 다 내게로 오라 내가 너희를 쉬게 하리라."(마 11:28)고 하셨습니다. 인간이 왜 이렇게 고달픈 인생이 되었습니까? 이는 우리 조상 아담이 하나님과의 언약을 어기고 범죄함으로 모든 인류가 하나님 앞에서 쫓겨나게 되었고 그로 인하여 하나님과의 교제가 끊어짐으로 사망의 그늘 아래에 놓이게 되었습니다. 하나님 없이는 사람에게 행복이 있을 수가 없습니다. 그런데 문제는 이방인들이 고난을 당하는 것은 당연한 것이나, 하나님의 백성 즉 이스라엘 민족이 왜 고난을 당하는가 하는데 있습니다. 하나님과의 교제가 끊어져서 사망의 그늘 아래에 놓인 자들은 고난과 슬픔을 당하는 것이 당연하지만 하나님께서 선택하신 이스라엘 민족은 왜 고난을 당하는가를 알아봐야 하겠습니다.

이스라엘 백성들이 고난을 당하는 이유는 세 가지 때문입니다. 첫째는 죄 때문입니다. 둘째는 악습 때문입니다. 셋째는 교훈을 주시기 위한 것입니다. 즉 하나님을 더 잘 알게 하시기 위하여 하시는 훈련인 것입니다.

그러면 이제 이 세 가지의 경우를 알아봅시다.

1. 죄 때문에 고난이 오는 경우입니다.

　성경에는 죄 때문에 고난이 오는 경우가 너무 많이 있지만 그 중 다윗 가정의 고난을 살펴보고자 합니다. 다윗은 하나님께서 인정하시는 성군이면서 이 세상에서 가장 위대한 왕들 중의 한 분입니다. 다윗은 하나님의 마음에 합한 사람으로 하나님의 뜻을 이루시기 위하여 세우신 왕입니다(행 13:22). 다윗은 일평생 하나님 보시기에 정직하였고 하나님의 명령을 어기지 않았습니다. 그러나 다윗은 치명적인 죄를 지었습니다(왕상 15:5). 이 한 번의 죄는 우리아의 아내 밧세바를 빼앗아 아내를 삼고 부하인 요압을 시켜 우리아를 죽이게 한 것입니다(삼하 11:15).
　그는 간음죄를 저질렀을 뿐만 아니라 살인한 자가 되었습니다. 이 죄의 결과로 다윗의 가정은 고통과 괴로움이 임하게 되었습니다. 이 죄로 인하여 하나님께서 다윗에게 진노하셨습니다. "이제 네가 나를 업신여기고 헷 사람 우리아의 아내를 빼앗아 네 아내로 삼았은즉 칼이 네 집에서 영원토록 떠나지 아니하리라."(삼하 12:10)고 하셨습니다. 이때부터 다윗의 가정에는 환난이 떠나지 않았습니다. 사무엘하 13장을 보면 다윗의 아들 암논이 압살롬의 누이 다말을 통간하고 그를 아내로 맞이하지 않음으로 압살롬과 다말에게 씻을 수 없는 수치와 괴로움을 안겨주었습니다. 암논이 다말을 통간함으로 다말은 그의 오라비 압살롬의 집에서 처량하게 지냈고, 압살롬은 복수를 계획하게 되었습니다. 이 일이 있고 난 이 년 후에 압살롬은 암논을 죽여 복수를 하였습니다. 이 일의 소식을 들은 다윗은 매우 괴로워했습니다. 다윗의 괴로움을 성경은 이렇게 표현합니다. "왕이 곧 일어나서 자기의 옷을 찢고 땅에 드러눕고 그의 신하들도 다 옷을 찢고 모셔 선지라."(삼하 13:31)라고 하였습니다.
　이렇게 다윗의 가정에 괴로움이 임한 것은 다윗의 죄 때문입니다. 다윗이 죄를 짓기 전 다윗의 가정에는 괴로움은 없었습니다. 그러나 죄를 짓고 난 후에는 그 가정이 괴로움으로 가득하였습니다. 이는 죄를 지은 결과로 괴로움과 환난이 임하는 것을 보여 주는 것입니다. 이 괴로움은 하나님께서 죄 지은 다윗에게 하신 말씀이 그대로 응한 것입니다. "칼이 네 집에서 영원토록 떠나지 아니하리라."는 말씀이 응하여 암논이 죽은 이후에도 다윗의 가정에는 괴로움은 끝나지 않았습니다. 압살롬은 암논을 죽이고 그술 왕 암미훌의 아들 달매에게로 도망하였고 다윗은 그 아들로 인하여 날마다 슬퍼하였습니다(삼하 13:37). 3년 후에 압살롬은 요압의 지혜로 다시 예루살렘으로 돌아와서 백성들의 마음을 훔쳐서(삼하 15:6) 자기 아버지 다윗에게 반역하여 다윗이 성을 떠나 피신하는 불상사가 일어났으나 하나님의 은혜로 무사히 궁으로 돌아오고 압살롬은 죽임을 당하였습니다. 압살롬의 죽음은 다윗에게 매우 심한 괴로움이었습니다. 다윗은 자기를 죽이려고 반역한 패역무도한 아들 압살롬이었지만 그가 죽었다는 소식을 들을 때에 얼마나 괴로워합니까? 그 표현을 보면 "왕의 마음이 심히 아파 문 위층으로 올라가서 우니라 그가 올라갈 때에 말하기를 내 아들 압살롬아! 내 아들 내 아들 압살롬아! 차라리 내가 너를 대신하여 죽었더라면 압살롬 내 아들아 내 아들아 하였더라."(삼하 18:33)고 하였습니다. 다윗이 괴로워하는 이유가 무엇입니까? 다윗이 괴로워하는 것은 자기의 죄 때문에 자기 집에 이런 괴로움이 임하는 것을 알았기 때문일 것입니다. 그는 나단 선지자를 통하여 경고하신 하나님의 말씀을 기억했을 것입니다. 그 말씀은 "칼이 네 집에서 영원토록 떠나지 아니하리라."고 하셨고, 또 "보라 내가 너와 네 집에 재앙을 일으키리라."고 하신 말씀을 기억하였기 때문에 "내가 너를 대신하여 죽었더라면"하고 통곡하였을 것입니다.

우리는 우리와 가정의 평안을 위하여 죄를 짓지 말아야 합니다. 다윗은 죄를 짓고 나단을 통하여 책망을 받고 회개함으로 하나님께서 그 죄를 사해 주셨습니다(삼하 12:13). 그러나 못을 빼어도 못 자국이 남듯이 하나님께서 다윗의 죄를 사해 주셨지만 그의 가정의 괴로움은 피할 길이 없었던 것입니다. 그러므로 괴로움과 환난은 죄의 결과로 오는 것을 알 수 있습니다.

2. 악습으로 인하여 환난이 찾아옵니다.

사사기 11장을 보면 사사 입다의 활약상이 나옵니다. 입다는 기생의 아들로 그 형제들에게 멸시를 받고 쫓겨나 돕 땅으로 가서 살았습니다. 그 후에 암몬 사람이 이스라엘을 치려할 때에 입다를 모셔와 지도자를 삼았습니다. 이 입다가 암몬 사람을 칠 때에 서원하여 이르되 "암몬 사람을 내 손에 넘겨주시면 내가 암몬 사람에게서 평안히 돌아올 때에 누구든지 내 집 문에서 나와서 나를 영접하는 그는 여호와께 돌릴 것이니 내가 그를 번제물로 드리겠나이다."(삿 11:30~31)라고 서원하였습니다. 입다는 그 당시에 많은 사람들이 하던 대로 여호와 하나님 앞에 서원한 것입니다. 그는 특별한 마음 없이 하나님께서 그를 돕기를 간절히 바라는 마음으로 그 당시에 하던 대로 서원을 하였을 것입니다. 그러나 그는 이 잘못된 악습으로 인하여 무남독녀를 죽여야 했던 것입니다(삿 11:34~40). 입다는 하나님께서 금하시는 악습을 알지 못하고 그는 악습을 따라 맹세하였다가 그 집은 승리의 기쁨보다 더 큰 슬픔을 당하게 되었습니다. 그 당시에 자녀를 죽여서 맹세하는 행위는 하나님께서 금하시는 일이었습니다(신 12:31, 왕하 17:17, 31, 23:10). 우리는 하나님께서 금하시는 악한 풍습을 버려야 합니다. "어떤 길은 사람이 보기에 바르나 필경은 사망의 길이니라."(잠 14:12, 16:25)고 하십니다. 이 악습을 버리기 위해서는 사람이 뭐라고 하든지 귀 기울이지 말고 하나님의 말씀만을 청종하는 사람이 되어야 합니다. 이 악습을 버려야 고난과 환난을 피할 수 있습니다.

3. 셋째는 하나님을 더 잘 알게 하시기 위해 교훈을 주시기 위한 것입니다.

우리가 잘 아는 대로 욥기에 나오는 욥은 죄를 짓지 않았습니다. 욥은 경건한 사람이었습니다. 성경은 증언합니다. "우스 땅에 욥이라 불리는 사람이 있었는데 그 사람은 온전하고 정직하여 하나님을 경외하며 악에서 떠난 자더라."(욥 1:1)고 하였습니다. 욥은 자기뿐만 아니라 자녀들의 죄를 생각하여 하나님께 번제를 드렸습니다. 이와 같은 일은 항상 있는 일이었습니다(욥 1:5). 욥은 그에게 좋은 일이 있을 때뿐 아니라 역경을 당했을 때에도 죄에서 떠나 있었습니다(욥 1:22, 2:9~10). 욥이 이와 같이 온전하고 정직하고 하나님을 경외하고 죄에서 떠나 있었지만 그는 말할 수 없는 고난을 당하였습니다. 욥은 죄를 짓지도 않았고 악습을 따르지도 않았는데 왜 고난을 당하였습니까? 욥이 그의 친구들과 논쟁을 할 때에도 그가 왜 고난당하는가를 알지 못했습니다. 그러나 하나님께서 나타나셔서 그에게 질문을 하실 때에 그는 하나님이 어떤 분이신가를 깨달았던 것입니다. 욥은 그의 친구들에게서 죄를 회개하여 다시 회복하기를 종용받았을 때에도 그는 죄를 짓지 않았음으로 왜 자신이 고난을 당하는지 알지 못하고 친구들과 격렬한 논쟁을 하였습니다. 그러나 하나님께서 나타나셔서 질문을 하실 때에 그는 하나님을 더 잘 알게 된 것입니다. 그러므로 그는 고백합니다. "나는 깨닫지도 못한 일을 말하였고 스스로 알 수도 없고 헤아리기도 어려운 일을 말하였나이다."(욥 42:3)라고 고백하였습니다. 하나님께서 나타나시기 전에는 그렇게도 당당하게 그의 친구들과 논쟁하던 그가 자신의 어리석음을 고백한 것입니다. 그는 계속하여 말합니다. "내가 주께 묻겠사오니 주여 내게 알게 하옵소서"(욥 42:4). 그리고 이어서 그는 "내가 주께 대하여 귀로 듣기만 하였사오나 이제는 눈으로 주를 뵈옵나이다 그러므로 내가 스스로 거두어들이고 티끌과 재 가운데에서 회개하나이다."(욥 42:5~6)라고 고백하게 되었습니다. 욥이 하나님을 귀로 들은 대로 믿다가 하나님을 뵈옵고 눈으로 보는 것 같은 깨달음이 있을 때에 고난이 끝났습니다.

이는 하나님께서 욥을 교훈하여 하나님을 더 깊이 더 넓게 알게 하시기 위하여 고난을 허락하신 경우라고 생각됩니다. 바울 사도가 에베소교회를 위하여 기도할 때에 그 내용을 보면 그리스도의 사랑의 넓이와 길이와 높이와 깊이가 어떠함을 깨닫기를 위해 기도합니다. 하나님의 사랑을 아는 일은 매우 중요한 일입니다.

이제 우리는 죄의 길에서 떠나고, 악습을 버리고, 하나님의 교훈을 주시기 위하여 고난이 올 때에 미련한 데서 벗어나서 하나님을 아는 지식을 쌓아 우리의 가정에서, 우리의 교회에서 고난이 떠나가고 평화가 임하도록 해야 할 것입니다. 예수님은 우리의 화목제물이 되셨다는 사실을 잊지 말고(롬 3:25) 담대히 하나님 보좌 앞으로 나아가 은혜를 받읍시다(히 4:16).

구원이란 무엇인가?

질문 : 우리는 "구원 받았다." "구원 받았습니까?"라고 말합니다. 구원이 무엇입니까?

대답 : 구원이란 인간이 범죄 하여 하나님과 원수가 되어 하나님의 보호를 받지 못하고 사는 사람이 예수를 믿어 예수 안에서 죄 용서함을 받고 하나님과 화목한 상태를 말합니다. 원수의 관계에서 아버지와 아들의 관계 즉 화목한 관계로 변한 것을 구원이라고 합니다. 다시 말씀드리면 인간이 죄로 인하여 하나님 앞에서 쫓겨났다가 다시 하나님 앞으로 가는 것을 구원이라고 합니다.

사람은 하나님의 특별한 계획을 따라 창조되었습니다. 이로 인하여 사람은 그 어떤 존재도 가지지 못한 특권을 가졌습니다. 이는 세 가지 특권인데 1)영생의 특권 2)하나님과 교제의 특권 3)만물을 다스리는 특권인 것입니다.

사람은 이 특권을 받아서 하나님과 교제하며 살았습니다. 즉 하나님과 특별한 관계를 맺고 살았던 것입니다. 하나님과의 관계를 가지고 사는 것을 인간의 이해를 돕기 위하여 아버지와 아들의 관계로, 신랑과 신부의 관계 또한 목자와 양의 관계로 표현합니다. 그러나 사람이 죄를 범함으로 인하여 하나님과의 관계가 끊어졌습니다. 이 끊어진 관계를 원수의 관계라고 표현합니다. 이 끊어진 관계에서 예수 그리스도를 통하여 회복된 관계, 즉 원수의 관계에서 아버지와 아들의 관계로 이어지는 것을 구원이라고 합니다. 그러므로 사람은 하나님과의 교제가 회복됨으로 사람이 기도하면 하나님께서 응답하십니다. 또 찬송을 받으시고 예배를 기뻐 받으시는 것입니다. 이 관계가 끊어진 상태에서는 기도의 응답이 있을 수 없고 하나님의 복을 받는 것을 기대하지 못하고 진노의 저주만 있게 되는 것입니다. 즉 구원받지 못한 사람은 하나님께 버림받았기 때문에 더 이상 하나님의 복을 기대하지 못합니다.

예수님께서 사람이 거듭나지 아니하면 하나님의 나라를 볼 수 없다고 단언하십니다(요 3:3). 이는 구원받지 못하면 하나님의 은혜를 기대하지 못하기 때문입니다. 계속하여 사람이 물과 성령으로 나지 아니하면 하나님의 나라에 들어가지 못한다고 하십니다(요 3:5). 하나님의 나라는 하나님께서 계시는 곳입니다. 하나님과의 교제가 끊어져 원수의 관계에 있는 사람이 어찌 하나님의 나라에 들어가 하나님을 뵈올 수 있겠습니까? 오직 멸망이 있을 뿐입니다. 그러므로 사람은 구원받지 못하면 즉 하나님과의 관계가 회복되지 못하면 하나님의 나라에 들어갈 수 없는 것입니다.

사람이 죽었다는 것은 하나님과 우리의 영혼이 분리되어 즉 하나님 앞에서 쫓겨나서 하나님과 교제의 특권을 잃어버리고 세상 풍속을 좇고 공중의 권세를 잡은 자를 따라가는 것을 말합니다(엡 2:2). 이 죽음에서 생명으로 옮겨진 것을 구원받았다고 하는 것입니다.

예수님께서 "내가 진실로 진실로 너희에게 이르노니 내 말을 듣고 또 나 보내신 이를 믿는 자는 영생을 얻었고 심판에 이르지 아니하나니 사망에서 생명으로 옮겼느니라."(요 5:24)고 하셔서 생명으로 옮겼다고 하시는 말씀이 구원을 받았다는 말씀입니다. 사람이 하나님과의 관계가 끊어지고 주인을 잃어버렸을 때에 주인이 아닌 자(공중에 권세 잡은 자)가 찾아와서 주인 노릇을 하게 된 것입니다. 예수님은 하나님과 관계가 끊어진 상태를 회복하여 교제하는 특권을 누리게 하시기 위하여 우리의 화목제물이 되신 것입니다. 하나님과의 관계가 회복된 것을 구원받았다고 하고, 생명으로 옮겨졌다고 표현하는 것입니다. 관계가 회복된 것을 아버지와 아들로 표현하는 것이므로 성경은 증언합니다.

"영접하는 자 곧 그 이름을 믿는 자들에게는 하나님의 자녀가 되는 권세를 주셨으니"(요 1:12)라고 하였습니다. 예수님을 믿으면 구원을 받는다고 하는데 영접하는 자 곧 그 이름을 믿는 자는 하나님의 자녀가 되는 권세가 있다고 하였음으로 구원은 하나님의 자녀만이 받는 특권입니다. 이는 곧 구원은 하나님과의 관계가 회복되어 하나님과 교제하는 관계가 되는 것입니다. 그러므로 하나님을 믿고 구원 받은 사람은 하나님과 사귐이 있는 사람으로 하나님을 아버지라고 부르며 아버지에게 기도할 수 있는 자녀의 권세를 누리게 됩니다.

결론적으로 구원은 잃어버렸던 하나님과의 교제의 특권을 회복하여 하나님과 사귐이 있는 생활을 하는 것을 말합니다.

귀 있는 자는 들으라?

질문 : 예수님께서 "귀 있는 자는 들으라"고 하셨습니다. 세상에 귀가 없는 자가 있습니까? 특별한 장애인 외에는 귀가 다 있을 것인데 예수님께서 귀 있는 자는 들으라고 하셨습니다. 예수님께서 말씀하신 "귀 있는 자는 들으라"는 말씀의 뜻은 무엇입니까?

대답 : 예수님께서 "귀 있는 자는 들으라"고 하신 말씀은 육신의 귀가 있는 자는 들으라고 하신 것이 아니라 하나님의 말씀을 듣고 깨닫지 못하는 사람들이 있다는 말씀입니다. 이는 하나님의 말씀을 듣도록 허락된 사람들이 있고 또한 하나님의 말씀을 듣는 것이 허락되지 않은 사람들이 있다는 것입니다. 예수님께서 '귀 있는 자는 들으라'고 하신 말씀은 하나님의 말씀을 듣도록 허락된 사람은 들으라고 하신 것입니다.

목회자로서 설교를 하는 사람이나 전도를 하는 사람이 겪는 일 중에 하나는 아무리 말씀을 전해도 듣지 않는 사람이 있다는 것입니다. 양질의 설교는 교회를 부흥하게 한다고 합니다. 과연 그렇습니다. 좋은 설교는 교회를 부흥하게 하고 바른 말씀은 사람의 마음에 믿음이 생기도록 합니다. 성경 말씀에 "그러므로 믿음은 들음에서 나며 들음은 그리스도의 말씀으로 말미암았느니라."(롬 10:17)고 하였습니다. 설교하는 사람이나 전도하는 사람이 바른 말씀을 전하면 듣는 사람들이 듣고 회개하여 새로운 삶을 살아야 하는데 현실적으로 설교를 하여도 또한 말씀으로 전도를 하여도 듣지 않고 변화가 일어나지 않는 사람도 있습니다. 그러면 전적으로 전하는 사람이 잘 못한 것입니까? 말씀을 잘못 전하였기 때문에 열매가 없는 것입니까?

우리 주위에 교회가 수없이 많습니다. 많은 사람이 모이는 교회도 있고 적게 모이는 교회도 있습니다. 많이 모이는 교회는 말씀을 잘 전하였기 때문에 많이 모이고 적게 모이는 교회는 말씀을 잘못 전하였기 때문에 적게 모이는 것입니까? 그렇지는 않습니다. 우리나라에도 이단들이 많이 일어났습니다. 이단들이 하는 집회 장소에 얼마나 많은 사람들이 모입니까? 그들이 많은 사람을 모은 것은 말씀을 잘 전하였기 때문이 아니라는 것은 명백한 사실입니다. 설교를 하거나 전도를 할 때에 사람들이 듣지 않으면 설교자나 전도자의 마음이 그렇게 참담할 수가 없습니다. 이 일은 누구보다 필자가 더 많이 겪은 일입니다. 열심히 준비하여 말씀을 전하였는데 사람들이 듣지 않고 돌아설 때에 그 참담한 마음을 누구보다 더 잘 압니다. 목회를 처음 하면서 아니 지금까지도 말씀을 전하면서 '어느 것이 옳은가?' '어떻게 하여야 할까?'를 수없이 외치면서 좌절과 절망감에 빠져 낙담할 때가 많았습니다. 그러던 중에 예수님의 가르치심에서 "귀 있는 자는 들으라."는 말씀을 보는 순간 '눈이 밝아진다는 말이 이런 것이구나!' 하는 경험을 했습니다.

　예수님께서 '귀 있는 자는 들으라.' 하신 말씀은 들을 귀가 있는 사람도 있고 들을 귀가 없는 사람도 있다는 것입니다. 말씀을 전하면 귀가 있는 사람은 듣습니다. 그러나 귀가 없는 사람은 아무리 말씀을 잘 준비하여 전하여도 듣지 못한다는 말씀입니다. 성경에서 '귀 있는 자는 들으라'는 말씀을 보게 됩니다. 예수님께서 세례 요한에 대하여 증언하실 때에 말씀하셨습니다. 이 말씀은 요한이 그 제자들을 예수님께 보내어 예수님이 그 선지자인지 물을 때에 하신 말씀의 마지막 말씀입니다. "만일 너희가 즐겨 받을진대 오리라 한 엘리야가 곧 이 사람이니라."(마 11:14)고 하셨습니다. 이는 세례 요한이 그리스도가 오시기 전에 '엘리야가 오리라'고 한 그 예언 말씀의 엘리야라고 하시면서 "귀 있는 자는 들을지어다."라고 하셨습니다. 세례 요한이 광야의 외치는 자의 소리로서 그 길을 예비하는 능력의 선지자 엘리야라고 전하여도 들을 귀가 없는 자는 듣지 못한다는 말씀입니다. '요한이 그 엘리야다'라고 전하는 것이 잘못된 말씀이 아닙니다. 바르게 확실하게 전한 말씀입니다. 그런데 아무리 바르고 확실하게 전하여도 들을 귀가 있는 자는 듣고 들을 귀가 없는 자는 듣지 못합니다. 그러므로 유대인들이 예수님께서 증언하시는 요한을 임의로 대우하여 죽였던 것입니다.

　또한 예수님께서 비유로 말씀하시는 이유를 "천국의 비밀을 아는 것이 너희에게는 허락되었으나 저희에게는 아니 되었나니 무릇 있는 자는 받아 넉넉하게 되되 무릇 없는 자는 그 있는 것도 빼앗기리라."(마 13:11~12)고 하시면서 그 제자들에게 "너희의 눈은 봄으로, 너희 귀는 들음으로 복이 있도다."(마 13:16)라고 하셨습니다. 이 말씀을 보면 천국의 비밀을 듣는 것이 허락된 자가 있고 허락되지 못한 자들이 있다는 것입니다. 그러므로 천국의 비밀을 듣는 것이 허락된 자는 들어 깨달아 알게 되고 허락되지 못한 자는 아무리 들어도 깨닫지 못하는 것입니다.

바울 사도는 그의 제자 디모데에게 "너는 말씀을 전파하라 때를 얻든지 못 얻든지 항상 힘쓰라 범사에 오래 참음과 가르침으로 경책하며 경계하며 권하라."(딤후 4:2)고 단단히 권면합니다. 이는 말씀을 듣지 않는 사람들이 있다는 것입니다. 그리고 하나님께서 에스겔에게 말씀을 전하기를 강력하게 요구하십니다(겔 2:4~7, 3:16~21). 이는 말씀을 전하는 자는 듣든지 아니 듣든지 말씀을 전파하라는 강력한 메시지입니다.

요한계시록 2장과 3장에서 아시아 일곱 교회들에게 말씀을 전하시면서 '귀 있는 자는 들으라.'고 하십니다. 일곱 교회에 칭찬도 하시고 책망도 하십니다. 회개를 촉구하시는 말씀도 있습니다. 이들이 들을 귀가 있는 사람들도 있고 들을 귀가 없는 사람들도 있다는 것입니다.

그러므로 말세를 살고 있는 우리는 말씀을 전하거나 전도할 때 듣지 않는다고 낙담하거나 좌절하지 말고 하나님의 말씀을 신실하게 전해야 합니다. 세상 끝이 가까워지면 듣지 않는 자가 더 많이 늘어난다는 것입니다. 바른 말씀에 귀가 어두워져서 듣지 않고 자기를 위하는 말씀만을 찾게 된다는 것입니다(딤후 4:3~4). 그러므로 듣지 않는다고 낙담할 필요가 없습니다. 말씀을 전하고 그 결과는 하나님께 맡기고 우리는 전파해야 합니다.

"때가 이르리니 사람이 바른 교훈을 받지 아니하며 귀가 가려워서 자기의 사욕을 좇을 스승을 많이 두고 또 그 귀를 진리에서 돌이켜 허탄한 이야기를 좇으리라 그러나 너는 모든 일에 근신하여 고난을 받으며 전도인의 일을 하며 네 직무를 다하라."(딤후 4:3~5)고 바울 사도는 그 제자 디모데에게 사람들이 말씀을 듣지 않는 때가 있다는 것을 알게 합니다.

바른 말씀을 붙잡고 고민하는 설교자는 낙담하지 말고 힘을 얻기를 바랍니다. 사람들이 바른 교훈을 듣지 않고 자기들의 생각에 맞는 말만을 듣기를 원하는 것은 주님이 가까이 오셨다는 것임을 알고 힘을 내시기를 바랍니다. 그리하면 우리 주님이 오셔서 큰 상으로 갚아 주실 것입니다.

그의 나라와 그의 의를 구하라 ?
(마 6:33)

질문 : 예수님께서 먹고 마시고 입는 것을 염려하지 말고 그 나라와 그 의를 구하라고 하셨습니다. 그 의미는 무엇입니까?

대답 : 이는 사람이 어떻게 하여야 하나님의 나라에 합당한 사람이 되느냐를 고민하라는 말씀입니다. 즉 그 나라에 들어가는 것과 그 나라를 위하여 어떻게 일할 것인가를 고민하고 또한 그 나라에서 행할 길을 알라는 말씀입니다.

예수님께서는 육신을 가진 사람들이 이 세상을 살아가면서 먹고 마시고 입는 것이 필요함을 하나님이 아신다고 하셨습니다(마 6:32). 즉 하나님께서 육신을 가진 동물들은 먹고 마시는 것이 필요하도록 창조하셨습니다. 그러므로 하나님께서는 그가 만드신 동물들에게 말씀하셨습니다.

"하나님이 이르시되 내가 온 지면의 씨 맺는 모든 채소와 씨 가진 열매 맺는 모든 나무를 너희에게 주노니 너희의 먹을거리가 되리라 또 땅의 모든 짐승과 하늘의 모든 새와 생명이 있어 땅에 기는 모든 것에게는 내가 모든 푸른 풀을 먹을거리로 주노라 하시니 그대로 되니라."(창 1:29~30)고 하셨으며, 사람에게도 식물을 먹을거리가 되게 하셨습니다(창 1:29). 그리고 사람들에게는 노아 홍수 후에 동물의 고기도 먹을거리가 되게 하셨습니다(창 9:3). 그뿐 아니라 사람들에게는 옷을 입는 것을 정하셨습니다. 범죄한 인간들에게 하나님께서는 가죽옷을 지어 입히시므로 인간에게는 먹고 마시고 입는 것이 살아가는 데 기본 조건이 되었습니다. 이를 의, 식, 주라고 합니다. 이 의식주만 해결되면 무엇을 더 바라겠습니까?

그런데 하나님께서 창조하실 때부터 육신을 가진 동물들과 사람들이 이 모든 것이 있어야 할 것을 아신다는 것입니다. 하나님께서 먹고 마시도록 만드셨으니 당연히 아실 것 아닙니까? 그러므로 주님께서 "목숨을 위하여 무엇을 먹을까 무엇을 마실까 몸을 위하여 무엇을 입을까 염려하지 말라."(마 6:25)고 하셨습니다. 하나님께서는 그가 창조하신 공중의 새도 먹이시고 들에 핀 백합화도 입히시는 분이시니 이들보다 더 귀한 사람은 더욱더 잘 먹이시고 입히시는 분이시라는 것입니다. 그러므로 인간들은 "무엇을 먹을까 무엇을 마실까 무엇을 입을까"라고 염려하지 말아야 합니다. 이것들을 염려하고 구하는 것은 믿음이 없는 이방인들이 하는 것이라고 말씀하셨습니다. 하나님께서 이 모든 것이 있어야 하는 것을 아시기 때문에 이 모든 것을 더하여 주신다는 것입니다. 믿음이 있는 하나님의 사람들은 이것들을 구하는 것이 아니라 "먼저 그의 나라와 그의 의를 구하라." 그리하면 이 모든 것을 너희에게 더하시리라."는 것입니다.

이는 창조주 하나님께서 그 만드신 것을 운영하셔서 그 만드신 목적대로 쓰십니다. 그러므로 인간이 자기의 행복을 위하여 사는 것이 아니라 하나님을 위하여 사는 것(시 4:3)같이 자기를 위하여 "무엇을 먹을까 무엇을 마실까 무엇을 입을까"를 염려하기 보다는 그 주인이신 하나님의 뜻을 따라 살면 이 모든 것, 즉 먹고 마시고 입는 것은 그 기쁘신 뜻에 따라 더하여 주신다고 하셨습니다(마 6:25~33).

그런데 그 나라와 그 의를 구하는 것이 무엇입니까?

이는 하나님의 나라가 어떠하며 어떻게 하여야 하나님의 나라에 합당한 사람이 되느냐를 고민하라는 것입니다. 하나님의 나라에 합당한 사람이 되기를 고민하는 사람은 하나님께서 원하시는 길 즉 바른 길이 무엇인가를 찾고 알아가야 한다는 것입니다. 이는 하나님께서 허락하신 사람에게 주시는 것입니다. 그러므로 허락받지 못한 사람은 들어도 깨닫지 못하고 보아도 알지 못하는 것입니다. 이사야를 통하여 하신 말씀은 "너희가 듣기는 들어도 깨닫지 못할 것이요 보기는 보아도 알지 못하리라."(사 6:9)고 하셨습니다. 예수께서 비유로 말씀하신 것은 그들로 듣고 깨닫지 못하게 하려 하심이라고 하셨으며, 하나님의 말씀을 듣는 것이 허락된 사람들에게 '이를 듣고 깨닫는 너희는 복이 있도다.'라고 하셨습니다(마 13:13~16).

그러므로 하나님의 말씀을 듣는 것이 허락된 사람은 하나님의 나라의 비밀을 깨달아 아는 일에 열심을 다해야 되는 것입니다(마 13:10~11). 그런데 우리가 기도하는 내용이 무엇입니까? 모두가 이방인이 하는 기도를 합니다. 즉 "남편이 승진하게 해 주세요." "아들 좋은 대학에 들어가게 해 주세요." "아파트 가격이 올라가게 해 주세요." "건강하게 해 주세요" 하는 것들입니다. 이는 이방인들이 구하는 것이라고 예수님께서 분명히 말씀하셨는데도 말입니다.

여기서 참고로 이방인들이 구하는 것은 무엇입니까? 제가 기도하며 하나님께 간구하여 얻은 결론은 1)돈 잘 버는 것입니다. 2)건강하게 사는 것입니다. 3)자녀가 잘 되는 것입니다.

이와 같은 것들을 구한다고 해서 잘못된 것은 아니지만 이는 우리가 구하지 않아도 하나님께서 있어야 할 줄을 아시고 더하여 주시는 것들입니다. 우리에게 가장 필요한 것은 하나님의 나라와 그의 의입니다. 사람들은 하나님의 나라와 그의 의를 구하면 구하지 않아도 주시는 것들을 위하여 모든 노력을 투자합니다. 얼마나 비효율적인 삶을 사는지 생각해야 합니다.

그러므로 우리들은 이 세상에서 필요한 것들에 집착하지 말고 하나님의 나라와 그 의를 위하여 구하여야 합니다. 그리고 가르치는 사람들은 하나님의 백성들이 '그 나라'와 '그 의'를 위하여 노력하는 성도가 되도록 가르쳐야 합니다. 가르치는 사람들이 이 세상의 것들만 구하도록 가르치면 이는 매우 잘못된 것입니다. 이는 마치 어린 아이를 그 목에 연자 맷돌을 달아 깊은 바다에 빠뜨리는 것이 되는 것입니다. 즉 사람을 죽이는 것입니다. 이렇게 실족하게 하는 일로 인하여 세상에 화가 있다고 하셨고 또한 실족하게 하는 일이 없을 수는 없으나 실족케 하는 그 사람에게는 화가 있다고 하였습니다(마 18:6~7). 화가 있다는 말을 가볍게 여겨서는 안 됩니다. 예수님께서 가장 나쁜 고을들이 믿지 않을 때에 '화 있으리로다.'라고 하셨습니다. '화 있을진저'라는 말을 언제 쓰셨는지 기억해야 합니다(슥 11:17, 마 11:21~24, 마 23:13~39, 유 1:11).

그러므로 하나님의 말씀을 가르치는 사람들은 그 성도들을 이방인들과 같이 되지 않도록 바르게 가르쳐야 합니다. 이방인이 구하는 것을 구하지 않고 그의 나라와 그의 의를 구해야 하는 이유는 하늘과 땅을 창조하신 창조주 하나님께서 이 천지 만물을 그의 기쁘신 뜻대로 운영해 가시기 때문입니다. 예루살렘으로 올라가시는 예수님에게 세베대의 아내가 이렇게 구하였습니다. "나의 이 두 아들을 주의 나라에서 하나는 주의 우편에, 하나는 주의 좌편에 앉게 명하소서."(마 20:21)라고 구할 때에 예수님의 대답은 "내 좌우편에 앉는 것은 내가 주는 것이 아니라 내 아버지께서 누구를 위하여 예비하셨든지 그들이 얻을 것이니라."(마 20:23)고 하셨습니다. 이는 사람이 구하는 것과 하나님의 뜻은 같을 수도 있지만 다를 수도 있는 것입니다. 그러므로 우리들은 우리들을 위하여 무엇을 예비하셨든지 하나님께서 예비하신 대로 받을 것을 믿어야 합니다.

예를 들면 집 주인이 그 집에 강아지가 있는데 그 강아지를 방에서 곱게 키우기 위하여 방으로 데리고 들어가든지 아니면 집을 지키게 하기 위하여 대문 앞에 매어 두든지 아니면 시끄럽고 지저분하니 집 뒤 더러운 곳에 매어 두든지 그 주인이 결정하는 대로 할 것입니다. 그 집 주인이 하는 일에 그 강아지가 항의할 수 있습니까? 항의한다고 받아들여집니까? 주인이 결정하면 그대로 이루어집니다. 이와 같이 하나님께서는 그 필요에 따라 그 백성들을 인도하고 계시는 것입니다.

물론 여기서 생각할 것은 사람이 아무것도 안 하고 하나님께서 다 이루어 가시도록 가만히 있으라고 하지 않으신다는 것입니다. 성경에는 "구하라 그러면 주시리라."(마 7:7)고 하셨습니다. 가만히 있는 것이 하나님의 뜻이 아니라 끊임없이 구하고 찾고 두드리며 사는 것이 하나님의 뜻입니다. 구하는 것이 하나님의 뜻이라고 구하는 대로 다 주신다는 말씀은 아닙니다.

바울 사도는 "성령을 따라 행하라 그리하면 육체의 욕심을 이루지 아니하리라"(갈 5:16)고 하십니다. 예수님께서 구하라고 하신 것은 "그의 나라와 그의 의를 구하라"는 말씀입니다. 우리가 모든 것을 구하지만 모두 것을 받아 누리는 것은 아닙니다. 하나님께서 주시는 것만 받을 뿐입니다. 바울 사도는 "모든 것이 가하나 모든 것이 유익한 것은 아니요."(고전 10:23)라고 하였습니다. 그러므로 우리들은 모든 것을 구할 수 있으나 하나님의 뜻을 따라 그의 나라와 그의 의를 구하는 사람이 되어야 할 것입니다. 그의 나라와 그의 의를 구하라고 하시는 말씀은 그 나라에 들어가기 위하여 어떻게 하며 무엇을 해야 하는가를 고민하고 부족한 것은 하나님께 간구하여 부족함이 없게 하라는 말씀입니다.

우리는 왜 기도해야 합니까?

질문 : 성경에는 "구하라"고 하시는 말씀이 많이 있습니다(마 7:7). 그리고 교회에서도 "기도하라"는 말씀을 많이 합니다. 또 "믿고 구하는 것은 받은 줄로 알라"고 하시면서 기도를 강조합니다(마 21:22). 이와 같이 기도하기를 강조하는데 우리가 왜 기도해야 합니까? 또한 무엇을 구하여야 합니까?

대답 : 기도는 하나님의 뜻을 이루기 위하여 하는 것입니다. 즉 우리가 하나님의 뜻을 이루려고 할 때 우리의 힘으로는 할 수 없을 때가 있습니다. 하나님의 뜻을 이루려면 하나님을 알아야 하고 우리의 부족한 것을 하나님께 받아서 채워야 합니다. 그러므로 사람이 하나님의 뜻을 이루어 드리기 위해서는 기도하지 않을 수가 없는 것입니다. 왜냐하면 우리에게는 부족함이 많기 때문입니다.

기도는 영적 호흡이라고도 하여 "쉬지 말고 기도하라"(살전 5:17)고 합니다. "기도하라"는 말씀은 아무리 강조해도 지나침이 없습니다. 그러면 무엇을 기도할 것인가를 알아보고자 합니다.

1. 하나님을 알기 위하여 기도해야 합니다.

에베소서 1장 15~19절에는 바울의 기도가 나옵니다. "하나님께서 지혜와 계시의 영을 너희에게 주사 하나님을 알게 하시고"(17절)라고 했고, 19절에는 하나님의 능력을 알게 하시기를 구합니다. 또 에베소서 3장 14~19절에 바울 사도의 두 번째 기도가 나옵니다. 여기서도 그리스도의 사랑의 분량을 알게 하시기를 구합니다. 그리고 골로새서 1장 10절에 "하나님을 아는 것에 자라게 하시고"라고 하였습니다. 바울 사도는 교회들이 하나님을 알게 되기를 위해 기도하였습니다.

2. 믿음이 자라기 위하여 기도합니다.

빌립보서 1장 9~11절에는 바울 사도께서 빌립보교회를 위하여 기도하는 내용입니다. "너희로 지극히 선한 것을 분별하며 또 진실하여 허물없이 그리스도의 날까지 이르고" 또 "예수 그리스도로 말미암아 의의 열매가 가득하여 하나님의 영광과 찬송이 되기를 원하노라."고 기도합니다. 바울 사도는 빌립보교회가 믿음이 자라서 의의 열매가 가득하기를 구합니다.

3. 어려움을 당할 때에 극복하기 위하여 기도합니다.

예루살렘교회가 그들의 지도자인 베드로가 감옥에 갇혔을 때에 전심으로 기도했습니다(행 12:5). 교회는 어려움을 당할 때 기도해야 합니다.

4. 사명을 감당하기 위하여 기도합니다.

사도행전 4장 30절에 예루살렘교회가 기도하였는데 그 이유는 사도들이 옥에 갇혔다가 놓여났기 때문입니다. 대적자들의 위협으로부터 지켜 주시고 말씀을 전하게 하시며 병을 낫게 하시며 표적과 기사가 예수의 이름으로 이루어지기를 위해 구합니다. 이는 그들의 사명을 감당할 능력을 주시기 위해 기도하는 것입니다.

성경에 나오는 기도에 대한 교훈을 다 말하기는 어렵습니다. 그러나 바울 사도의 기도를 보면 무엇을 기도할 것인가를 알 수가 있습니다. 바울 사도의 기도를 보면 '하나님을 알게 하시기를 구하였고,' '믿음이 자라기를 구하였고,' '예루살렘교회는 사도들의 어려움을 극복하기 위하여 기도하였으며,' '능력이 임하셔서 그 맡은 사명을 감당하기를 위하여 기도'했습니다. 우리는 사도들의 기도를 보면 무엇을 기도할 것인가를 알게 됩니다.

그러면 우리가 왜 기도하는가를 알아보고자 합니다.

우리가 기도하는 이유는 우리가 연약하기 때문에 하나님의 도움을 구하기 위해서입니다. 인간은 유한한 존재이기 때문에 이루는 것보다 이루지 못하는 것이 더 많습니다. 하나님께서 유한한 인간들에게 사명을 주셨으니 어려움이 많을 것입니다. 이 사명이 바로 십자가입니다. 예수님께서 "또 자기 십자가를 지고 나를 따르지 않는 자도 내게 합당하지 아니하니라."(마 10:38)고 하셨고, "이에 예수께서 제자들에게 이르시되 누구든지 나를 따라오려거든 자기를 부인하고 자기 십자가를 지고 나를 따를 것이니라."(마 16:24)고 하셨습니다.

이 두 구절을 보면 사람이 자기 십자가를 지지 않으면 예수님께 합당하지 않아서 버림을 당합니다. 예수님께 버림받음은 곧 멸망입니다. 그러므로 사람들은 어찌하든 자기의 사명을 감당해야 합입니다. 그런데 우리 인간들은 연약하여 이루지 못하는 것이 많습니다. 베드로만 하더라도 말씀을 전파해야 하는데 그가 연약하여 감옥에 갇혔으니 난감하기 그지없었습니다. 인간은 누구나 연약하다는 것을 성경이 증언하고 있습니다(마 26:41, 막 14:38). 연약한 인간이 자기에게 주어진 사명을 감당하기가 매우 어렵습니다. 인간들이 연약하지만 그 사명을 감당해야 하므로 기도하여 하나님께서 그 연약함을 채워주셔야만 이룰 수 있는 것입니다. 그러므로 우리들은 이방인들이 구하는 것, 즉 이 세상 것(먹고 입고 마시는 것)을 구하기보다 자기에게 주어진 사명을 감당할 능력을 주시도록 기도해야 합니다.

빌립보서 4장 13절에 "내게 능력 주시는 자 안에서 내가 모든 것을 할 수 있느니라."고 하셨는데 이 말씀이 무엇을 의미하는지 생각해 봐야 합니다. 교회마다 기도할 때에 "하나님이 능력 주시면 모든 것을 할 수 있느니라."고 하셨으니 기도합시다."라고 합니다. 기도하면 모든 것을 할 수 있습니까? 빌립보서를 쓴 바울 사도의 경우를 보고자 합니다. 바울 사도는 자신의 몸의 가시로 인하여 고생을 많이 했습니다. 바울 사도 당시는 요즘과 달라서 교통이 아주 불편했습니다. 전도를 하려고 하면 걸어가든지 배를 타고 가든지 해야 합니다. 그가 병든 몸을 가지고 전도하려 다니기가 얼마나 불편했겠습니까? 그리고 더 큰 문제는 예수 믿으면 병도 고친다고 하였는데 막상 자기가 병들어 골골하면 좋은 모습이 아니지요. 그러므로 그는 자신의 병을 고쳐주시기를 기도하였습니다(고후 12:7~9). 그러나 그는 고침을 받지 못했습니다. 바울 사도는 하나님의 큰 은혜로 능력을 많이 받았습니다. 그는 오직 예수님만 섬기며 살았습니다. 즉 예수님께서 주신 사명을 감당하기 위해서는 생명도 귀하게 생각하지 않았습니다. 그러면 그는 모든 것을 할 수 있어야 합니다. 다른 사람의 병도 얼마나 많이 고쳐 주었습니까?

성경은 증언합니다. "심지어 사람들이 바울의 몸에서 손수건이나 앞치마를 가져다가 병든 사람에게 얹으면 그 병이 떠나고 악귀도 나가더라."(행 19:12) 그렇다면 바울 사도는 자신의 손을 아픈 자리에 올려놓고 기도하면 되는데 왜 하나님께 기도하였습니까? 그리고 또 디모데후서 4장 20절에 보면 드로비모는 병들어서 밀레도에 두었다고 하였습니다. 바울 사도는 능력을 너무 많이 받아서 그의 손수건을 병든 사람 위에 얹으면 병이 나았는데 왜 그의 사랑하는 제자가 병들었는데 고치지 못해서 밀레도에 두고 왔습니까? 바울 사도는 자기의 병을 고치지도 못하고 그의 제자의 병도 고치지 못하는데 왜 "내게 능력 주시는 자 안에서 내가 모든 것을 할 수 있느니라."고 하며 거짓말 같은 말을 했습니까? 바울 사도가 사람들이 듣기 좋으라고 거짓말을 한 것입니까? 절대 그럴 수 없습니다. 바울 사도의 이 말씀이 거짓말 같아 보이는 것은 사도께서 하신 말씀을 오해하여 잘못 생각한 것이기 때문입니다.

"모든 것을 할 수 있다"는 말은 어떤 일이든지 못하는 것이 없다는 말씀이 아니라 사도 자신이 맡은 이방인들을 전도하기 위하여서는 빈곤하여 손수 일하면서 전하기도 하였고, 또한 교회가 연보하여 주면 풍족하기도 하였습니다. 그러나 사도께서는 풍부하든지 빈곤하든지 전도하는 일에 지장을 주지 않고 사명을 감당할 수 있었다는 말씀입니다.

그러므로 "내게 능력 주시는 자 안에서 내가 모든 것을 할 수 있느니라."(빌 4:13)고 하신 말씀은 이 세상에서 어떤 일이든지 할 수 있다는 말씀이 아니라 우리의 사명을 감당함에 있어서 빈곤하든지 풍부하든지 세상의 환경이 그 사명의 길을 막지 못한다는 말씀으로 하신 것입니다.

우리에게 능력 주시는 우리 주 예수 그리스도가 함께 계시므로 아무 걱정 말고 기도하여 받은 능력으로 그분이 주신 사명을 잘 감당합시다.

나를 창조하신 하나님 ?

질문 : 하나님께서 천지를 창조하셨습니다. 그리고 그 창조의 마지막에 만물을 다스리도록 인간을 창조하셨습니다. 인간을 흙으로 창조하시고 그 코에 생기를 불어넣으시니 생령이 되게 하셨습니다(창 2:7). 그리고 하나님께서 나를 창조하셨다는 것을 믿습니다. 그러면 첫 사람 아담은 흙으로 만드셨는데 나는 무엇으로 만드셨습니까?

대답 : 하나님께서 첫 사람 아담은 흙으로 만드셨습니다. 그리고 하와는 아담의 갈비뼈로 만드셨습니다. 그리고 나는 하나님께서 하나님의 섭리 중에 만드셨습니다.

우리는 사람을 하나님께서 창조하신 것을 믿습니다. 그러나 하나님께서 나를 창조하셨다는 사실을 확신하지 못하는 것 같습니다. 왜 사람이 자신은 하나님께서 창조하셨다는 사실을 확신하지 못할까요? 대부분의 사람들은 하나님께서 "흙으로 아담을 창조하시고 그 코에 생기를 불어 넣으셔서 사람을 생령이 되게"(창 2:7) 하시고 그 후에 하나님께서 "사람이 독처하는 것이 좋지 못하다"(창 2:18)고 하여 "돕는 배필"(창 2:20)로 하와를 지으시되 아담의 갈비뼈(2:21)로 지으셨습니다.

여기까지는 다 믿고 확신하는데 그 이후는 확신하지 못하는 것 같습니다. 모든 사람이 다 그렇지는 않겠지만 많은 사람들이 자신을 하나님께서 지으신 것을 확신하지 못함으로 활력있는 신앙생활을 하지 못하고 있지 않은가란 생각이 듭니다. 왜 이런 생각을 하게 되었는가 하면 필자가 "사람은 무엇으로 만들었습니까?"라고 물으면 대부분이 "예! 흙으로 만들었습니다."라고 대답합니다. 그리고 또 묻습니다. "그러면 나는 무엇으로 만들었습니까?"라고 물었더니 "흙이요"라고 대답하였습니다. 또 물었습니다. "그래요, 그럼 하와는 무엇으로 만들었습니까?"라고 물으니 대답을 못합니다. 왜냐하면 하와는 흙으로 만드신 것이 아니라 아담의 갈비뼈로 만들었다는 것을 믿기 때문에 나를 흙으로 만들었다고 대답한 것은 틀린 대답이 확실해졌기 때문입니다.

하와도 사람의 몸을 통하여 만드셨습니다. 이는 하나님께서 사람이 어떻게 그 후손이 대대로 이어져 내려오는가 하는 이유를 말씀하시는 것입니다. 하나님께서 흙으로 창조하신 사람은 아담 한 사람입니다. 그 이후는 사람의 몸을 통하여 나오게 되는 것입니다. 그러므로 부모의 몸에서 나온 사람을 하나님이 창조하셨다고 증언합니다(신 32:6, 욥 31:15, 시 95:6, 100:3, 103:22, 139:13, 호 8:14 등). 이는 아담 한 사람만 하나님께서 창조하신 것이 아니라 하와도 창조하시고, 그들의 자자손손을 창조하시고, 이제는 나를 하나님께서 창조하신 것입니다.

그런데 사람들이 나를 진흙으로 지으셨다고 가르치면 입으로는 그렇다고 응답할 수 있으나 마음으로는 '내가 어떻게 진흙으로 지어졌단 말인가?'라고 반문하지 않을 수가 없는 것입니다. 과연 "한 줌의 흙으로 나를 지어 어머니의 뱃속에 넣었단 말인가?" 꽤나 머리가 아픈 질문입니다. 오늘날 과학이 발달되어서 사람이 부모의 몸을 통하여 난자와 정자가 만나서 아이가 만들어진다는 것을 압니다. 그런데 어떻게 사람이 흙으로 지어졌다고 할 수가 있단 말입니까? 그러므로 믿음에 확신이 없게 됩니다. 하나님께서 나를 창조하셨다는 확신이 있어야 믿음의 활력이 생깁니다. 왜냐하면 하나님의 말씀에 대한 확신이 있어야 믿음에 활력을 갖습니다. 말씀이 확실치 않고 확신이 없으면 살아있는 믿음이라고 할 수 없습니다.

"내가 무엇으로 만들어졌는가?"라는 질문에 답을 주시기 위하여 하나님께서 하와를 만드실 때에 진흙으로 만드시지 않으시고 아담의 몸에 있는 갈비뼈로 만드신 것입니다. 물론 하나님께서 그 질문을 위하여 창조하신 것은 아니지만 우리의 질문에 대한 답이 성경에 다 기록되었다는 것을 말하는 것입니다.

"나는 무엇으로 지음을 받았는가?"라는 질문에 대하여 말씀드리면 이는 하나님의 섭리로 지음을 받았다고 하는 것입니다. 하나님께서 사람을 당신의 섭리로 만드신다는 말씀은 사람이 결혼만 하면 다 자녀를 낳는 것이 아닌 것과 같습니다. 하나님께서 허락하셔야 자녀를 낳는 것입니다. 하나님께서는 아비멜렉의 집의 모든 태를 닫게도 하셨습니다(창 20:18). 그리고 이삭이 아내 리브가를 위하여 기도할 때에 리브가가 잉태하였습니다. 또한 야곱의 아내 라헬이 자녀가 없었을 때에(창 29:31) 하나님께서 그 태를 여셔서 아들을 낳게 하셨습니다(창 30:22). 이와 같이 사람이 하나님 없이 자녀를 낳는 것이 아니라 하나님께서 역사하셔야 자녀를 낳는 것입니다. 이렇게 하나님께서 역사하심을 섭리라고 합니다. 하나님의 섭리가 없으면 내가 어머니의 태중에 잉태 할 수가 없습니다. 그러므로 하나님께서 나를 그분의 섭리로 창조하신 것입니다.

　신약에서도 세례 요한의 부모들이 잉태하지 못하였으나 노년에 아들을 얻게 하셨습니다(눅 1:7~25). 하나님께서 나를 지으심으로 하나님이 나의 주인이 되시는 것입니다. 우리는 나의 주인이 되시는 하나님을 기쁨으로 섬기는 충성스러운 성도가 됩시다.

기도의 응답이란 무엇인가?(마 26:36~46, 막 14:32~42)

질문 : 많은 사람들이 나는 하나님께 응답받았다고 고백합니다. 하나님께 응답받았다는 의미가 무엇입니까?

대답 : 우리가 기도 응답받은 것은 하나님의 뜻을 아는 것입니다. 기도 응답은 사람의 뜻을 이루는 것이 아니라 하나님의 뜻을 아는 것이 기도 응답입니다.

인간에게 주어지는 가장 큰 복은 무엇일까요? 아마 그것은 하나님과 교통할 수 있다는 것일 것입니다. 다른 말로 하면 하나님과 사귐이 있다는 것입니다. 하나님께서 우주 만물을 창조하실 때에 인간을 창조하신 목적은 "바다의 물고기와 하늘의 새와 가축과 온 땅과 땅에 기는 모든 것을 다스리게 하자"는 것이었습니다(창 1:26). 하나님이 계획대로 사람을 창조하시되 남자와 여자를 창조하시고(창 1:27) 그들에게 복을 주시며 이르신 것은 "생육하고 번성하여 땅에 충만하라, 땅을 정복하라, 바다의 물고기와 하늘의 새와 땅에 움직이는 모든 생물을 다스리라"는 것입니다(창 1:28).

이와 같이 인간의 창조 목적은 하나님께서 창조하신 피조물을 다스리는 것이었습니다. 인간이 만물을 다스리기 위하여 필요한 조건은 인간이 하나님의 형상을 닮아야 했던 것입니다. 왜냐하면 창조주이신 하나님만이 다스릴 수 있는 분이시기 때문입니다. 그러므로 인간은 창조된 피조물로서 다스리는 자가 되기 위하여 영혼을 가진 존재가 되었습니다. 하나님의 형상을 닮은 인간이 영혼을 가졌기 때문에 하나님과 교제할 수 있는 것입니다(창 2:7). 즉 인간이 영혼을 가짐으로써 그들에게 주어지는 특권이 있습니다. 그 특권은? 1) 영생할 수 있는 특권입니다. 2) 하나님과 교제할 수 있는 특권입니다. 3) 만물을 다스리는 특권입니다.

이 중에서 하나님과 교제의 특권은 하나님과 교통함이 가능함으로 하나님을 섬길 수 있게 된 것입니다. 하나님을 섬기는 일 중의 하나는 예배를 드리는 것입니다. 예배의 요소 중에 하나가 기도입니다. 그러므로 기도는 하나님이 인간들에게 주시는 가장 큰 복입니다. 기도를 통하여 우리 인간은 하나님과 의사소통이 이루어집니다. 즉 기도를 함으로 하나님의 의지(뜻)를 알게 되고, 우리의 소원을 하나님께 올려드릴 수 있는 것입니다. 하나님과의 사귐은 하나님의 뜻을 안다는 것으로 하나님이 기뻐하시는 것이 무엇이며, 싫어하시는 것이 무엇인가를 알게 되는 것입니다.

그러므로 바울 사도는 골로새 교인들을 위하여 기도하기를 "모든 신령한 지혜와 총명에 하나님의 뜻을 아는 것으로 채우게 하시고 주께 합당하게 행하여 범사에 기쁘시게 하고 모든 선한 일에 열매를 맺게 하시며 하나님을 아는 것에 자라게 하시고"(골 1:9~10)라고 하였습니다. 이는 우리 인간이 살아가는 목적을 이루기 위해서는 하나님의 뜻을 알아야 되기 때문입니다. 그러므로 하나님의 뜻을 알아서 그를 기쁘시게 하는 것이 인간이 살아가는 목적인 것입니다. 인간이 하나님을 기쁘시게 하기 위해서는 하나님의 뜻을 알아야 합니다. 하나님의 뜻을 아는 길은 기도밖에 없습니다. 우리 인간은 하나님의 뜻을 행하여 그 분을 기쁘시게 하는 것이 인생의 올바른 길이기 때문에 기도해야 하는 것입니다. 그러므로 바울 사도는 "쉬지 말고 기도하라"(살전 5:17)고 하였습니다.

그리고 또한 인간은 소모적인 존재입니다. 즉 이 세상에 살아가면서 끊임없이 소비하여야 함으로 필요한 것이 많다는 말입니다. 그 필요를 채우기 위해서는 하나님의 도움심이 있어야 하는 것입니다. 그러므로 우리의 기도로 우리의 소원을 하나님께 올려드려야 그 소원이 성취되는 것입니다.

다윗은 "내가 나의 목소리로 여호와께 부르짖으니 그의 성산에서 응답하시는도다."라고 하였습니다(시 3:4).

인간들은 영혼을 가진 존재이므로 하나님과 교제할 수 있는 특권을 가졌습니다. 그러므로 하나님과 교제의 수단이 기도입니다. 하나님과 교제할 수 있는 특권을 주심으로 인간들은 하나님께 기도하게 되고, 기도할 때 하나님의 뜻을 알게 되고, 또한 인간의 필요를 채워 주시도록 요청할 때에 하나님께서는 응답해 주시는 것입니다.

오늘날 교회에서 많은 사람들이 "나는 응답받았다."라는 말을 합니다. 하나님께 기도 응답을 받는 것은 무엇으로 알 수 있습니까? 즉 기도 응답이 무엇입니까? 기도의 응답이 무엇인가를 말씀드리기 전에 성경에서 기도 응답 받은 경우를 살펴보고자 합니다. 성경에서 기도 응답받은 경우를 봅시다.

1. 즉시 응답하신 경우를 봅니다.

열왕기하 20장 1절에서 히스기야가 병들어 죽게 되었습니다. 그때 선지자 이사야가 그에게 나아가 "여호와의 말씀이 너는 집을 정리하라 네가 죽고 살지 못하리라 하셨나이다."라고 하였습니다. 이 말을 들은 히스기야는 2~3절에 낯을 벽으로 향하고 심히 통곡하여 여호와께 기도하였습니다. 그런데 4절에서는 히스기야에게 말을 전한 이사야가 성읍 가운데 이르기 전에 여호와의 말씀이 그에게 임하였습니다. "너는 돌아가서 내 백성의 주권자 히스기야에게 이르기를 왕의 조상 다윗의 하나님 여호와의 말씀이 내가 네 기도를 들었고 네 눈물을 보았노라 내가 너를 낫게 하리니 네가 삼일 만에 여호와의 성전에 올라가겠고 내가 네 날에 십오 년을 더할 것이며 내가 너와 이 성을 앗수르 왕의 손에서 구원하고 내가 나를 위하고 또 내 종 다윗을 위하므로 이 성을 보호하리라 하였다 하라 하셨더라."(왕하 20:5~6)고 하였습니다. 이는 히스기야가 기도하자마자 여호와께서 그 기도를 응답한 경우입니다.

2. 오랜 세월 후에 응답하신 경우입니다.

이스라엘 백성이 애굽에서 괴로울 때에 그들이 하나님께 기도하였고, 하나님께서 응답하셨습니다. 출애굽기 2장 23절에 보면 "이스라엘 백성이 고된 노동으로 말미암아 부르짖는 소리가 하나님께 상달되었다."고 하였습니다. 이 기도는 오랜 기간의 기도였습니다. 모세가 나기 전부터 이스라엘 백성들은 애굽에서 고통의 세월을 보냈습니다. 오랜 세월 후에 때가 되매, 그들의 기도를 들으시고 하나님께서는 모세를 보내셔서 그 백성들을 애굽에서 인도해 내심으로 그 괴로움에서 해방시키셨습니다. 이 기도는 오랜 기간 후에 응답하신 것입니다.

3. 응답되지 않은 경우입니다.

이스라엘의 초대 왕 사울이 하나님께 버림받았을 때에 사무엘은 사울을 위하여 기도하였습니다. 그때에 하나님께서 응답하셨습니다.

"여호와께서 사무엘에게 이르시되 내가 이미 사울을 버려 이스라엘 왕이 되지 못하게 하였거늘 네가 그를 위하여 언제까지 슬퍼하겠느냐 너는 뿔에 기름을 채워 가지고 가라 내가 너를 베들레헴 사람 이새에게로 보내리니 이는 내가 그의 아들 중에서 한 왕을 보았느니라 하시는지라."(삼상 16:1)라고 하셨습니다. 이는 사무엘의 기도에 하나님께서 응답하시지 않으신 것입니다.

우리는 위에서 세 가지 유형의 기도 응답을 보았습니다. 히스기야는 기도하는 즉시 응답해 주셨고, 애굽 치하에서의 이스라엘 백성들의 기도는 오랜 기간 후에 응답하셨고, 사울을 위하여 기도하는 사무엘의 기도는 끝내 응답하지 않았습니다.

그렇다면 "기도 응답받았다."는 말은 어떤 의미를 가지는 것입니까? 언제 "응답받았다."는 말을 할 수 있습니까?

일반적으로 "응답받았다."란 말은 자기가 원하는 것을 기도하고 그 원하는 것이 이루어질 때 "응답받았다."라고 하는 것 같습니다. 과연 자기의 뜻이 이루어져야 기도 응답받은 것입니까?

위의 기도 응답의 세 가지 유형에서 사무엘이 기도할 때에 하나님께서는 허락지 않으셨습니다. 사무엘이 사울을 위하여 슬퍼하고 있을 때에 하나님께서는 사무엘에게 "내가 이미 사울을 버려 이스라엘 왕이 되지 못하게 하였거늘 네가 그를 위하여 언제까지 슬퍼하겠느냐"라고 하심으로 하나님께서 사울을 버리심을 돌이키지 않으셨습니다.

이는 사무엘에게 하나님께서 자신의 뜻을 보이신 것입니다. 즉 하나님께서 무엇을 원하시는가를 보이신 것입니다. 다시 말씀드리면 하나님께서 사무엘이 사울을 위하여 기도하는 것을 원치 않으시고 이새의 아들 중에서 새로운 왕을 세워 그에게 기름을 붓기를 바라시는 것이 하나님의 뜻임을 보이신 것입니다.

그렇습니다. 우리가 "기도 응답받았다."는 말은 기도하는 사람의 소원이 이루어지는 것이 아니라 하나님의 뜻을 아는 것이 기도 응답인 것입니다.

우리의 본이 되시는 예수님의 기도를 봅시다. 예수님은 십자가의 고난을 앞에 두시고 겟세마네 동산에서 기도하셨습니다.

마태복음 26장 36절부터 46절을 보면 예수님께서 제자들을 데리시고 겟세마네 동산에 가셔서 다른 제자들은 멀리 두시고 세 제자만 데리고 가셔서 기도하셨습니다. 그 때 제자들에게 말씀하셨습니다. "내 마음이 매우 고민하여 죽게 되었으니 너희는 여기 머물러 나와 함께 깨어 있으라."는 것입니다. 그리고 조금 나아가 기도하시기를 세 번을 하셨습니다.

첫 번째 기도하시고 제자들에게 오셔서 "너희가 나와 함께 한 시간도 이렇게 깨어 있을 수 없더냐? 시험에 들지 않게 깨어 기도하라 마음에는 원이로되 육신이 약하도다."라고 하셨습니다. 두 번째 기도하시고 오셔서 그들이 자는 것은 피곤하기 때문이라고 적고 있으며, 세 번째 기도하시고 오셔서는 "이제는 자고 쉬라 보라 때가 가까이 왔으니 인자가 죄인의 손에 팔리느니라."고 하셨습니다.

여기서 우리는 기도 응답의 기준을 알게 됩니다. 예수님의 소원은 무엇입니까? 예수님에게 주어진 잔이 지나가기를 바라는 것입니다. 즉 예수님은 십자가의 고난이 지나가기를 원하셨습니다. 그러나 성부 하나님께서는 허락지 않으셨습니다.

예수님이 세 번째 기도하신 후에 제자들에게 "이제 자고 쉬어라"는 말씀은 "이제 기도 응답을 받았다."는 말씀입니다. 왜 그렇습니까? 예수님께서는 하나님의 뜻이 십자가를 지지 않고는 그 백성을 구원할 길이 없다는 것을 알게 되었다는 것입니다. 이는 예수님께서 하나님의 뜻을 알았다는 것입니다. 그렇습니다. 기도응답은 하나님의 뜻을 아는 것입니다.

성경은 바울 사도를 통하여 기도 응답이 무엇인가를 알려줍니다.

바울 사도는 몸의 가시로 인하여 괴로움을 받았습니다. "너희를 시험하는 것이 내 육체에 있으되 이것을 너희가 업신여기지 않았다."(갈 4:14)라고 증언합니다. 이는 그 육신의 가시 즉 병으로 인하여 고통스러움을 말하는 것입니다. 바울 사도는 이 육신의 병이 그에게서 떠나기 위하여 세 번을 기도하였습니다(고전 12:8). 그 때 주님이 응답하셨습니다. "내 은혜가 네게 족하도다 이는 내 능력이 약한 데서 온전하여짐이라."(고후 12:9)고 하셨습니다. 이는 바울 사도께서 구하는 것 즉 병이 낫기를 원하는 것은 이루어지지 않았습니다. 그러면 바울 사도의 기도가 응답되지 않았습니까? 결코 그렇지 않습니다. 바울 사도께서 기도 응답을 확신하고 기뻐합니다. "그러므로 도리어 크게 기뻐함으로 나의 여러 약한 것들에 대하여 자랑하리니 이는 그리스도의 능력이 내게 머물게 하려 함이라 그러므로 내가 그리스도를 위하여 약한 것들과 능욕과 궁핍과 박해와 곤고를 기뻐하노니 이는 내가 약한 그 때에 강함이라"(고후 12:9~10)고 증언합니다.

바울 사도는 예수님께서 자기의 기도에 응답하심을 기뻐하는 것입니다. 그는 병이 그 몸에서 떠나지 않고 있음을 더 기뻐하는 것입니다. 왜냐하면 "그리스도의 능력이 내게 머물게 하려 함이라"는 것을 알았기 때문입니다. 그렇습니다. 우리 기도의 응답은 하나님의 의지(뜻)을 아는 것입니다. 기도하는 사람은 자기의 소원이 이루어지기를 바라는 것이 아니라 하나님의 기뻐하시는 뜻이 무엇인가를 알아서 하나님의 뜻을 이루어 드리는 것이 합당한 것입니다. 그러므로 신자가 하나님의 뜻을 알기 위하여 기도하는 것입니다.

내 때가 아직 이르지 아니하였나이다 (요 2:1~11)

질문 : 요한복음 2장 4절을 보면 예수님께서 "내 때가 아직 이르지 아니하였나이다."라고 하시면서 물로 포도주를 만드셨습니다. 이렇게 예수님께서 때가 아닌데 왜 기적을 보이신 것입니까? 때가 아니라 하신 시간과 물로 포도주를 만드신 때는 불과 몇 분 차이밖에 안 되는데 그 시간에 예수님의 때가 되신 것입니까?

대답 : 이 말씀은 시간적인 때를 말하는 것이 아니라 예수님께서 만왕의 왕이요 영광의 왕으로 사람들에게 나타날 때가 아직 아니라는 말씀입니다. 예수님께서 영광의 왕으로 오실 때는 구원을 다 이루시고 재림하시는 때입니다. 그 때에는 예수님께서 왕으로서 심판주로서 나타나실 것입니다. 그러므로 예수님께서는 나병환자를 고치시고 아무에게도 이르지 말라 하신 것은 아직 때가 아니기 때문입니다. 영광의 왕으로 오실 때에는 예수님의 영광을 더 널리 선포해야 될 것입니다.

 그러나 마태복음 8장 29절에 예수님은 마귀를 멸하실 분이시지만 그 때가 될 때까지 즉 영광의 왕으로 오실 때까지 기다리시는 것입니다. "이에 그들이 소리 질러 이르되 하나님의 아들이여 우리가 당신과 무슨 상관이 있나이까? 때가 이르기 전에 우리를 괴롭게 하려고 여기 오셨나이까? 하더니"(마 8:29)라고 하였습니다. 이는 영광의 왕으로서 이 땅에 다시 오실 때를 말씀하시는 것입니다. 그러므로 요한복음 2장 4절에서 내 때가 아직 이르지 않았다고 하시는 말씀은 예수님이 아직은 영광의 왕으로 오신 것이 아니라는 말씀입니다. 그러나 어머님의 말씀이기에 어려움을 해결해 주신 것입니다.

Λ έγει αὐτῇ ὁ Ἰησους, Τί ἐμοὶ καὶ σοὶ, γύναι; οὔπω ἥκει ἡ- ὥρα- μου.

이 말씀을 직역하면 = 예수님께서 그녀에게 말씀하셨습니다. "여자여! 나와 당신과 누구 또는 무엇입니까? 나의 그 시간이(때가) 아직 이르지 않았습니다".

여기서 오해하기 쉬운 것은 "때가 이르렀다"란 말을 시간적인 때로 이해하는 것입니다. 이 '때'(ὥρα)란 말씀은 시간적인 개념의 때라기보다는 예수님께서 영광의 왕으로 활동하시는 때라고 이해하는 것이 옳은 것 같습니다.

이 때란 말이 마태복음 26장 18절과 요한복음 7장 8절에는 καιρός라고 되어 있습니다. καιρός는 1.적합한 정도, 2.시간의 척도(시간의 많고 적은 분량) ① 고정되거나 적당한 시간, ② 알맞거나 적당한 시간, ③ 옳은 시간 바른 때, ④ (제한된)때의 기간, ⑤ 시간이 가져 오는 것, 때의 상태, 때의 일들과 사건들을 의미합니다.

그러므로 여기서 '때'는 "가장 적당한 시간에"라고 해야 합니다. 이것이 옳다면 마태복음 26장 18절에 "내 때가 가까이 왔으니"라고 하신 말씀은 분명히 예수님께서 십자가를 지실 때가 가까웠다고 하신 것입니다. 그러므로 제자들과 마지막 만찬(성만찬)을 드시고 성찬식을 행하기를 원하신 것입니다.

그러나 요한복음 7장 8절의 "내 때가 아직 차지 못하였으니"라고 하신 때는 십자가를 지실 때라고 할 수 있습니다. 왜냐하면 요한복음 7장 8절에 "너희는 명절에 올라가라 내 때가 아직 차지 못하였으니 나는 이 명절에 아직 올라가지 아니하노라"라고 하시면서 갈릴리에 머물러 계셨습니다. 그 후에 예수께서 자기도 올라가시되 나타내지 않고 은밀히 가셨습니다. 그리고 명절 중간에야 비로소 성전에 올라가셔서 가르치셨습니다.

이것을 보면 예수님께서 때가 차지 않았다면 명절에 올라가지 않아야 할 것입니다. 그러나 예수님은 올라가셨습니다. 또 예수님께서 이 명절에 아직 올라가지 않겠다고 하셨습니다. 이 말씀을 하시는 것은 명절에 일찍 올라가셔서 사람들에게 보이시는 것은 적당하지 않으니 명절 중간이 되어서 나타나셔야 적당한 시기라는 것입니다. 그러므로 예수님께서 여기서 때가 차지 않았다 하심은 명절에 올라갈 시간이 알맞지 않다고 하신 것입니다.

즉 여기서 때에 대하여 말씀하심은 명절에 며칠을 앞서서 가실 것인지 아니면 명절의 행사가 시작이 임박하여 가실 것인지에 대하여 말씀하신 것입니다. 즉 명절에 너무 일찍 가면 많은 사람이 예수님에 대하여 관심을 가질 것인데 그렇게 되면 예수님이 올라가셔서 하실 일에 지장을 줄 수 있기 때문에 예루살렘에 이르는 시기가 아직 적당치 않다고 하신 것입니다.

그러나 요한복음 2장 4절에서의 때는 ὥρα인데 이 ὥρα는 1. (자연 법칙에 의한) 어떤 정해진 시간이나 계절(봄 여름 가을 겨울 등) 2.(해가 떠서 질 때까지의)낮 시간, 날 3. 낮 시간(12시간)의 12분지 일, 한 시간, 4. 어떤 정해진 시간, 시각으로 되어 있습니다. 그렇다면 이 ὥρα는 정해진 시간을 말합니다. 즉 예수님은 이 땅에 오실 때에 영광의 보좌를 버리시고 인간이 되어 오셨습니다. 예수님이 인간이 되어 이 세상에 오신 목적은 인간을 구원하시기 위하여 오신 것입니다. 즉 죄인을 대신하여 고난을 받으시고, 죄인들이 달려 죽어야 할 십자가를 대신 지시고, 돌아가심으로 죄인들이 이제는 받을 벌이 없게 하시기 위하여 오신 것입니다.

그러므로 예수님께서 십자가를 지시고 죽으시고 장사지내시고 부활하시기까지는 죄인을 대신할 인성을 가지셨기 때문에 영광을 받으실 때가 아닌 것입니다. 즉 인간과 같이 제한된 육신을 가지고 계셔야 하기 때문에 만왕의 왕으로서 하늘과 땅의 모든 권세를 가지시고 다스리시는 영광의 모습을 다 드러내실 때가 아니라는 것입니다. 그러나 예수님은 인성을 취하시고 제한된 육신을 가지셨지만 본래적인 신성은 그대로 가지셨습니다. 즉 예수님은 이성을 동시에 가지신 것입니다. 그러므로 신적인 권능을 나타내시기도 하셨습니다. 물위로 걸으시고, 바람과 파도를 꾸짖어 잔잔케 하시고, 고요케 하신 것입니다. 그 뿐 아니라 오병이어의 기적을 보이시고 변화산에서는 하늘의 왕권을 가지고 오시는 것을 제자들에게 보이시기도 하셨습니다.

그러나 우리가 생각할 것은 예수님께서 신성의 영원한 권능을 보이신 것은 일시적이요 제한된 것이었습니다. 어디까지나 예수님은 그 백성을 구원하시기 위하여 인성을 가지셨기에 십자가에 달려 돌아가시고 부활하시기까지 인성으로 사셨습니다.

그러므로 예수님께서 혼인 잔치에서 내 때가 아직 이르지 않았다고 하신 말씀은 혼인 잔치에 참여하시는 그 시점에는 하나님으로서 영원한 권능을 보이시기 위한 때가 아직 이르지 않은 것입니다. 즉 영원한 권능을 나타내실 때는 부활 이후이기 때문에 아직 때가 이르지 않았다고 하셨던 것입니다.

왜냐하면 예수님은 때가 이르지 않았다고 하시면서도 포도주가 없는 것을 해결해 주셨습니다. 예수께서 보편적으로 영원한 권능을 보이실 때가 아니지만 그는 신성을 가지셨기 때문에 인간으로서는 할 수 없는 것을 때로는 하신 것입니다. 많은 사람이 예수님께서 때가 되지 않았다고 하신 시간에는 때가 되지 않았지만 물로 포도주를 만드실 때는 되었다고 생각합니다. 그렇게 생각해서는 안 됩니다. 예수님께서 그 어머니 마리아에게 때가 되지 않았다고 하신 것은 아직 보편적으로 영원한 권능을 나타내실 때가 안 되었다는 것이고, 물로 포도주를 만드신 것은 때로는 신성을 나타내셔서 인간들을 도우시기도 하셨는데, 가나의 혼인집에 포도주가 떨어졌을 때에도 그의 신성을 나타내셔서 물을 포도주가 되게 하신 것입니다.

이는 어디까지나 연약한 인간을 돕는 의미이지 때가 되었기 때문은 아닌 것입니다. 잔치 자리에 포도주가 떨어졌으니 흥겨워야 할 잔치가 즐거움이 깨지니 안타까운 일입니다. 그러므로 이 안타까움을 해결하시기 위하여 신성을 나타내셔서 문제를 해결하신 것입니다. 그리고 예수님은 때가 아직 이르지 않았지만 그 어머니의 부탁이기 때문에 문제를 해결해 주신 것입니다. 이는 예수님이 인성을 입으셨기 때문에 그 어머니에 대한 효도로 볼 수도 있을 것입니다.

"인자가 온 것은 섬김을 받으려 함이 아니라 도리어 섬기려 하고 자기 목숨을 많은 사람의 대속물로 주려 함이니라."(마 20:28)

내가 주 안에 거한다는 말은 무슨 뜻입니까? (요 15:7)

질문 : 예수님께서 "너희가 내 안에 거하고 내 말이 너희 안에 거하면 무엇이든지 원하는 대로 구하라 그리하면 이루리라."(요 15:7)고 하셨습니다. 우리가 예수님 안에 거하기만 하면 아무 걱정이나 근심이 있을 수 없습니다. 우리가 필요한 것을 구하는 대로 이루어 주실 것이기 때문입니다. 그러나 문제는 우리가 어떻게 예수님 안에 거할 수가 있느냐 하는 것입니다. 예수님 안에 거한다는 말씀은 무엇을 의미합니까?

대답 : 우리가 예수 안에 거하는 것은 그의 계명을 지키는 것을 말합니다. 성경은 증언합니다. "그의 계명을 지키는 자는 주 안에 거하고 주는 그의 안에 거하시나니"(요일 3:24)라고 하십니다. 또한 요한 사도는 예수님의 말씀을 기록하기를 "내가 아버지의 계명을 지켜 그의 사랑 안에 거하는 것 같이 너희도 내 계명을 지키면 내 사랑 안에 거하리라."(요 15:10)고 하였습니다. 우리가 주 안에 거한다는 말씀은 하나님의 계명을 지키는 것을 말하는 것입니다.

"**예**수님께서 너희가 내 안에 거하면 무엇이든지 원하는 대로 구하라 그리하면 이루리라"(요 15:7)고 하십니다. 우리가 주님 안에 거하면 아무 근심과 걱정이 없습니다. 왜냐하면 우리의 원하는 대로 다 이루어주시므로 근심과 걱정이 있을 수 없기 때문입니다. 성경에는 "주 안에"라는 말이 많이 나옵니다. 그러면 "주 안에"라는 말이 왜 중요한가를 생각해 봐야 합니다. 성경의 증언은 주 안에서 모든 것이 이루어지고 모든 것이 주어집니다. 예수님의 교훈에 보면 "내 안에 거하라 나도 너희 안에 거하리라."고 하십니다. 그 이유는 가지가 포도나무에 붙어 있지 않으면 스스로 열매를 맺지 못하는 것같이 사람은 예수님 안에 거하지 않으면 스스로 열매를 맺지 못하기 때문입니다. 그러므로 예수님이 "내가 그 안에 그가 내 안에 거하면 열매를 많이 맺게 된다."고 하셨습니다(요 15:4~5). 이와 다르게 예수님 안에 거하지 않으면 그 사람은 열매를 맺지 못하고 열매를 맺지 못하면 불에 던져 살라지게 된다고 하셨습니다(요 15:6). 그만큼 예수님 안에 거하는 것은 중요합니다.

바울 사도께서도 "예수의 영이 너희 안에 거하시면… 너희의 죽을 몸도 살리신다."(롬 8:11)라고 증언하였습니다. 그러므로 우리는 어떻게 하든지 예수 안에 거하는 자가 되어야 합니다. 성경에는 예수 안에 있음을 증거 받은 사람들이 있습니다. 로마서 16장 7절에 보면 "내 친척이요 나와 함께 갇혔던 안드로니고와 유니아에게 문안하라 그들은 사도들에게 존중히 여겨지고 또한 나보다 먼저 그리스도 안에 있는 자라."고 하였습니다. 이는 바울 사도의 친척이요 함께 감옥에서 고생한 안드로니고와 유니아는 사도보다 먼저 주 안에 있었던 사람이라고 증언하는 것입니다. 이들은 성경에서 예수 안에 있음을 증언 받은 사람인데 예수 안에 거하는 자는 예수님의 본을 따라야 합니다.

사도 요한은 예수 안에 사는 자는 예수님의 본을 따라 행하여야 한다고 경고합니다(요일 2:6). 더 나아가서 그 안에 거하여야 할 이유를 예수님이 나타나실 때에 그 앞에서 부끄럽지 않기 위해서라고 합니다. 왜냐하면 그를 따라 행하는 자는 그에게 나아갈 때에 부끄럽지 않기 때문이라는 것입니다(요일 2:28~29). 예수님을 따라 행하는 자가 부끄럽지 않고 담대함으로 그 앞에 나아간다는 것은 진리를 따르는 자 즉 하나님 안에서 행하는 자는 그의 행위가 정당함을 나타내기 위하여 빛으로 나아온다고 합니다(요 3:21). 앞서서 증언하기를 믿지 않는 자는 예수를 믿지 않음으로 벌써 심판을 받고 부끄러워 빛으로 나오지 못한다고 하였습니다(요 3:18). 그러므로 믿는 우리들은 우리가 예수 안에 거하는지 시험해보고 믿음이 있는가, 자신을 확증하여 보라고 합니다(고전 13:5). 우리는 날마다 우리 믿음을 점검해보고 주 앞에 나아가기에 부족함이 없는가를 생각해 보아야 할 것입니다. 우리가 예수 안에 거하는 것이 중요한 것은 우리가 예수 안에 거하므로 예수님과 한 몸을 이루어 서로 지체가 되어야 하기 때문입니다. 즉 너도 예수 안에 있고 나도 예수 안에 있어 연합하여 그리스도 예수의 몸으로 지어져 가야 한다는 것입니다(롬 12:5, 엡 2:22).

예수님께서도 친히 그 안에 아버지가 계시고 자신도 아버지 안에 있음을 증언하십니다. "예수님이 하시는 일로 그가 아버지 안에 있음을 깨달아 알게 된다."(요 10:38)고 하셨고, 아직은 그가 나타나지 않으셨기 때문에 알지 못하지만 그가 다시 오시면 그가 아버지 안에 계시고 제자들이 그 안에 거하시고 그가 제자들 안에 거하심을 알게 된다고 하셨습니다(요 14:20).

그러면 우리가 예수 안에 거하는 것이 매우 중요한데 어떻게 하는 것이 예수님 안에 거하는 것입니까?

1) 성찬에 참여하는 자가 예수님 안에 거한다고 증언합니다.

"내 살을 먹고 내 피를 마시는 자는 내 안에 거하고 나도 그의 안에 거하나니 살아 계신 아버지께서 나를 보내시매 내가 아버지로 말미암아 사는 것 같이 나를 먹는 그 사람도 나로 말미암아 살리라."(요 6:56~7)고 하셨습니다. 그러므로 우리가 성찬에 참여할 때에 예수 안에 거함을 알게 되는 것입니다.

2) 그 계명을 지키는 자가 그 안에 거한다고 증언합니다.

"내가 아버지의 계명을 지켜 그의 사랑 안에 거하는 것 같이 너희도 내 계명을 지키면 내 사랑 안에 거하리라."(요 15:10)고 하셔서 하나님의 말씀을 지켜 행하는 자가 예수 안에 거한다는 것을 증언하였습니다.

또한 "누구든지 그의 말씀을 지키는 자는 하나님의 사랑이 참으로 그 속에서 온전하게 되었나니 이로써 우리가 그의 안에 있는 줄을 아노라."(요일 2:5)고 하셔서 예수님의 말씀을 행하는 자가 예수님 안에 거함을 알게 된다고 하셨고, 또 "그의 계명을 지키는 자는 주 안에 거하고 주는 그의 안에 거하시나니 우리에게 주신 성령으로 말미암아 그가 우리 안에 거하시는 줄을 우리가 아느니라."(요일 3:24)고 하셔서 주의 계명을 지키는 자는 성령께서 예수님이 우리 안에 거하심을 증언하신다고 하셨습니다. 그러므로 우리가 하나님의 말씀을 지켜 행하면 예수 안에 거하게 됨으로 우리가 기도할 때에 응답을 받게 됩니다.

3) 서로 사랑하면 하나님이 우리 안에 거하시는 것입니다.

"어느 때나 하나님을 본 사람이 없으되 만일 우리가 서로 사랑하면 하나님이 우리 안에 거하시고 그의 사랑이 우리 안에 온전히 이루어지느니라."(요일 4:12)고 하여 우리가 서로 사랑하면 하나님이 우리 안에 거하시는 것을 알게 됩니다.

4) 예수님을 하나님의 아들이라 시인하는 자가 예수님 안에 거하는 자입니다.

"누구든지 예수를 하나님의 아들이라 시인하면 하나님이 그의 안에 거하시고 그도 하나님 안에 거하느니라 하나님이 우리를 사랑하시는 사랑을 우리가 알고 믿었노니 하나님은 사랑이시라 사랑 안에 거하는 자는 하나님 안에 거하고 하나님도 그의 안에 거하시느니라"(요일 4:15~6)고 하였습니다.

이와 같이 우리가 주 안에, 주가 우리 안에 거하는 것이 무엇을 의미하는가를 보았습니다. 이를 종합해보면 성찬에 참여하는 것도 주 예수의 교훈을 따라 행하는 것입니다. 왜냐하면 바울 사도는 고린도전서 11장에 성찬을 전하면서 성찬은 주님이 잡히시던 밤에 전하여 준 것이라고 하면서 이 성찬은 주의 죽으심을 주님 다시 오실 때까지 전하기 위함이라고 합니다. 그러므로 떡이나 잔을 합당치 않게 먹고 마시는 것은 주의 몸과 피에 대하여 죄를 짓는 것이라고 하시면서 '사람이 자기를 살피고 그 후에야 떡을 먹고 잔을 마시라'고 크게 경계를 하셨습니다(고전 11:23-29). 여기서 "자기를 살피라"고 하심은 그의 교훈을 따라 살며 믿음으로 받을 것을 권고한 것이라고 봅니다. 그리고 계명을 지키는 것과 서로 사랑하는 것과 예수님을 하나님의 아들이라고 시인하는 자가 예수 안에 거하는 자인데 이는 다 믿음 안에 거하는 것을 말합니다.

그러므로 예수 안에 거하는 자는 그분의 계명 즉 말씀을 지켜 행하는 자를 말하는 것입니다. 왜냐하면 믿음은 말씀을 들음에서 나는 것이기 때문입니다(롬 10:17).

우리들은 하나님의 말씀을 잘 지켜 예수 안에 거하여 우리의 구하는 것을 받아 누리는 복을 받아야 합니다. 그렇지 않고 말씀을 지키지 않으면 하나님을 모시지 못한다고 합니다(요이 1:9). 반드시 그의 교훈 안에 거하는 자가 아버지와 아들을 모시게 됩니다. 사람이 예수 안에 거하는 모습은 계명을 지켜 범죄 하지 않는 것을 말합니다. 범죄는 예수님을 알지도 못하고 보지도 못했기 때문에 짓는 것이라고 합니다(요일 3:6).

예수님께서 "성령을 받으라."고 하셨고 "다른 보혜사 곧 성령님을 보내시겠다."고도 하셨습니다. 예수님이 보내시는 성령님을 받아야 하는 이유가 성령님께서 우리를 돕는 분이시기 때문입니다. 성령의 도우시는 일 중에는 예수님이 우리 안에 거하시고 우리가 예수님 안에 거하는 것을 알게 하시는 일도 그분이 하시는 일이라고 하였습니다(요일 4:13). 그러므로 우리는 성령님이 오셔서 예수님을 알게 하시고 그분의 말씀을 깨닫게 하셔서 우리가 예수님의 계명을 지켜 주님이 내 안에, 내가 주님 안에 거하게 하시기를 바라야 할 것입니다.

우리가 하나님의 계명을 지켜 하나님 안에 거하게 되는데 이 계명은 위로 하나님을 사랑하고 아래로 이웃을 사랑하는 것으로 다 이루어진다고 하였습니다(마 22:37). 이 사랑의 계명을 지켜 예수 안에 거합시다.

"누구든지 하나님을 사랑하노라 하고 그 형제를 미워하면 이는 거짓말하는 자니 보는 바 그 형제를 사랑하지 아니하는 자는 보지 못하는 바 하나님을 사랑할 수 없느니라."(요일 4:20)

누구의 상을 받을 것인가?

질문 : 바울 사도는 "부름의 상을 위하여 달려가노라"(빌 3:14)고 하였습니다. 우리는 누구로부터 상을 받아야 합니까?

대답 : 우리 모두는 상을 받기 원합니다. 물론 하나님 앞에 가서 하나님께서 주시는 상을 받아야 합니다. 우리가 사람에게 충성하면 사람에게서 상을 받고 나라에 충성하면 나라에서 주는 상을 받습니다. 우리가 누구에게 충성하는가에 따라서 그 대상으로부터 상을 받습니다. 특별히 생각할 것은 목사님에게 순종하면 목사님의 상을 받습니다. 그러나 하나님의 말씀을 따라서 충성하여 하나님께 순종하면 하나님의 상을 받습니다. 그러므로 우리들은 하나님의 말씀을 지켜 행하여 하나님의 상을 받도록 하여야 합니다.

예수님께서 "일꾼이 자기의 먹을 것을 받는 것이 마땅하니라."(마 10:10)고 하셨고 또 "일꾼이 그 삯을 받는 것이 마땅하니라."(눅 10:7, 딤전 5:18)고 하셨습니다. 일꾼이 일을 하면 그에 대한 보상이 주어집니다. 이것을 '삯'이라고 표현하고 또 다른 말로 '상'이라고 표현할 수 있습니다. 이 상은 이 세상에서 받는 사람이 있고, 또한 저 세상에서 상을 받는 사람이 있습니다. 사람에게 보이려고 구제하고, 기도하고, 금식하면 이 세상에서 상을 받는 것입니다. 이들에 대하여 예수께서 말씀하십니다. "그들은 자기 상을 이미 받았느니라."(마 6:2, 5, 16)고 분명하게 말씀하셨습니다. 그러나 남을 위하여 내 것을 버리는 자는 하늘나라에서 상을 받는 것입니다. 예수님께서 영생의 길을 가르쳐 달라고 간청하는 사람에게 하신 말씀입니다. "네 소유를 팔아 가난한 자들에게 주라 그리하면 하늘에서 보화가 네게 있으리라."(마 19:21, 막 10:21)고 하셨습니다. 그러나 그 사람은 부자인고로 근심하며 떠나갔습니다. 이와 같이 물질에 얽매여 사는 사람은 육에 속한 사람으로서 육을 위하여 심는 사람이므로 육체로부터 썩어질 것을 거두는 것입니다. 이들은 이 세상에서 상을 이미 받은 사람으로 그 상은 좀과 동록이 해하는 것으로 영원할 수가 없는 것입니다. 그러나 영에 속한 사람은 성령을 위하여 심는 자로서 성령으로부터 영생을 거둡니다.

이 세상에서 상을 이미 받은 사람도 있고 하늘나라에서 상을 받을 사람도 있습니다. 그러므로 우리는 좀과 동록이 해하지 못하는 썩지 않고 시들지 않는 상을 받아야 할 것입니다.

이제 누구의 상을 받을 것인가를 생각해 보겠습니다. 이 세상에서 받는 상도 있고 하늘나라에서 받는 상도 있음으로 우리는 영에 속한 사람으로 썩지 않고 쇠하지 않는 하늘나라의 상을 받아야 합니다. 썩지 않고 쇠하지 않는 하늘나라의 상은 누가 주는 상입니까? 이는 당연히 하늘나라의 주인이신 하나님께서 주시는 것입니다. 상을 받는 것은 누구에게 속하여 누구를 위하여 일하는가에 따라 달라집니다. 누구든지 자기의 주인을 위하여 일할 때에 그 주인이 주는 상을 받습니다. 하늘나라에서 하나님의 상을 받을 사람은 그 속에 성령님이 거하심으로 성령의 인도를 받아 하나님의 상을 받는 것입니다.

그러나 예수님께서 말씀하신 대로 죄를 범한 자는 죄의 종이라고 하셨습니다(요 8:34). 바울 사도는 증언합니다. "너희 자신을 종으로 내주어 누구에게 순종하든지 그 순종함을 받는 자의 종이 되는 줄을 너희가 알지 못하느냐 혹은 죄의 종으로 사망에 이르고 혹은 순종의 종으로 의에 이르느니라."(롬 6:16)고 하여 누구든지 자기를 내어주어 누구에게 순종하든지 순종하는 자의 종이라고 하였습니다. 이는 죄의 종이 되어 살다가 사망에 이르고 또한 순종의 종으로 살다가 의에 이른다는 것입니다. 그러면 우리는 누구의 상을 받아야 할까요? 죄의 종은 마귀에게 속하여 범죄의 열매를 먹게 되는 것입니다(요일 3:8). 이들은 그 속에서 불순종의 아들들에게 역사하는 영으로서 공중의 권세를 잡은 자의 종이 되어 세상 풍조를 따라가게 되는 것입니다(엡 2:2). 이들은 육체의 욕심을 따라 육체와 마음의 원하는 것을 하여 본질상 진노의 자식인 것입니다.

누구의 상을 받을 것인가는 매우 중요합니다. 성경은 증언합니다. "선지자의 이름으로 선지자를 영접하는 자는 선지자의 상을 받을 것이요 의인의 이름으로 의인을 영접하는 자는 의인의 상을 받을 것이요"(마 10:41)라고 하셨습니다. 여기서는 선지자의 상이 따로 있고 의인의 상이 따로 있다고 하였습니다. 이는 누구를 위하여 충성하느냐에 따라서 충성한 그분에게 상을 받는 것이라는 의미입니다.

그러므로 사도들은 그리스도의 상을 받기 위하여 목숨이 위태로운 위협 앞에서도 하나님의 말씀을 듣고 하나님을 따르겠다고 선언합니다. "베드로와 요한이 대답하여 이르되 하나님 앞에서 너희의 말을 듣는 것이 하나님의 말씀을 듣는 것보다 옳은가 판단하라."(행 4:19)고 단호하게 선포하고 있습니다. 만약에 사람의 위협을 받고 사람에게 굴복하여 사람에게 순종하면 사람의 상을 받을지언정 하나님의 상을 받지는 못하는 것입니다.

사람이 구제하고 선을 행한다고 하여 다 하나님의 상을 받는 것이 아닙니다.

1980년대에 사랑의 아이콘으로 불리는 사람이 있었습니다. 그 사람은 여러 방면으로 노력하여 사형수를 살렸습니다. 그가 그 사형수를 살리게 된 동기는 사형수의 늙은 어머니가 그 아들을 포기하지 못하고 사형수가 갇혀 있는 구치소의 마당에서 생활하니 그 어머니를 살려야 된다고 탄원하여 사형을 면하게 되었던 것입니다. 그 사람은 그 일로 인하여 대통령에게서 표창도 받고 사회의 저명인사가 되어 존경을 받았습니다. 그러나 이 사람은 이 세상 사람의 상을 받고 존경을 받을 수는 있지만 하나님의 상을 받지 못하는 것은 너무도 당연한 것 아닙니까? 그 사람은 사람들에게 상을 받았으나 우상을 섬기는 죄에 빠져 하나님과 원수가 되어 있는데 어떻게 하나님의 상을 받을 수 있겠습니까? 사람이 누구에게 속하여 누구에게 충성하는가에 따라서 누구의 상을 받게 되는지가 결정되는 것입니다.

오늘날 교회에서 하나님의 말씀을 순종하는 것이 아니라 목사님에게 순종하는 일이 많습니다. 우리는 성경을 알고 성경에 말씀하신 대로 순종해야 되는데 성경은 알지 못하고 목사님의 말씀만 기억합니다. 물론 목사님의 말씀이 하나님의 말씀과 일치한다면 모르거니와 조금이라도 틀리면 목사님을 따라가던 그 사람은 목사님의 상을 받을 수는 있겠으나 하나님의 상은 결코 받지 못합니다.

제가 직접 들은 이야기입니다. 어떤 사람이 교회를 옮겨 출석했습니다. 옮긴 그 교회에서 부흥회가 열려 부흥 강사님과 함께 식사를 하였는데 식사 한 끼 하는데 250만원이 든다고 하였습니다. 그 교회에 출석하는 그 사람이 그 부흥회 동안 강사님에게 식사를 다 대접했다고 합니다. 그런데 그 사람은 그 교회에 출석한지 1년도 못되어 장로가 되었다고 합니다. 그는 아직 안수집사도 되지 못한 사람인데 말입니다. 이는 그 사람은 그 교회의 목사님에게 상을 받았을지 모르지만 하나님께 상을 받지는 못할 것입니다. 그가 그렇게 하여 직분을 맡았을지라도 하나님의 뜻대로 행하면 하나님의 상을 받을 수는 있는 것입니다. 제가 말씀드리고 싶은 것은 사람을 따라 사람에게 순종하느냐 아니면 예수 안에서 하나님께 순종하느냐 하는 것을 말씀드리는 것입니다.

우리는 기억해야합니다.

"너희를 영접하는 자는 나를 영접하는 것이요 나를 영접하는 자는 나를 보내신 이를 영접하는 것이니라 선지자의 이름으로 선지자를 영접하는 자는 선지자의 상을 받을 것이요 의인의 이름으로 의인을 영접하는 자는 의인의 상을 받을 것이요 또 누구든지 제자의 이름으로 이 작은 자 중 하나에게 냉수 한 그릇이라도 주는 자는 내가 진실로 너희에게 이르노니 그 사람이 결단코 상을 잃지 아니하리라 하시니라"(마 10:40~42).

하나님에게 속하여 하나님의 말씀을 의지하여 하나님의 뜻을 행하면 하나님의 상을 받습니다. 그냥 물 한 그릇을 준다고하여 다 하늘에서 상을 받는 것이 아니라 "제자의 이름으로 이 작은 자 중 하나에게 냉수 한 그릇이라도 주는 자"가 하늘에서 상을 받는 것입니다. 그러므로 우리들은 상을 말하기 전에 하나님을 알고 하나님을 따라 하나님을 믿으며 하나님의 말씀을 따라 행하는 것이 먼저인 것입니다. 즉 하나님의 말씀을 따라 행하면 하나님께서 우리에게 상을 주시는 것입니다.

"이와 같이 너희도 명령 받은 것을 다 행한 후에 이르기를 우리는 무익한 종이라 우리가 하여야 할 일을 한 것뿐이라 할지니라."(눅 17:10)고 하셨습니다.

우리가 하나님께 순종하는 것은 상을 위하는 것이 아니라 하나님께 순종하므로 하나님을 기쁘시게 하기 위함입니다. 하나님을 기쁘시게 하는 것은 상을 위한 것이 아니라 하나님의 영광을 위한 것이기에 모든 일을 다 마쳐도 '무익한 종이 할 일을 한 것밖에 없습니다.'라고 하는 것입니다. 우리는 하나님께 맡은 일에 묵묵히 열심히 일하면 하나님께서 상을 주시는 것입니다. 우리가 하나님 앞에서 하나님의 상을 받도록 해야 합니다.

다스리는 것이 무엇인가?

질문 : 하나님께서 사람을 창조하실 때에 그 계획이 창조물들을 다스리게 하시는 것이었습니다. 이 다스리는 것이 무엇입니까?

대답 : 다스리는 것은 관리하고 보호하는 것입니다.

하나님께서 인간을 창조하실 때에 그 목적이 "바다의 물고기와 하늘의 새와 가축과 온 땅과 땅에 기는 모든 것을 다스리게 하자"(창 1:26)는 것이었습니다. 그 계획대로 남자와 여자를 창조하시고 그들에게 복을 주시면서 하나님이 이르시되 "우리의 형상을 따라 우리의 모양대로 우리가 사람을 만들고 그들로 바다의 물고기와 하늘의 새와 가축과 온 땅과 땅에 기는 모든 것을 다스리게 하자 하시고 생육하고 번성하여 땅에 충만하라, 땅을 정복하라, 바다의 물고기와 하늘의 새와 땅에 움직이는 모든 생물을 다스리라."(창 1:27~28)고 하셨습니다.

하나님께서 사람을 창조하신 목적이 다스리게 하시기 위함입니다. 그렇다면 다스리는 것이 무엇이며 어떻게 하는 것이 다스리는 것입니까?

하나님께서 사람을 창조하시고 그들을 에덴동산에 두셨습니다. "여호와 하나님이 그 사람을 이끌어 에덴동산에 두어 그것을 경작하며 지키게 하시고"(창 2:15)라고 하셨습니다. 하나님께서 처음 사람을 이끌어 에덴동산에 두시면서 그 동산을 경작하며 지키게 하신 것입니다. 사람을 다스리는 존재로 창조하시고 에덴동산에서 경작하며 지키게 하시는 것은 사람을 창조하신 목적이 무엇인가를 분명하게 하셨습니다. 즉 다스리는 것은 다름이 아니라 경작하며 지키는 것입니다. 사람들은 다스리기를 좋아합니다. 이방 사람들은 잘못된 생각으로 다스리는 것이 임의로 주관하고 권세를 부리는 것으로 생각했습니다(마 20:25).

그러나 예수님께서는 "다스리는 사람은 섬기는 자가 되고 으뜸이 되고자 하는 사람은 종이 되어야 한다."(마20:26~27)라고 가르치셨습니다. 이는 세상 사람들이 범죄함으로 인하여 그 심령이 어두워져서 바르게 알지 못하고 얼마나 왜곡된 생각으로 사는가를 알게 하는 구절입니다. 사람을 다스리게 하시기 위하여 창조하셨는데 그 사람의 마음이 범죄로 인하여 어두워져서 다스리는 것이 무엇인지도 모르고 오히려 위에서 군림하고 권세를 부리는 것이 다스리는 것으로 잘못 이해했던 것입니다. 그러나 주님께서는 크고자 하는 사람은 섬기는 자가 되고 으뜸이 되고자 하는 사람은 종이 되어야 한다고 정확하게 말씀하셨습니다. 즉 다스리는 것은 남을 섬기는 것입니다. 즉 섬기는 것의 본질은 가꾸어 좋게 하는 것입니다. 이는 경작하라는 말입니다. 이렇게 경작하는 것은 관리를 잘하라는 것입니다.

하나님께서 사람을 창조하실 때에 "바다의 물고기와 하늘의 새와 가축과 온 땅과 땅에 기는 모든 것을 다스리게 하자"(창 1:26)는 것은 하나님께서 창조하신 바다의 물고기와 하늘의 새와 가축과 땅에 기는 모든 것을 경작 즉 잘 가꾸어 나가도록 시키시기 위하여 사람을 창조하신 것입니다.

사람에게 있어서 다스리는 것은 그 본분인데 그 다스리는 것의 핵심은 관리하고 보호하는 것입니다. 하나님께서 창조하신 사람을 에덴동산에 두시고 '경작하며 지키게 하시고'라고 하셨습니다. 다스림의 핵심이 관리와 보호라는 것입니다. 대통령은 그 나라를 지키는 것이 가장 큰 임무입니다. 그러므로 대통령에게는 군을 통수하는 권세가 주어지는 것입니다. 대통령은 국토를 지키는 임무를 하며 또한 경제적으로도 그 국민을 안정되도록 하여야 할 의무가 있는 것입니다. 그러므로 대통령이 다른 나라를 순방하는 것을 '경제외교'라고 합니다. 대통령은 나라를 다스리는 사람이니 나라를 보호하는 것이 그 의무이듯이 한 가장을 다스리는 가장은 그 가정을 보호해야 합니다.

하나님께서 범죄한 인간들에게 찾아오셔서 그들을 벌하셨습니다. 여자가 뱀의 유혹을 받아 먼저 죄를 범하였습니다. 이 여자의 범죄는 그 남편의 범죄로 이어졌습니다. 그러므로 하나님께서 여자에게 이르시되 "내가 네게 임신하는 고통을 크게 더하리니 네가 수고하고 자식을 낳을 것이며 너는 남편을 원하고 남편은 너를 다스릴 것이니라."(창 3:16)

고 하셨습니다. 이는 여자의 마음이 더 연약하므로 그 남편이 그 아내를 보호해야 한다고 하신 것입니다. 베드로 사도는 "남편들아 이와 같이 지식을 따라 그를 더 연약한 그릇으로 알아 귀히 여기라."(벧전 3:7)고 하였습니다. 이는 그 아내가 연약하여 세상 유혹에도 잘 넘어가니 그를 잘 보호하라는 것입니다. 그러므로 다스리는 것이 보호하는 것이기 때문에 말세에 예수님이 재림하시면 천년왕국이 이루어지는데 첫째 부활에 참여하는 자들이 그리스도의 제사장이 되어 천 년 동안 그리스도와 더불어 왕 노릇한다고 하였습니다. 이 천년 왕국은 첫째 부활에 참여하는 자들이 들어가 왕 노릇한다고 했는데 이는 다스리는 것이 무엇인가를 알면 쉽게 정리가 됩니다. 즉 천 년 동안 그들은 그 왕국에서 경작하는 것입니다. 즉 아름답게 가꾸는 일을 한다는 것입니다.

사람들이 그 창조의 목적에 바르게 사는 것은 하나님께서 창조하신 만물을 가꾸어 나가는 것입니다. 자연 속에 사는 모든 동물들은 그 어떤 것도 가꾸지 못합니다. 가꾸고 경작할 수 있는 피조물은 사람밖에 없습니다. 이는 하나님께서 창조하실 때에 사람에게만 다스리는 권세를 주셨기 때문입니다. 동식물이 환경정리를 하고 쓰레기를 줍고 치우는 것을 본적이 있습니까? 동물들은 그들에게 부여하신 뜻을 따라 생육하고 번성하기만 하면 되는 것입니다. 그러므로 동물들은 윤리와 도덕은 없고 그 본능에 따라 생육하면 그 의무를 다하는 것입니다. 그러나 사람은 생육하고 번성하기만 하면 됩니까? 사람은 그렇지 않습니다. 사람은 윤리와 도덕을 따라 살아야 합니다. 생육하고 번성할 뿐 아니라 이 땅에서 주인의식을 가지고 경작을 해야 하는 것입니다. 이것이 사람에게 부여하신 다스림인 것입니다.

다윗의 애통 ?

질문 : 다윗은 그 아들들이 죽었을 때 크게 애통해합니다. 다윗은 아버지인 자신을 죽이려고 한 압살롬이 죽었을 때에도 애통해합니다. 왜 다윗은 애통해합니까?

대답 : 다윗이 그 아들들이 죽었을 때에 크게 애통해합니다. 그 이유는 그의 아들들이 죽은 것이 자기의 죄로 인하여 그렇게 되었다는 것을 생각하였기 때문입니다.

다윗은 그의 아들들이 죽었을 때에 크게 애통해 했습니다. 그가 아들들에 대하여 특별한 사랑과 세심한 배려가 있는 사람이라서 그렇게 애통하였다고 할 수도 있을 것입니다. 그러나 다윗이 그 자녀들에 대하여 크게 애통하는 것을 자세히 살펴보면 그 이유가 있습니다.

다윗은 우리아의 아내 밧세바와 잘못된 관계를 맺음으로 부정한 아들을 낳았습니다(삼하 11:27). 그 아이가 여호와의 치심으로 심히 앓을 때에 그는 이레 동안 먹지도 아니하고 애통하였습니다(삼하 11:15~17). 그리고 그의 큰아들 암논이 죽었을 때에 다윗은 크게 애통해하였습니다. 압살롬이 왕의 아들들을 죽이고 하나도 남기지 않았다고 하는 소문을 들었을 때에 그는 옷을 찢고 땅에 드러누웠다고 합니다(삼하 13:31). 그리고 그의 아들들이 다 죽은 것이 아니라 암논만 죽고 그 왕자들이 돌아왔을 때에 왕이 심히 통곡했습니다(삼하 13:36). 그리고 다윗은 그의 아들로 말미암아 날마다 슬퍼하였습니다(삼하 13:37). 그 다음으로 다윗은 압살롬이 죽었을 때에 가장 크게 애통해합니다. 다윗은 반역하여 자기를 죽이려고 한 압살롬을 치러가는 장군들에게 압살롬을 너그러이 대하라고 부탁합니다(삼하 18:5). 자기를 죽이고 왕좌를 차지하려는 괘씸한 아들을 치러가는 장군들에게 그 아들을 너그러이 대하라는 명령을 내리는 다윗은 모든 사람보다 더 위대한 긍휼의 사람입니까? 그렇게만 볼 일이 아닙니다. 다윗의 마음속에는 그의 아들들이 죽어가는 것은 자신의 죄로 인함이라는 생각이 가득했었기 때문일 것입니다. 그러므로 그 아들 압살롬이 그 아비를 죽이고 왕좌를 빼앗고자 할 때에도 이 일은 자기로 인하여 일어났다고 생각하였을 것입니다. 그 아들을 부드럽게 대하라고 부탁하였지만 결국 압살롬이 요압의 손에 죽었을 때에 그 소문을 들은 왕은 마음이 심히 아파 "내 아들 압살롬아 내 아들 내 아들 압살롬아 차라리 내가 너를 대신하여 죽었더라면, 압살롬 내 아들아 내 아들아 하였더라."(삼하 18:33)고 하여 애처로울 정도로 애통해합니다. 다윗은 자기를 죽이고 왕좌를 빼앗으려는 패륜아를 위하여 "차라리 내가 너를 대신하여 죽었더라면"이라고 하여 그의 마음의 고통을 드러냈습니다.

왜 이렇게 다윗은 그 아들들에 대하여 애틋한 사랑을 나타내었는가를 생각해야 합니다. 다윗은 그 아들들이 피를 부르는 참극이 자기로 말미암았다는 것을 알기 때문에 더욱 크게 애통해했을 것입니다.

다윗이 우리아의 아내의 일로 인하여 범죄하였을 때에 하나님께서는 나단 선지자를 보내셔서 다윗을 책망하셨습니다. "네가 여호와의 말씀을 업신여기고 우리아를 죽이고 그 아내를 빼앗아 아내로 삼았도다 네가 나를 업신여기고 우리아의 아내를 빼앗아 아내를 삼았은즉 칼이 네 집에서 영원히 떠나지 아니하리라"(삼하 12:9~10)고 하신 것입니다. 이때부터 다윗의 집에는 죽음이 다가왔습니다. 그러므로 다윗은 자기가 우리아의 아내 밧세바를 빼앗아 아내를 삼았기 때문에 자기 집이 피바다가 됨을 알았던 것입니다. 다윗이 특별한 사랑이 있기 때문에 그 죽은 아들들에 대하여 애통해 한 것이 아니라 그의 아들들이 자기 때문에 죽었다는 사실을 알았기 때문에 크게 애통하였던 것입니다.

다윗이 밧세바의 일로 인하여 범죄한 것을 하나님께서 용서하셨습니다(삼하 12:13). 그러나 우리가 알 것은 하나님께서 용서하시면 모든 것이 원위치로 돌아오는 것이 아니라는 것입니다. 다윗은 용서함을 받았지만 그의 죄로 인하여 그의 집에는 칼이 떠나지 않았던 것입니다.

그러므로 우리들은 악한 자가 만지지도 못하도록 지키시는 하나님(요일 5:18) 안에서 범죄하지 말아야 합니다. 우리는 행한 대로 갚으시는 하나님을 잊지 말아야 합니다. 그렇지 않으면 다윗같이 자기는 용서 받을지라도 그가 행한 일로 인하여 오는 고통은 피할 수가 없을 것입니다.

"하나님의 진노가 불의로 진리를 막는 사람들의 모든 경건하지 않음과 불의에 대하여 하늘로부터 나타나나니 이는 하나님을 알 만한 것이 그들 속에 보임이라 하나님께서 이를 그들에게 보이셨느니라."(롬 1:18~19)

"누구든지 악으로 선을 갚으면 악이 그 집을 떠나지 아니하리라."(잠 17:13)

만왕의 왕 만주의 주
(딤전 6:15)

질문 : 하나님은 만왕의 왕이시오 만주의 주시라고 하였습니다. 무슨 뜻입니까?

대답 : 이는 하나님께서 만물을 창조하시고 운영하신다는 말씀입니다. 하나님께서 만물을 다스리시는 것입니다. 만물을 다스리시니까 만왕의 왕이 되시고 만물을 창조하신 분이시니 주인이 되셔서 뜻대로 처리하시는 분이심으로 만주의 주가 되시는 것입니다.

성경은 "하나님은 복되시고 유일하신 주권자이시며 만왕의 왕이시며 만주의 주시요."(딤전 6:15)라고 말씀하십니다. 또한 요한계시록에는 "어린 양은 만주의 주시요 만왕의 왕이시므로 그들을 이기실 터이요."(계 17:14)라고 하였고, 또 "그 옷과 그 다리에 이름을 쓴 것이 있으니 만왕의 왕이요 만주의 주라 하였더라."(계 19:16)고 하였습니다.

그러므로 예수님은 만왕의 왕이요 만주의 주가 되십니다. 만왕의 왕이 되신다는 말씀은 무슨 뜻입니까? 이는 예수님께서 만물을 창조하신 창조주라는 것입니다(요 1:3). 창조주는 그 창조하신 창조물을 운영하십니다. 세상에서도 그 주인이 그 물건을 운영하는 것과 같습니다. 사람이 차를 사면 그 차의 주인이 됩니다. 그 차의 주인이니까 그 주인이 마음대로 운행하는 것입니다. 이와 같이 만물을 창조하신 하나님은 만물의 주인이 되십니다. 왜냐하면 하나님께서 우주 만물을 창조하시고 파시거나 누구에게 넘겨주신 일이 없습니다. 만물을 만들어 놓으시고 파시거나 남에게 넘겨주신 일이 없으니 창조주 하나님이 주인이 되시는 것은 당연한 일이 아닙니까? 그러므로 예수님께서 이 땅에 오셨을 때의 증언이 어떠합니까? "자기 땅"에 오셨다고 증언합니다(요 1:11). 예수님이 만드신 땅에 왔으니 예수님의 땅이 되는 것입니다. 자동차의 주인이 마음대로 운행하듯이 우주 만물의 주인 되시는 하나님이 우주 만물을 운영하시는 것입니다. 마음대로 운영하시는 분이 왕이신 것입니다. 왜냐하면 운영하는 것은 다스린다는 의미를 포함하기 때문입니다. 다스리는 분이 왕이라는 것입니다. 그러므로 만왕의 왕이라는 말과 만 주의 주라는 말이 같은 의미를 내포한다고 생각해도 될 것입니다. 왜냐하면 왕이 주인시고 주인이 왕이시기 때문입니다.

하나님이 만왕의 왕이 되시는 증거가 성경에 많이 기록되어 있습니다. 마태복음 14장에는 예수님이 물위로 걸어오시는 내용이 나옵니다(마 14:25~32). 사람은 물위로 걸어갈 수가 없습니다. 사람이 도구를 사용하지 않고 물위로 걸어가는 것은 비정상적입니다. 그런데 예수님께서는 물위를 걸어가셨습니다. 이는 예수님이 세상에 오신 만왕의 왕이심을 보여주신 것입니다. 왜냐하면 왕의 명령은 그대로 이루어져야 합니다. 물은 자기의 왕을 침몰치 못하는 것입니다. 그러므로 물위를 걸으시는 예수님이 왕이신 것입니다. 또 마가복음 4장에 보면 예수님께서 바람을 꾸짖으시니 아주 잔잔하여졌다고 합니다. 이를 본 제자들은 "그가 누구이기에 바람과 바다도 순종하는가?"라고 놀라워합니다. 이는 사람으로서는 할 수 없는 일을 하셨기 때문입니다. 바람과 바다가 왕이 명령하시는데 어찌 잔잔하지 않을 수가 있겠습니까?

이뿐 아니라 구약시대에도 하나님께서 만왕의 왕이 되심을 보여주십니다. 그것은 출애굽 사건에서 명백하게 보여주십니다. 출애굽기 7장 이하에 보면 모세가 바로 앞에서 하나님의 지팡이를 가지고 여러 재앙을 내리게 합니다. 물론 이는 하나님의 명령을 따른 것입니다. 혹자는 이 열 가지 재앙을 애굽의 신을 벌하시는 것이라고 생각하기도 합니다. 이는 "애굽의 모든 신을 내가 심판하리라."(출 12:12)고 하신 말씀을 오해한 것이 아닌가 생각합니다. 그러나 모세를 통하여 내리신 열 가지 재앙은 신을 벌하신 것이라고 볼 수는 없을 것 같습니다. 왜냐하면 성경의 증언은 "네가 만일 보내기를 거절하면 내가 개구리로 너의 온 땅을 치리라."(출 8:2)고 하셨습니다. 이 말씀에서 보면 '내가 개구리로 너의 온 땅을 치리라'고 하셨습니다. 이는 개구리를 치시겠다는 말씀이 아니라 개구리를 도구로 하여 애굽 사람들의 온 땅을 치시겠다는 것입니다. 즉 개구리가 벌을 받은 것이 아니라 개구리를 통하여 애굽 사람들의 땅이 벌을 받은 것입니다. 그러므로 하나님께서는 만왕의 왕이시므로 개구리를 명하시면 미물 같은 개구리도 그 명령을 따라 하나님의 뜻대로 애굽 사람의 땅을 칠 수 있는 것입니다. 개구리를 벌하시면 개구리가 다 죽던지 저주를 받아야 하는데 개구리의 재앙이 지나간 후에는 개구리는 여전히 회복되어 나일 강에만 있게 되는 것입니다(출 8:11). 그 외의 모든 재앙도 곤충이면 곤충, 흑암이면 흑암도 하나님이 만왕의 왕이 되심을 증언하고 있습니다.

그리고 하나님은 해의 왕이십니다. 히스기야 왕이 병들어 죽게 되었을 때에 하나님께서는 히스기야 왕의 기도를 들으시고 그에게 15년의 생명을 연장해 주셨습니다. 이때 하나님께서 그를 낫게 하시는 증표로 해 그림자를 십도 물러나게 하신 것입니다(왕하 20:9~11). 이는 하나님께서 해의 왕이 되심으로 해를 명한즉 물러가게도 하시고 앞으로 나아가게도 하시는 것입니다. 여호수아 때에는 해를 물러가게 하신 것이 아니라 머물러 서게도 하셨습니다(수 10:12~13). 이와 같이 하나님은 사람의 왕은 물론이거니와 동물의 왕도 되시고 바다의 왕도 되시고 바람과 곤충의 왕도 되시며 해와 달의 왕도 되시는 것입니다. 이렇게 하나님께서 만왕의 왕이 되시는 이유는 하나님께서 만드시고 운영하시기 때문입니다. 하나님께서 주인이 되심으로 하나님의 기쁘신 뜻을 따라 운행하시는 것이 이상할 리가 없습니다.

만왕의 왕이요 우리의 주인이신 하나님께서 지금도 일하시면서 만물을 운행하십니다. 그러므로 우리는 이 세상의 어떤 것도 두려워할 필요가 없고 오직 우리를 죽이기도 하시고 살리기도 하시며 지옥에도 보내시는 하나님을 두려워하여야 할 것입니다. 만왕의 왕이 되시는 우리 주 하나님의 명령을 순종하면 미쁘신 하나님께서 지키시고 보호해 주실 것입니다.

말씀은 일점일획이라도 없어지지 않고 다 이루어진다 (마 5:18)

질문 : 예수님께서 "천지가 없어지기 전에는 율법의 일점일획도 결코 없어지지 아니하고 다 이루리라."(마 5:18)고 말씀하셨습니다. 과연 하나님의 말씀은 다 이루어집니까?

대답 : 하나님의 말씀은 진리입니다. 그러므로 하나님의 말씀은 그대로 다 이루어집니다. 성경에는 하나님의 말씀이 다 이루어진다는 증언이 많이 기록되어 있습니다. 하나님께서 해와 달과 별에게 땅을 비추라고 명령하시니 지금까지도 땅을 비추고 있는 것입니다. 하나님의 말씀이 이루어지지 않는 것은 그 어떤 것도 없습니다.

예수님께서 "천지가 없어지기 전에는 율법의 일점일획도 결코 없어지지 아니하고 다 이루리라."(마 5:18)고 말씀하셨습니다. 하나님의 말씀은 우리의 등불이십니다. 그러므로 시인은 노래합니다. "여호와의 율법은 완전하여 영혼을 소성시키며 여호와의 증거는 확실하여 우둔한 자를 지혜롭게 하며 여호와의 교훈은 정직하여 마음을 기쁘게 하고 여호와의 계명은 순결하여 눈을 밝게 하시도다."(시 19:7~8)라고 하여 하나님의 말씀이 진리이므로 우리가 깊이 연구하여 깨달아서 지켜야 할 것임을 말하는 것입니다. 과연 하나님의 말씀은 진리이므로 영원히 변함이 없는가를 생각해 봐야 합니다.

하나님의 말씀은 살아 있고 활력이 있어 좌우에 날선 어떤 검보다도 예리하여 혼과 영과 및 관절과 골수를 찔러 쪼개기까지 하는 것이므로(히 4:12) 하나님의 말씀을 들을 때에 믿음이 생기는 것입니다. 또한 이 진리의 말씀으로 세상의 모든 사상을 물리치는 무기를 삼을 것이니(고후 6:7) 이를 곧 성령의 검이라고 표현하는 것입니다(엡 6:17). 이 세상은 모든 것이 변하지만 하나님의 말씀은 진리이므로 영원히 변함이 없는 것입니다. 하나님의 말씀은 일점일획이라도 없어지지 않고 다 이루어지기(사 40:8) 때문에 우리가 믿어야 합니다.

과연 하나님의 말씀은 다 이루어집니까? 성경에 기록된 하나님의 말씀은 변함없이 이루어지고 있음을 볼 수 있습니다. 하나님께서 범죄한 아담에게 하신 말씀을 보면 "너는 흙이니 흙으로 돌아갈 것이니라."(창 3:19)고 하셨습니다. 이 말씀을 모세는 "주께서 사람을 티끌로 돌아가게 하시고 말씀하시기를 너희 인생들은 돌아가라 하셨사오니 주의 목전에는 천 년이 지나간 어제 같으며 밤의 한순간 같을 뿐임이니이다."(시 90:3~4)라고 하여 인생의 허무함을 노래했습니다.

과연 이 말씀이 영원한 진리로 아직도 그대로 이루어지고 있습니다. 하나님께서 인생들에게 '돌아가라'하셨으므로 사람은 누구나 육신의 죽음을 맞이해야 합니다. 이 말씀에서 예외가 있을 수 없습니다. 선한 사람이든지 악한 사람이든지 불의한 사람이든지 의로운 사람이든지 예외가 없이 다 죽을 수밖에 없습니다. 하나님과 대면하여 말했던 모세도 죽었고 성군 다윗도 죽었습니다. 우리나라에서도 세종대왕도 죽었고 이순신 장군도 죽었습니다. 하나님께서 한 번 말씀하신 후에는 육신을 가진 인간은 그 취하신 흙으로 돌아가야 하기 때문에 모두 다 죽는 것입니다.

이 말씀은 구원 받은 하나님의 백성들에게도 예외가 되지 않습니다. 바울 사도께서는 "그리스도께서 너희 안에 계시면 몸은 죄로 말미암아 죽은 것이나 영은 의로 말미암아 살아 있는 것이니라 예수를 죽은 자 가운데서 살리신 이의 영이 너희 안에 거하시면 그리스도 예수를 죽은 자 가운데서 살리신 이가 너희 안에 거하시는 그의 영으로 말미암아 너희 죽을 몸도 살리시리라."(롬 8:10~11)고 하셨습니다. 그리스도는 사람을 살려주는 영이 되어(고전 15:45) 자기 백성들을 구원하려고(마 1:21) 오셨는데 그리스도가 안에 계셔도 '그 몸은 죽은 것이라' 하니 이해가 쉽지 않습니다. 살려주는 영이 되어 오신 그리스도께서 그 안에 거하시는데 어떻게 그 몸은 죽은 것입니까? 그러나 그 말씀을 잘 보면 몸은 죄로 말미암아 죽은 것이나 영은 의로 말미암아 살아 있다고 하였습니다. 육은 하나님께서 한 번 '흙으로 돌아가라.' 하신 말씀은 변할 수 없기 때문에 범죄한 인간은 누구나 다 흙으로 돌아가야 하기 때문에 그 몸은 죽는 것입니다.

그러나 영은 그리스도가 그 안에 계시므로 그리스도와 교제를 나누는 것이니 살아 있는 것입니다. 그 영이 '죽었다' '살았다' 하는 말은 하나님과 교제를 나누는 영은 살아있는 것이고 하나님과 교제가 끊어진 영은 죽은 것입니다. 그러므로 육신은 하나님께서 흙으로 돌아가라 하신 말씀에 의하여 죽은 것이지만 그 영은 그리스도와 사귐이 있으니 살아 있는 것입니다.

그러면 육은 죽은 것이라 아무 쓸데가 없는 것입니까? 아닙니다. 그 육신이 흙으로 돌아갔으나 예수를 살리신 이가 우리 죽은 몸도 다시 살리신다는 것입니다. 그러므로 우리는 부활을 기다리는 것입니다. 왜냐하면 우리는 하나님께서 '흙으로 돌아가라'고 하시는 말씀은 변하지 않으므로 우리의 몸은 죽을 수밖에 없지만 죽은 몸이 그대로 있는 것이 아니라 부활하여 다시는 흙으로 돌아가지 않고 영원한 나라에서 예수님과 함께 기쁨을 누릴 것이므로 부활의 소망을 가지고 사는 것입니다.

그러므로 예수께서 "살리는 것은 영이니 육은 무익하니라 내가 너희에게 이른 말은 영이요 생명이라."(요 6:63)고 하신 말씀을 깨닫게 될 것입니다. '육은 무익하니라.'는 말씀은 흙으로 돌아갈 육이니까 그렇다는 말씀입니다. 이 육은 부활의 때까지 흙으로 돌아가야 하기 때문에 부활체를 가지기 전에는 흙일 뿐입니다. 그러나 그리스도께서 그 영을 살리시면 그는 부활할 때에 신령한 몸으로 다시 살게 되는 것입니다.

그러므로 하나님께서 한 번 말씀하신 것 즉 '너희는 흙이니 흙으로 돌아가라'는 말씀은 오늘도 살아있고 운동력이 있어서 모든 사람은 죽을 수밖에 없는 것입니다. 이 말씀은 하나님께서 새로운 말씀으로 바꿔주시기까지는 변함없이 시행되는 것입니다.

그리고 또 태초에 하나님이 천지를 창조하실 때에 넷째 날에 궁창에 광명체들을 만드셔서 낮과 밤을 나뉘게 하시고 계절과 날과 해를 이루라고 하시므로 오늘날까지 그 말씀을 따라 해는 아침에 떠서 저녁에 지는 것이 끊이지 않고 시행되고 있습니다(창 1:14~19). 그리고 계절과 절기는 지금도 계속하여 이루어지고 있습니다.

그리고 해와 달과 별을 만드셔서 '땅을 비추라.'(창 1:15)고 하셨으므로 오늘날까지 해와 달과 별은 변함없이 비추고 있는 것입니다. 과학자들은 해가 핵분열 또는 핵융합에 의하여 그 빛을 발하는 것이라고 합니다. 그 말이 과연 옳은 것입니까? 절대 그럴 수 없습니다. 해가 핵분열 또는 핵융합에 의하여 빛을 발하는 것이면 핵이 분열되면 소모되는 것인데 태초부터 핵이 소모되어 가면 지금까지 그대로 있을 수 없을 것입니다. 그저 몇 년이나 몇 천 년을 있다고 하면 있을 수 있는 일이나 과학자들이 말하는 대로 지구가 50억년이니 하는 무수한 세월이 지난 오늘날 해가 처음 지어졌을 때와 같을 수는 없는 것 아니겠습니까? 그들이 하는 말이 모순인 것은 그들은 지구에 빙하기가 있었다고 주장합니다. 지구에 빙하기가 있었다면 해가 그 빛이 약하여지든지 아니면 멀어져야 되는데 그러한 일이 있을 수 있습니까? 해가 어떻게 약하여졌다가 다시 강하여질 수가 있겠습니까? 해가 지구로부터 멀어졌다가 또다시 가까워지는 일이 있을 수 있습니까? 지금도 해가 폭발을 하면 블랙홀이 생겨서 일시적으로 지구에 영향을 미치는 수가 있습니다. 그러나 이것은 일시적인 것이지 오랜 세월을 두고 일어나는 일이 아닙니다.

해가 핵융합이든지 또는 어떤 형태로든지 변화가 일어난다면 어떻게 그 빛이 일정하게 유지될 수가 있겠습니까? 이렇게 보면 해와 달과 별은 과학이 설명할 수 있는 것이 아니라 하나님의 말씀대로 시행되고 있다는 것을 알 수 있습니다. 해를 만드셔서 '땅을 비추라'고 하는 말씀은 "천지가 없어지기 전에는 율법의 일점일획도 결코 없어지지 아니하고 다 이루리라."(마 5:18)고 하신 예수님의 말씀과 같이 하나님이 하신 말씀이니 그대로 오늘날까지 비추고 있는 것입니다.

그러므로 하나님의 말씀인 성경은 일점일획이라도 없어지지 않고 다 이루어지는 것이므로 구원하심도 부활도 예수님이 다시 오신다는 말씀도 다 이루어진다는 사실을 믿어야 합니다. 성경에 있는 어떤 말씀도 다 이루어지는 것이니 말씀을 가르치는 사람은 그 어떤 말씀도 그대로 가르쳐야 될 것입니다. 성경을 영해니 뭐니 하여 사람이 듣기 좋도록 풀면 베드로 사도가 말하였듯이 망하고 말 것입니다(벧후 3:16).

그러므로 우리는 사도들이 전해 주는 경고의 말씀을 들어야 합니다.

"또 우리에게는 더 확실한 예언이 있어 어두운 데를 비추는 등불과 같으니 날이 새어 샛별이 너희 마음에 떠오르기까지 너희가 이것을 주의하는 것이 옳으니라 먼저 알 것은 성경의 모든 예언은 사사로이 풀 것이 아니니 예언은 언제든지 사람의 뜻으로 낸 것이 아니요 오직 성령의 감동하심을 받은 사람들이 하나님께 받아 말한 것임이라."(벧후 1:19~21)

"모든 성경은 하나님의 감동으로 된 것으로 교훈과 책망과 바르게 함과 의로 교육하기에 유익하니 이는 하나님의 사람으로 온전하게 하며 모든 선한 일을 행할 능력을 갖추게 하려 함이라."(딤후 3:16~17)

우리는 하나님이 하신 말씀은 그대로 이루어지는 것을 생각하여 성경을 있는 그대로 가르쳐 하나님의 백성들이 길을 잃지 않고 바른 길을 가도록 해야 합니다.

말씀을 완전하게 하려 하심이 무엇입니까? (마 5:17)

질문 : 예수님께서 "내가 율법이나 선지자를 폐하러 온 줄로 생각하지 말라 폐하러 온 것이 아니요 완전하게 하려 함이라."(마 5:17)고 하셨습니다. 예수님께서 말씀을 완전하게 하신다는 말씀은 무슨 뜻입니까?

대답 : 예수님께서 말씀을 완전하게 하신다는 말씀은 하나님께서 인간들에게 주신 말씀이 완전히 그대로 전달되지 않고 왜곡되고 오해한 것이 많다는 것입니다. 하나님께서 주신 말씀은 하나님이 인간들에게 하시고자 하시는 뜻이 있습니다. 그런데 인간에게 전달될 때에 그 뜻이 그대로 전달되지 않고 왜곡된 것입니다. 예를 들면 "살인하지 말라"고 하신 말씀은 이웃을 내 몸과 같이 사랑하라고 하신 말씀입니다. 그런데 이 말씀이 사람의 육신의 목숨을 끊는 것만이 살인한 것이라고 생각했습니다. 그러므로 예수님께서 말씀을 완전하게 하신다는 말씀을 인간들이 오해하고 왜곡된 말씀을 하나님께서 원래 주신 뜻으로 알게 하신다는 말씀입니다.

예수님께서 "내가 율법이나 선지자를 폐하러 온 줄로 생각하지 말라 폐하러 온 것이 아니요 완전하게 하려 함이라."(마 5:17)고 하셨습니다. 예수님께서 율법을 완전케 하신다는 말씀은 무슨 뜻입니까? 율법은 모세에게 주셔서 그 백성들이 행하도록 하셨습니다. 우리가 생각할 것은 이 율법을 주신 분이 예수님이라는 것입니다. 이 율법은 모세가 시내 산에서 받은 것인데 그 산에 강림하신 분이 성자 예수님이셨다는 것입니다. 출애굽기 19장에 보면 모세가 하나님 앞에 올라가니 여호와 하나님께서 산에서 모세와 이야기 하시는 내용이 기록되어 있습니다. 11절에 보면 "나 여호와가 온 백성의 목전에서 시내 산에 강림할 것임이니"라고 하셨습니다.

민수기 11장에는 '고기를 주어서 먹게 하라'고 원망하는 백성들을 여호와의 불이 백성을 사른 후에 모세와 칠십 인의 장로들 앞에서 모세와 말씀하셨습니다(민 11:17~25). 또한 모세가 구스 여인을 아내로 취하였을 때에 아론과 미리암이 모세를 비방할 때에 여호와께서 아론과 미리암을 부르사 그들에게 "내 말을 들으라 너희 중에 선지자가 있으면 나 여호와가 환상으로 나를 그에게 알리기도 하고 꿈으로 그와 말하기도 하거니와 내 종 모세와는 그렇지 아니하니 그는 내 온 집에 충성함이라 그와는 내가 대면하여 명백히 말하고 은밀한 말로 하지 아니하며 그는 또 여호와의 형상을 보거늘 너희가 어찌하여 내 종 모세 비방하기를 두려워하지 아니하느냐?"(민 12:6~8)라고 하셨습니다.

여호와께서 여러 선지자들에게는 꿈이나 환상으로 말씀하셨지만 모세에게는 대면하여 명백히 말씀하셨다고 하셨습니다. 출애굽기 33장 11절에 보면 "여호와께서는 모세와 대면하여 말씀하시며 모세는 진으로 돌아오나 눈의 아들 젊은 수종자 여호수아는 회막을 떠나지 아니하니라."고 하셨습니다. 이렇게 모세는 여호와 하나님과 대면하여 본 사람입니다. 또한 신명기를 마치면서 모세에 대하여 기술한 부분에서

"그 후에는 이스라엘에 모세와 같은 선지자가 일어나지 못하였나니 모세는 여호와께서 대면하여 아시던 자요 여호와께서 그를 애굽 땅에 보내사 바로와 그의 모든 신하와 그의 온 땅에 모든 이적과 기사와 모든 큰 권능과 위엄을 행하게 하시매 온 이스라엘의 목전에서 그것을 행한 자이더라."(신 34:10~12)고 하였습니다. 이는 모세는 여호와께서 '대면하여 아시던 자'라고 증언합니다. 그렇다면 모세를 대면하여 말씀하시는 분은 누구십니까? 이는 성부 하나님이 아니라 성자 하나님이셨습니다.

성령은 증언하기를 "율법은 모세로 말미암아 주신 것이요 은혜와 진리는 예수 그리스도로 말미암아 온 것이라 본래 하나님을 본 사람이 없으되 아버지 품속에 있는 독생하신 하나님이 나타내셨느니라."(요 1:17~18)고 하여 성부 하나님을 본 사람이 없다고 하였습니다. 다만 그 품속에서 나타내시는 독생하신 하나님 즉 성자 하나님이 나타내심을 본 것입니다. 예수님께서 율법은 모세로 말미암아 주셨다고 하시면서 하나님을 본 사람이 없다고 하신 말씀에는 깊은 뜻이 있는 것입니다. 이것은 분명히 모세는 '하나님을 대면하여 아시던 자라'는 말씀을 생각할 때에 모세를 대면하여 말씀하시던 분은 성자 하나님이 분명한 것입니다. 그러므로 예수님께서 분명하게 성부 하나님을 본 자가 없으며 "아버지 하나님에게서 온 자만 아버지를 보았다"(요 6:46)고 증언하십니다. 그러므로 모세에게 대면하여 말씀하시는 하나님은 아버지 하나님일 수가 없습니다. 다만 그 품속에서 나타내시는 성자 하나님이 대면하여 말씀하신 것입니다. 그러므로 시내 산에서 모세에게 십계명을 주셨던 하나님은 성부 하나님이 아니라 성자 하나님이셨던 것입니다. 이 성자 하나님이 말씀이 육신이 되어 이 땅에 오신 예수님이신 것이 분명합니다(요 1:1~12). 그러므로 율법을 주신 분은 예수님 자신이셨다는 것은 의심할 여지가 없습니다.

그렇다면 예수님께서 율법이나 선지자를 폐하려 오실 이유가 없는 것입니다. 자신의 말씀인데 어떻게 그 말씀을 폐하시겠습니까? 그러므로 예수님 자신이 주신 말씀은 없어지지 않고 다 이루어진다고 말씀하실 수 있는 것입니다. 그런데 문제는 예수님 자신이 말씀을 주실 때에 그 주신 말씀의 의도를 사람들이 다 알지 못하고 잘못 알고 있다는 것입니다. 즉 예수님이 주신 말씀을 인간들이 이해하지 못하고 인간적으로만 알았다는 것입니다. 그러므로 이 말씀을 처음 주실 때의 의도를 정확하게 사람들에게 전달하실 필요가 있으셨던 것입니다. 그러므로 예수님이 아직 이해하지 못하는 부분을 알게 하시는 것이 말씀을 완전하게 하시는 것입니다.

①. 예수님께서는 말씀을 완전하게 하시기 위하여 오셨다고 하셨습니다. 예수님은 율법이 완전하지 못한 것을 완전하게 하십니다(마 5:21~44). 여기에서는 '살인하지 말라.'는 제6계명은 이웃을 해하지 말고 사랑하며 살라는 것이 원래의 뜻이었습니다. 예수님께서 "어느 계명이 크니이까?"(마 22:36)라고 묻는 율법사에게 "네 마음을 다하고 목숨을 다하고 뜻을 다하여 주 너의 하나님을 사랑하라 하셨으니 이것이 크고 첫째 되는 계명이요 둘째는 그와 같으니 네 이웃을 네 몸과 같이 사랑하라 하셨으니 이 두 계명이 온 율법과 선지자의 강령이니라."(마 22:37~40)고 가르쳐 주셨습니다. 이 말씀은 율법이 여러 가지가 있고 수많은 선지자와 율법 교사들이 있었지만 이 율법의 원래의 뜻은 위로 하나님을 사랑하고 아래로 이웃을 사랑하게 하시기 위하여 주셨다는 것입니다.

②. 그러므로 이스라엘 백성들이 '살인하지 말라'는 말씀을 오해하여 인간이 육신의 생명을 끊어야 살인죄가 된다고 생각하였으나 예수님께서는 육신의 생명을 끊는 것은 물론이고, '형제에게 노하는 자마

다 심판을 받게 되고' '라가라(욕설) 하는 자는 공회에 잡히게 되고' '미련한 놈이라 하는 자는 지옥 불에 들어가게 되리라.'(마 5:21~22)고 하셨습니다. 여기서 '노하는 자'나 '욕설을 하는 자'나 '미련한 놈'이라 하는 자들을 살인한 자라고 할 수 있습니까? 세상에서 말하는 살인자가 될 수 없습니다. 그러나 예수님께서 이것이 살인죄라고 말씀하십니다. 그리고 '예물을 드리다가 형제에게 원망 들을 만한 일이 생각나거든 먼저 형제와 화목하고 그 후에 예물을 드리라.'(마 5:24)고 하셨습니다. 이는 무슨 말씀입니까? '살인하지 말라'는 법을 설명하시면서 제사를 드리는 것보다 형제와 화목하기를 더 강조하셨습니다. 이것은 '살인하지 말라.'는 말씀은 예수님께서 이 말씀을 주실 때에 그 의도가 이웃을 사랑하며 살기를 바라시는 말씀인데 사람들이 그 뜻을 잘못 이해하여 육신의 생명을 끊는 것만 살인죄라고 하여 오해한 것을 바르게 해석하여 주시고 말씀을 완전하게 하시는 것입니다.

바울 사도도 증언합니다. "남을 사랑하는 자는 율법을 다 이루었느니라 간음하지 말라, 살인하지 말라, 도적질하지 말라, 탐내지 말라 한 것과 그 외에 다른 계명이 있을지라도 네 이웃을 네 자신과 같이 사랑하라 하신 그 말씀 가운데 다 들었느니라."(롬 13:8~9)고 하셔서 예수님의 가르치심을 그대로 증언하고 있는 것입니다. 또한 갈라디아 교인들에게 한 편지에서도 "온 율법은 네 이웃 사랑하기를 네 몸같이 하라 하신 한 말씀에 이루었나니"(갈 5:14)라고 하여서 모든 율법은 이웃을 사랑하라는 말씀이라는 것입니다.

이와 같이 '살인하지 말라' 한 제육계명은 육신의 생명을 끊어지게 하는 것에만 국한하여 주신 말씀이라기보다 이웃과 더불어 사랑하며 살기를 원하시는 말씀인 것입니다.

그 외에 '간음하지 말라'고 하신 제7계명도 이웃과 화목하게 사랑하면서 살기를 원하시는 말씀입니다. 이웃집 사람에게 성폭행을 한다면 그 이웃에게 얼마나 큰 손해를 끼치는 것이 됩니까? 당연히 간음하지 말아야 합니다. 그런데 예수님께서 "음욕을 품고 여자를 보는 자마다 마음에 이미 간음하였느니라."(마 5:28)고 하셨습니다. 이를 생각해보면 이웃집 여인이 지나가는데 음욕을 품고 음흉한 눈으로 자세히 본다면 그 여인이 얼마나 불편하겠습니까? '간음하지 말라.'고 하신 말씀은 '이웃에게 해를 끼치지 말라.'는 말씀이 됩니다. 그러므로 '간음하지 말라'는 말씀도 결국에는 이웃과 더불어 사랑하며 살라고 하시는 말씀인 것입니다. 그러므로 '네 이웃을 네 몸과 같이 사랑하라.'는 말씀에 다 들어 있는 것입니다.

'맹세하지 말라'는 말씀도 자기가 아무것도 하지 못하면서 이웃에게 헛된 확신을 주게 되는 것이니 이것은 사기성이 농후한 것입니다. '악한 자를 대적하지 말라', '원수를 사랑하라'는 말씀도 결국에는 '이웃을 사랑하라'는 말씀입니다.

그러므로 우리들은 예수님께서 말씀을 주실 때에 그 말씀의 의도를 잘 살펴서 그 뜻을 행함으로 칭찬받는 하나님의 백성이 되어야 합니다.

모세가 가나안 땅에 들어가지 못한 이유 ?

질문 : 모세가 가나안 땅에 들어가지 못한 이유가 무엇입니까?

대답 : 모세가 가나안 땅에 들어가지 못한 이유는 하나님을 믿지 아니하고 그분의 거룩함을 나타내지 못하였기 때문입니다.

하나님께서 그 백성들을 애굽 인의 손에서 건져내시고 그들을 그 땅에서 인도하여 아름답고 광대한 땅, 젖과 꿀이 흐르는 땅 곧 가나안 족속, 헷 족속, 아모리 족속, 브리스 족속, 히위 족속, 여부스 족속의 지방에 데려가시려고 모세를 부르셨습니다(출 3:7~10). 그러나 모세는 그 백성들을 인도하여 낸 후에 자기는 가나안 땅에 들어가지 못하고 그 땅을 바라만 보고 하나님의 부르심을 받았습니다. 왜 모세가 가나안 땅에 들어가지 못했습니까?

모세가 신 광야에서 물이 없음으로 원망하는 백성들 앞에서 그의 지팡이로 바위를 쳐서 물을 많이 솟아나게하여 그 회중들과 짐승이 마셨습니다. 그러나 이 일로 인하여 모세는 가나안 땅에 들어가지 못하게 되었습니다(민 20:2~12). 변함이 없으신 하나님께서 모세를 부르셨으나 모세가 중간에서 그만 두게 된 것은 이유가 있습니다. 그 이유가 무엇입니까?

"여호와께서 모세와 아론에게 이르시되 너희가 나를 믿지 아니하고 이스라엘 자손의 목전에서 내 거룩함을 나타내지 아니한 고로 너희는 이 회중을 내가 그들에게 준 땅으로 인도하여 들이지 못하리라 하시니라"(민 20:12)고 하셨습니다. 이 말씀을 보면 모세와 아론이 하나님을 믿지 아니하고 이스라엘 자손의 목전에서 하나님의 그 거룩함을 나타내지 아니하였기 때문에 들어가지 못한다는 것이었습니다. 그러면 모세가 하나님을 믿지 못한 것이 무엇이며 거룩함을 나타내지 아니한 것이 무엇입니까? 신명기 4장 21절에는 "너희로 말미암아 내게 진노하사 내게 요단을 건너지 못하며 네 하나님 여호와께서 네게 기업으로 주신 그 아름다운 땅에 들어가지 못하게 하리라고 맹세하셨은즉"이라고 하셨습니다. 여기서는 백성들로 말미암아 여호와께서 모세에게 진노하사 들어가지 못하게 하셨다는 것입니다. 또한 시편에서는 그 백성들이 므리바 물에서 하나님의 뜻을 거역함으로 모세가 그의 입술로 망령되이 말하였기 때문이라고 하였습니다(시 106:32~33).

이 말씀을 정리하면 모세는 그 백성들이 믿지 아니함으로 하나님의 뜻을 거역하였고 그로 인하여 모세가 입술로 망령되이 말하게 되었습니다. 이로 인하여 모세가 가나안 땅에 들어가지 못하고 광야에서 죽을 수밖에 없었습니다(신 4:22). 그러면 모세가 므리바 물에서 한 말이 무엇입니까?

"반역한 너희여 들으라 우리가 너희를 위하여 이 반석에서 물을 내랴."(민 20:10)는 말이었습니다. 이 말이 하나님의 거룩함을 나타내지 않았다는 것입니다. 이는 "하나님께서 너희에게 물을 주신다."고 하여야 하는데 "우리가 너희에게 물을 내랴."고 한 것입니다. 물을 주는 이는 모세가 아닙니다. 하나님께서 주신 것입니다. 하나님께서 증언하시는 증언이 무엇입니까? "내가 애굽 사람들에게 어떻게 행하였음과 내가 어떻게 독수리 날개로 너희를 업어 내게로 인도하였음을 너희가 보았느니라."(출 19:4)고 하셨습니다. 이는 모세가 애굽에서 그 백성을 인도하여 낸 것이 아니라 하나님께서 인도하여 내셨다는 것입니다. 즉 하나님께서 그 백성들을 독수리 날개로 업어 내셨다는 것입니다. 그러므로 하나님께서 그 두려운 광야에서 먹을 것을 주시고 물을 주셔서 인도하셨습니다.

그런데 모세가 "우리가 너희에게 물을 내랴"고 하였습니다. 이 말이 얼마나 망령된 말입니까? 우리는 말에 실수가 없도록 주의해야 합니다. 모세는 이 말로 인하여 가나안 땅에 들어가지 못했습니다. 우리는 야고보가 전하는 대로 "우리가 다 실수가 많으니 만일 말에 실수가 없는 자라면 곧 온전한 사람이라 능히 온몸도 굴레 씌우리라."(약 3:2)는 말씀을 들어야 합니다.

모세는 증언합니다. "이 사십 년 동안에 네 의복이 해어지지 아니하였고 네 발이 부르트지 아니하였느니라."(신 8:4)고 하여 하나님께서 광야 사십 년 동안 입히시고 먹이신 것이라고 증언합니다. 그러므로 하나님께서 사람이 떡으로만 사는 것이 아니라 여호와 하나님의 입으로 나오는 모든 말씀으로 사는 것을 알게 하시기 위하여 낮추시며 주리게 하시고 친히 만나를 내려 먹이신 것이라는 것입니다(신 8:1~3). 사람이 그 아들을 징계함같이 하나님께서도 징계하심을 생각하여 여호와의 명령을 지켜 그의 길을 따라가며 그를 경외하면 먹이시고 마시는 물을 주시는 것입니다. 그러므로 모세가 하나님이 하시는 일을 증언하는 증인이 되어야 하는 것인데 자기가 물을 주는 것처럼 "우리가 물을 내랴"고 하였으니 그 말이 망령되어 가나안 땅에 들어가지 못하게 되었던 것입니다.

그리고 모세가 가나안 땅에 들어가지 못한 이유의 하나는 믿지 아니한 것입니다. 믿지 않은 것은 두 가지로 생각해야 합니다. 백성들이 믿지 않은 것과 모세가 믿지 않은 것을 말하는 것입니다.

백성들이 믿지 않은 것은 무엇입니까? 이는 하나님께서 애굽에서 인도하여 내실 때에 백성들의 힘을 빌리지 않으셨고 하나님의 뜻대로 인도하셨습니다. 그러나 하나님께서 바로의 마음을 완악하게 하신 것은 하나님을 여호와인 줄 알게 하시기 위함인 것입니다(출 14:4). 그런데 백성들은 하나님의 뜻을 알지 못하고 불평과 원망을 하였습니다. 이것이 믿지 않은 것입니다. 또한 광야에서 목마르고 배고프게 하신 것은 사람이 떡으로만 사는 것이 아니요 여호와의 입에서 나오는 모든 말씀으로 사는 줄을 알게 하시려고 그렇게 하신 것이었습니다. 이러한 하나님의 뜻을 알지 못하고 원망하고 불평한 것입니다. 즉 하나님께서 목말라 죽게 하시기 위하여 광야로 인도하신 것이 아니라 믿고 경외하게 하시기 위하여 인도하여 내신 것인데 백성들은 하나님을 믿지 못하고 불평을 한 것입니다.

그리고 모세가 믿지 못한 것은 무엇입니까? 모세가 믿지 못한 것은 하나님의 하시는 말씀의 뜻을 알지 못하고 행한 것입니다. 모세가 바위에서 물을 내게 한 것은 두 번입니다. 첫 번째는 출애굽기 17장 1절에서 7절 말씀으로 신 광야를 떠나 르비딤에 장막을 쳤으나 물이 없음으로 백성들이 목말라 모세를 원망하게 됩니다. 이때 하나님께서 모세에게 호렙 산에 있는 반석을 나일 강을 치던 지팡이를 가지고 가서 반석을 치라 그러면 물이 나오리라고 하셨습니다. 모세는 그대로 행하여 물을 냈습니다. 그 곳을 맛사라 또는 므리바라고 하였습니다. 그 이유는 그들이 하나님을 시험하여 여호와께서 우리 중에 계신가 안 계신가 하였다는 것입니다.

이것이 첫 번째 사건이고 두 번째 사건은 민수기 20장 2절부터 13절까지의 말씀입니다. 이는 신 광야 가데스에서 있었던 일입니다. 거기서 미리암이 죽어 장사지내고 백성들은 물이 없음으로 원망하고 불평했습니다. 이때에 하나님께서 모세에게 "지팡이를 가지고 네 형 아론과 함께 회중을 모으고 그들의 목전에서 너희는 반석에게 명령하여 물을 내게 하라 네가 그 반석이 물을 내게 하여 회중과 그들의 짐승에게 마시게 할지니라."(민 20:8)고 하셨습니다. 내용을 보면 그 지팡이를 가지고 가라 그리고 그들의 목전에서 너희는 반석을 명령하여 물을 내게 하라 그러면 네가 반석에서 물을 내게 하여 회중과 그들의 짐승이 물을 마시게 된다는 것입니다. 그런데 첫 번째 사건과 달리 모세는 하나님의 말씀대로 행하지 않고 자기의 생각대로 행하였습니다. 모세가 지팡이를 잡고 가서 회중을 반석 앞에 모으기까지는 말씀대로 했습니다. 그러나 그는 하나님의 말씀에 더하여 시키지도 않은 일을 하였습니다.

"반역한 너희여 들으라 우리가 너희를 위하여 이 반석에서 물을 내랴."라고 하였습니다. 그리고는 반석을 명령하여 물을 내게 하라고 하셨는데 지팡이로 반석을 두 번을 쳐서 물이 나오게 하였습니다. 이는 모세가 하나님의 말씀에 더하여 백성들에게 화를 내고 자기를 앞세웠으며 또한 명령하여 물을 내라는 말씀을 버리고 지팡이로 반석을 쳤습니다. 모세는 반석을 명령하여 물을 내라는 말씀을 믿지 못한 것입니다. 첫 번째 사건 때에 반석을 쳐서 물을 내었으니 명령하는 것이 아니라 쳐야 되는 것만 알고 명령하여도 물이 나오는 것을 믿지 못한 것입니다. 그러므로 모세는 믿지 아니하고 이스라엘 자손들 목전에서 하나님의 거룩함을 나타내지 아니하므로 가나안 땅에 들어가지 못한 것입니다. 그러므로 하나님의 말씀은 더하거나 뺄 수 있는 것이 아닙니다. 하나님의 말씀은 하나님께서 그 백성들에게 하시고자 하시는 그 뜻대로 전달되어야 하며 또한 그 말씀 그대로 행하여야 하는 것입니다.

우리가 아무리 마음이 간절하여 하나님의 말씀을 행하여 지키고자 하여도 그 말씀에 더하거나 빼면 안 되는 것입니다. 이를 마음 깊이 생각하여 모세가 믿지 못하고 그 말씀대로 행하지 아니함으로 가나안 땅에 들어가지 못한 것을 늘 기억해야 할 것입니다.

모세가 탄생할 때의 상황
(출 2:1~10)

질문 : 모세가 태어날 때에는 이스라엘 민족에게 있어서 가장 비참한 상황이었습니다. 모세가 난 때는 이스라엘 여인에게서 아이가 태어나면 애굽의 바로 왕이 산파들에게 '아들을 낳으면 죽이라.'고 하는 시기를 지나 아들이 태어나면 다 나일 강에 빠뜨려 죽이라고 명령한 무시무시한 때였습니다. 왜 이렇게 위대한 지도자를 가장 위험한 시기에 태어나게 하셨습니까?

대답 : 모세가 태어날 때에 이스라엘은 가장 위험한 시기를 맞습니다. 모세가 애굽 왕궁에 들어간 후에는 아들을 죽이라는 명령이 취소된 것이 분명합니다. 왜냐하면 모세를 가장 위험한 시기에 태어나게 하신 이유가 모세를 애굽 왕궁에서 교육하시고자 하시는 하나님의 계획이 있었기 때문이라고 생각됩니다. 모세를 나일 강에 버리지 않았다면 노예의 아들이 어떻게 애굽 왕궁에 들어 갈 수 있었겠습니까? 모세는 천한 민족이었습니다(애굽 사람의 눈으로 보면). 천한 민족으로 태어난 모세를 애굽 왕궁에서 교육을 받게 하시기 위하여 어려운 환경을 주시고 모세가 애굽 왕궁에 들어간 후에는 그 어려운 환경은 취소된 것입니다. 왜냐하면 모세가 애굽 왕궁에 들어간 후에도 아들을 죽이라는 법이 그대로 있었다면 모세보다 나이가 적은 남자들이 없었을 것입니다. 그러나 모세보다 어린 사람들이 있었습니다. 그러므로 모세가 애굽 왕궁에 들어간 후에는 남자 아이를 죽이라는 법이 취소되었다고 보는 것이 옳은 것입니다.

이스라엘의 위대한 지도자 모세는 가장 열악한 상황 속에서 탄생합니다. 모세가 탄생할 때의 상황을 보면 요셉을 알지 못하는 왕이 일어나 애굽을 다스릴 때에 이스라엘 백성이 강성해지는 것을 보고 두려워하여 그들을 괴롭게 하여 국고성 비돔과 라암셋을 건축하게 하였으나 그들은 학대할수록 더욱 번성하므로 애굽 사람의 근심이 되었습니다. 애굽 왕이 이스라엘 사람을 노동으로 괴롭게 하는 것으로는 그들의 숫자를 줄일 수 없음을 알고 히브리 산파 십브라와 부아라는 사람을 시켜 낳은 아이가 아들이면 죽이도록 명령했습니다. 그러나 그 산파들이 아들을 살려 주었습니다. 그러므로 바로가 극단적인 조치를 취하여 이스라엘 백성들에게 명령하여 아들은 나일 강에 던지라고 명령하였습니다. 여기서 보면 히브리 산파들에게 아들을 죽이라고 명령할 때에 아론이 태어났다고 봐야 할 것입니다. 왜냐하면 아론은 그 어머니가 숨겨서 키웠다는 말이 없습니다. 아론은 모세보다 세 살이 많습니다. 아론이 태어날 때에 산파들에게 아들을 낳으면 죽이라고 하였다면 모세가 태어날 때에는 아들을 낳거든 나일 강에 던지라는 명령이 떨어지고 얼마 되지 않았다고 봐야 합니다. 그리고 모세가 태어나고 얼마 안 되어서 이스라엘 사람의 아들이 태어날 때 나일 강에 던지라는 법이 폐지되었을 것입니다. 왜냐하면 모세보다 어린 사람들이 있었으니까 말입니다. 만약 이스라엘 백성들에게 아들이 태어나면 나일 강에 던지라는 법이 계속 유지되었다면 모세보다 어린 남자들이 있을 수가 없습니다. 모세가 태어날 때에 그 아들을 나일 강에 버리라는 법은 매우 엄정하게 시행되었습니다(출 1:22). 이런 법이 엄정하게 시행되었다면 모세보다 어린 아이는 나일 강에다 던져지게 되었을 것입니다. 그러나 모세보다 나이 어린 사람들도 많이 있습니다. 그러므로 아들을 나일 강에 던지라는 법은 모세를 데려다 키운 공주에 의하여 폐지되었을 수도 있을 것입니다.

다른 것은 다 그만 두고 여기서는 '모세가 하필 왜 이 어려운 시기에 태어났느냐?'라고 하는 문제를 생각해 보고자 합니다. 하나님께서 모세를 그 백성들을 인도하여 가나안 땅에 이르게 하는 지도자로 택하여 세우시려고 예정하셨으면 좀 더 평안하고 안전한 시기에 태어나게 하셨어야 하지 않겠습니까? 그러나 이런 생각은 사람의 짧은 소견일 뿐입니다. 좀 더 깊이 생각하면 모세가 가장 열악한 시기에 태어난 것은 하나님의 깊으신 뜻이 숨어 있다고 생각합니다. 모세가 태어날 때에 그들의 부모들은 노예였습니다. 벽돌을 굽고 노동을 하는 학대받는 노예였을 뿐입니다. 그렇다면 모세가 태어날 때에 아들을 나일 강에 버리라는 법이 시행되지 않았다면 그는 노예의 아들로서 노예의 굴레에서 벗어날 수가 없었을 것입니다. 즉 그가 성인이 되어서는 벽돌이나 굽는 노예로 살아가야 했을 것입니다. 그러나 그가 태어날 때에 아들을 나일 강에 버리라는 법이 시행되었음으로 그는 나일 강에 버려졌고 그 일로 인하여 공주에게 발견되어 애굽의 왕궁에서 애굽의 온갖 좋은 학문을 익히게 되었던 것입니다. 그러므로 모세가 애굽의 왕궁에 들어가서 지도자로서의 학문과 자질을 배우기 위해서는 아들을 나일 강에 버리라는 법이 필요했던 것입니다. 이 악법으로 인하여 모세가 애굽 왕궁에 들어갔다는 것을 생각해야 합니다.

오늘날 우리는 더 편하게 더 좋은 환경을 원합니다. 그러나 어렵고 괴로운 환경에서도 하나님의 뜻이 이루어 질 수 있다는 것을 생각해야 합니다.

이러한 경우는 성경에서 얼마든지 보여 주십니다.

에스더서에서 보면 모르드개가 대궐 문을 지키는 자들이 반역하는 것을 고발하였으나 아무런 상도 받지 못했습니다. 아마 보통 사람들은 그러한 일에 불평을 하였을 것입니다. 그러나 모르드개가 그 때에 아무런 상도 받지 않았기 때문에 하만이 이스라엘 백성들을 죽이려 할 때에 그 사실을 왕이 알게 되므로 그의 원수 하만이 그 앞에서 굴욕을 당하게 되었습니다(에 6:1~14).

우리는 지금 당장 우리에게 상이 주어지지 않는다고 또 괴로움을 신원하시지 않는다고 불평할 것이 아니라 하나님께서 깊은 뜻을 드러내시고자 하는지 자세히 살피고 기다려야 할 것입니다. 하나님께서는 여러 모양으로 그 뜻을 나타내시고 그 상황을 통하여 하나님의 뜻을 이루어 나가십니다. 그러므로 우리에게 임하는 고통을 통하여서 하나님의 뜻을 이루시고자 하시는 때도 있다는 것을 생각하여 하나님의 뜻에 순종하는 지혜가 있어야 할 것입니다.

모세를 죽이시려고 하신 하나님 (출 4:24~26)?

질문 : 하나님께서 호렙 산 불꽃 가운데서 모세를 부르셔서 애굽 땅에 있는 이스라엘 백성들을 인도하라고 하셨습니다. 그런데 어떻게 하나님께서 애굽으로 향하는 모세를 숙소에서 죽이려고 하셨나요?

대답 : 하나님은 거룩하신 분이십니다. 그러므로 하나님께서는 죄를 가장 싫어하십니다. 이는 하나님께서 그 명령을 거역하는 자를 향하여 진노하시는 분이시라는 것입니다. 하나님의 부르심을 받고 애굽 땅을 향하여 가는 모세를 숙소에서 죽이려고 하시는 하나님께서는 그의 죄를 추궁하시는 것입니다. 그 죄는 그의 아들에게 할례를 행하지 않은 것입니다. 하나님께서 할례를 처음 시행할 것을 명하시면서 아브라함의 후손이 지킬 언약이라고 하셨습니다(창 17:10). 할례는 남아의 생식기의 포피를 베는 것으로 이는 언약의 표징이라고 하셨습니다(창 17:11). 만약 할례를 받지 않으면 하나님의 언약을 배반하는 것이기 때문에 그 백성 중에서 끊어진다고 하셨습니다(창 17:14). 그러므로 하나님께서 모세의 가정에 할례 받지 않은 죄를 없게 하시기 위하여 죽이려고 하셨던 것입니다.

하나님께서 모세를 호렙 산 불꽃 가운데서 부르시고, 애굽에 있는 그 백성들의 고통을 돌아보셨습니다(출 3:7). 이스라엘의 자손의 부르짖음을 들으시고, 그들이 학대당하는 것도 보셨습니다(출 3:9). 하나님께서 그 백성들을 바로의 치하에서 건져내어 아브라함에게 언약하신 가나안 땅으로 인도하시려고 하실 때에(출 3:8) 모세를 택하셔서 하나님의 백성들을 "애굽에서 인도하여 내게 하리라"(출 3:10)고 하셨습니다. 하나님께서 모세에게 사명을 주실 때에 '내가 너와 반드시 함께하리라.'(출 3:12)고 하셨습니다. 그리고 거절하는 모세에게 여호와께서 노하시며 그 형 아론의 마음에 모세를 기뻐하는 마음을 주시겠다고 약속하셨습니다(출 4:14). 하나님께서 뱀으로 변했던 그 지팡이로 이적을 행하라고 하시면서 모세를 보내셨습니다(출 4:17).

이렇게 모세는 하나님의 말씀을 따라 그의 장인 이드로에게 작별 인사를 하고, 그의 아내 십보라와 자식들과 함께 떠나 숙소에 들어가 있을 때에 여호와께서 그를 죽이려 하셨다고 하였습니다(출 4:24). 하나님께서 자신의 계획을 이루시려고 택한 모세에게 노하시기까지 하시면서 애굽으로 보내셨는데 어떻게 하나님의 뜻을 따라 가는 모세를 죽이려고 하셨는가를 생각하면 이해가 안 됩니다. 기껏 일꾼을 세워 놓으시고 사역지에 도착하기 전에 죽이려 하시는 하나님을 이해할 수 있겠습니까? 좁은 마음을 가진 인간으로서는 이해할 수가 없습니다. 그러나 하나님께서는 거룩하신 분이십니다. 그러므로 성경은 말합니다. "내가 거룩하니 너희도 거룩하라."(레11:45, 벧전 1:16)고 하십니다. 거룩하신 하나님의 일꾼은 반드시 거룩해야 하는 것입니다. 거룩하신 하나님을 섬기는 일꾼이 거룩하지 아니하면 거룩하신 하나님 앞에 설 수가 없습니다.

이사야는 거룩하신 하나님을 뵈옵고 망하게 되었다고 탄식합니다(사 6:5). 사사기 시대에 삼손의 아버지 마노아도 하나님을 보고 자신은 반드시 죽을 것이라고 고백합니다(삿 13:22). 이렇게 거룩하신 하나님 앞에 거룩하지 않은 자는 설 수가 없습니다. 그러므로 하나님께서 모세를 숙소에서 죽이려 하심은 모세가 하나님의 사역자로 부르심을 입었으나 하나님의 말씀을 시행하지 않은 것이 있었다는 것입니다. 하나님께서 아브라함을 불러 그의 백성의 조상이 되게 하실 때에 그와 세운 언약이 무엇입니까? 할례입니다. 할례 받지 않은 자는 하나님의 백성이 될 수 없습니다. 하나님께서 할례로 백성들과의 언약을 세우시고 그 증표로 육체에 표시를 하게 하셨던 것입니다(창 17:10~14).

그 백성들에게 언약하신 하나님께서 모세가 그 아들에게 할례를 행하지 않고 있으니 죽이려 하신 것입니다. 하나님의 백성들을 가나안 땅으로 인도하는 것이 모세의 사명입니다. 그런데 지도자가 될 모세가 자기의 아들을 그 백성에게 끊어져야 할 무할례자로 만들었으니 얼마나 부당한 일입니까? 하나님께서 모세를 부르실 때에 내 백성을 인도하라고 하십니다(출 3:7, 10). 그러므로 하나님께서는 그 백성을 위한 지도자에게 악을 제하시기를 바라셨던 것입니다. 모세가 그 아들에게 할례를 행하지 않은 것은 그 아내 십보라의 반대로 인한 것인지도 모릅니다. 왜냐하면 하나님께서 모세를 만나 죽이려 하시니 그 아내 십보라가 그 아들의 포피를 베어 그의 발에 갖다 대며 "피 남편"(출 4:25)이라고 원망합니다. 할례는 포피를 베어 피를 흘리게 됨으로 고통이 따르게 됩니다. 그러므로 할례의 의미를 모르는 십보라가 반대하였겠지요. 죽어가는 모세를 보고 결국 십보라는 그 아들에게 할례를 행하니 하나님께서 모세를 놓아 주셨습니다(출 4:26).

오늘날도 지도자는 하나님 앞에서 그 말씀을 시행하는 신실함을 보여야 합니다. 하나님의 일꾼들이 말씀을 제쳐두고 구제하는 일로 번거로워질 때에 사도들은 결단을 내려서 일곱 집사를 세워 그 일을 맡기고 자기들은 기도하는 일과 말씀 전하는 사역에 전혀 힘쓰겠다고 합니다(행 6:1~6). 이는 하나님의 부르심을 입은 일꾼들의 마땅한 마음가짐입니다. 하나님의 일꾼으로 부르심을 입은 자들이 하나님의 말씀에 온전치 못하면 모세까지도 죽이려 하신 하나님께서 지금도 노하실 것입니다.

그러므로 여호수아를 보세요. 모세의 뒤를 이어 이스라엘 백성들의 지도자가 된 여호수아는 그 백성들을 이끌고 요단강을 마른 땅을 지나는 것같이 건넌 후에 그는 길갈에 그 기념 돌탑을 쌓은 후에 맨 처음 한 일은 그 백성들에게 할례를 행하는 일이었습니다(수 5:2~5). 여호수아는 이제 막 지도자가 되어 요단강을 건넌 후에 그 백성들을 정돈하여 가나안 땅을 정복하려는 계획을 세워서 앞으로 가야 하는데 이 막중한 사명을 앞에 놓고 그 백성들에게 할례부터 행했습니다. 그 만큼 하나님의 말씀을 시행하는 것이 시급한 일이기 때문인 것입니다. 하나님의 백성들이 하나님의 땅 즉 그 조상 아브라함에게 약속하신 젖과 꿀이 흐르는 약속의 땅에서 한시라도 하나님의 말씀을 거역하는 자가 될 수는 없었던 것입니다. 하나님의 일을 위하여 선택 받은 하나님의 일꾼들은 모세를 죽이려 하시는 하나님을 보아야 합니다. 하나님께서는 하나님의 일꾼들이 하나님 앞에서 하나님의 법을 지켜 행하시기를 바라고 계십니다.

주님의 산상보훈의 말미에 주신 교훈이 무엇입니까? 이는 "나더러 주여! 주여! 하는 자가 다 천국에 들어 갈 것이 아니요 하늘에 계신 아버지의 뜻대로 행하는 자들이 들어간다."(마 7:21)고 하십니다. 불법을 행하는 자들의 소리를 들어 보세요 "주여! 주여! 우리가 주의 이름으로 선지자 노릇하며 주의 이름으로 귀신을 쫓아내며 주의 이름으로 많은 권능을 행하지 아니하였나이까?"(마 7:22)라고 하였습니다. 이들은 주의 이름으로 많은 일을 하였을 것입니다. 주님 앞에서 선지자 노릇하였다고 당당하게 말하는 이들은 말씀을 전하고 귀신을 쫓아내기를 많이 했으며 권능을 보여 존경도 받았을 것입니다. 그러나 그들에게 하신 주님의 말씀은 무엇입니까? "내가 너희를 도무지 알지 못하니 불법을 행하는 자들아 내게서 떠나가라."(마 7:23)고 하십니다. 오늘날 말씀을 맡은 일꾼들은 많은 일을 하는 것도 중요하지만 법을 지켜 행하는 것이 더 중요합니다. 모세를 숙소에서 죽이려 하신 하나님께서 오늘날 법을 지키지 않는 일꾼을 기뻐하시겠습니까?

"사람이 마땅히 우리를 그리스도의 일꾼이요 하나님의 비밀을 맡은 자로 여길지어다 그리고 맡은 자들에게 구할 것은 충성이니라."(고전 4:1~2)고 하신 말씀을 기억합시다.

문명은 왜 저주 받은 민족으로부터 시작되는가?

(창 4:19~22)

질문 : 하나님께서 그의 사랑하는 사람들에게 복을 주십니다. 그런데 왜 성경은 하나님께 버림받은 백성들이 문명을 더 발전시켰다고 증언합니까?

대답 : 그렇습니다. 하나님께 버림받은 백성들로부터 문명이 발전되어 왔습니다. 가인에 의하여 성을 쌓게 되었고, 가인의 후손 라멕의 아들들에게서 문명의 조상들이 나왔습니다(창 4:19~22). 또한 노아의 둘째아들 함의 자손 니므롯에 의하여 세상의 첫 나라가 세워집니다(창 10:8~12). 이렇게 버림받은 백성들로부터 문명이 더 발전되는 이유가 있습니다. 그 이유는 하나님의 사랑을 받는 사람들은 하나님으로 방패를 삼고 있기 때문에 자기들이 자기를 보호할 필요가 없습니다. 하나님의 보호를 받으니까요. 그러나 하나님으로부터 버림을 받은 백성들은 하나님의 보호막이 없으므로 자기들이 자기의 보호막을 만들었습니다. 이것이 문명입니다. 그러므로 버림받은 백성들로부터 문명이 발전될 수밖에 없는 것입니다.

세상의 문명은 인간이 타락한 후에 시작됩니다. 세상에서 처음으로 성을 쌓은 사람은 가인입니다. 그는 그 동생을 죽이고 그 벌로 유리하는 자가 되어 놋 땅에 거주하는데 거기서 처음으로 성을 쌓아 그 이름을 "에녹"이라고 하였습니다(창 4:16~17). 가인이 죽인 아벨을 대신하여 주신 셋은 성은 쌓지 않고 여호와의 이름을 불렀습니다(창 4:26). 그리고 가인의 후손을 보면 라멕이라는 사람이 나옵니다. 이 라멕의 아내는 둘인데 하나의 이름이 아다요 그 다음이 씰라인데 아다의 아들은 야발과 유발입니다. 씰라는 두발가인과 나아마를 낳았습니다. 이들은 문명의 조상들이 되었습니다. 야발은 장막에 거주하며 가축을 치는 자의 조상이 되었고, 유발은 수금과 퉁소를 잡는 자의 조상이 되었고, 두발가인은 구리와 쇠로 여러 가지 기구를 만드는 자였습니다. 라멕의 아들들 뿐 아니라 그 자신도 전쟁에 능한 사람이었습니다. 그는 말하기를 "가인을 위하여는 벌이 칠 배일진대 라멕을 위하여는 벌이 칠십 칠 배이리로다 하였더라."(창 4:24)고 하였습니다. 이는 그가 전쟁에 능하여 많은 사람을 죽였다는 것을 말하는 것입니다.

처음부터 버림받은 사람이 문명을 발달시켜 그 이름을 날렸습니다. 그리고 홍수 후에도 문명은 저주받은 함의 자손으로부터 더욱 발전됩니다.

노아가 방주에서 나와 농사를 짓기 시작할 때에 그는 포도주를 마시고 취하여 장막에서 벌거벗은 몸으로 잠을 잤습니다. 노아가 잠을 잘 때에 가나안의 아비 함이 그 아비의 하체를 본고로 노아가 술이 깨어나서 그 아들 함이 한 일을 알고 그를 저주합니다. "가나안은 저주를 받아 그의 형제의 종들의 종이 되기를 원하노라"(창 9:25)고 하였습니다. 이 저주받은 함의 족속, 즉 가나안 후손 중에 니므롯이 나옵니다. 함의 손자 니므롯은 이 세상에서 처음으로 나라를 세운 사람입니다(창 10:6~12). 니므롯은 특이한 사냥꾼으로 나라를 세웠는데 그 나라는 큰 나라가 되었습니다(창 10:10~12).

이렇게 살펴본 대로 버림받은 자의 후손들이 문명의 조상이 되었고 아비의 부끄러움을 드러낸 아들로 저주를 받은 사람의 자손이 제일 처음으로 나라를 세워 큰 나라를 이루었습니다.

왜 이렇게 죄악 된 자손들이 문명을 더 발전시킬 수가 있었겠습니까? 이는 분명히 이유가 있습니다. 하나님의 백성들은 하나님께서 요새가 되시고 피난처가 되십니다. 그러므로 그들은 그 어떤 방패막이를 자신들이 만들 필요가 없었습니다. 그러나 하나님 앞에서 쫓겨난 가인과 그 후손들은 하나님의 방패막이가 없어져 버렸습니다. 그러므로 그들은 스스로 그들의 방패막이를 만들어야 했습니다. "필요는 발명의 어머니"라고 합니다. 가인의 후손들은 그들이 하나님 앞에서 쫓겨나 유리하는 자가 되었을 때에 그들을 보호할 어떤 안전장치도 없었습니다. 그러므로 그들은 스스로 성을 쌓고 각종 기구를 만들고 가축을 치는 일을 한 것입니다. 그들은 하나님 앞에서 쫓겨났기 때문에 즐거움이 없었습니다. 그들에게 즐거움이 없으니 그들 스스로 즐거움을 찾기 위하여 수금과 퉁소를 만들어 즐겼을 것입니다.

함의 자손도 마찬가지입니다. 함이 그의 아비 노아에게 저주를 받았습니다. 그러므로 그들이 스스로 자신을 높이기 위하여 나라를 세워 권세를 누리게 된 것입니다.

이는 다 하나님의 보호막이 없어짐으로 스스로 자신을 위하여 보호막을 만든 것입니다. 이것이 세상의 물질문명인 것입니다.

이를 보고 오늘을 사는 우리들 즉 하나님을 믿는 하나님의 자녀들은 두려워하지 않습니다. 왜냐하면 하나님이 친히 방패가 되어 주시기 때문입니다. 그러므로 성경은 증언합니다.

"너는 범사에 그를 인정하라 그리하면 네 길을 지도하시리라."(잠 3:6)

"너의 행사를 여호와께 맡기라 그리하면 네가 경영하는 것이 이루어지리라."(잠 16:3)

"여호와 앞에 잠잠하고 참고 기다리라 자기 길이 형통하며 악한 꾀를 이루는 자 때문에 불평하지 말지어다."(시 37:7)

하나님께 버림받은 사람들은 스스로 자기들의 방패막이를 만들지 않으면 안 되기 때문에 이 세상에서는 더 많은 것을 소유하고 살게 되는 것입니다. 그러나 하나님의 백성들은 하나님께서 친히 방패가 되시니 스스로 방패를 만들지 않아도 됩니다. 그러므로 악한 꾀를 이루는 자들로 인하여 불평하지 말고 잠잠히 여호와 하나님만 바라보는 삶이 되어야 할 것입니다. 세상은 문명이 발전되어 살기 좋은 세상이라고 하지만 문제도 많고 괴로움만 늘어 갈 뿐입니다. 이는 물질문명이 발전될수록 하나님을 떠나 자기들의 힘으로 살 수 있다고 생각하기 때문입니다.

오늘날 치안과 교육은 고도로 발달되었습니다. 치안은 고도로 발전하여 살인자는 오랜 시간이 흘러도 찾아냅니다. 범죄자는 반드시 찾아내고야 맙니다. 그럼에도 불구하고 범죄는 날로 늘어가고 사람들은 더욱 흉악해져 갑니다. 이는 물질문명이 발달되면 하나님을 의지하는 믿음에서 멀어지기 때문입니다. 사람의 노력으로는 범죄를 막을 수 없습니다. 그러므로 세상에 하나님의 말씀이 왕성하여 하나님의 통치가 이루어지는 하나님의 나라가 확장되기를 바랍니다. 우리 하나님의 사람들은 이 세상을 의지하기 보다는 하나님을 의지하고 행복을 누리는 삶을 살아야 할 것입니다.

믿음과 행위의 관계?
(롬 1:17, 약 2:22~26)

질문 : 어떤 사람들은 오직 믿음으로 구원을 얻는다고 합니다. 그리고 어떤 사람들은 믿음으로만이 아니라 행함이 있어야 된다고 합니다. 믿음과 행함의 관계는 어떻게 됩니까?

대답 : 우리는 오직 믿음으로 구원을 얻습니다. 구원은 믿음 외에 어떤 것도 요구하지 않습니다. 그러나 야고보서에는 행함이 없는 믿음은 죽은 것이라고 하였습니다. 이 말씀은 믿음으로 구원 얻은 사람이 믿음을 생활에서 보여주어야 한다는 것을 말씀하신 것입니다. 마치 어린 아이가 어머니의 태 속에 있을 때는 어머니의 몸에서 모든 것을 공급 받습니다. 그러나 태어나서 성장하기 시작하면 그 때부터는 자기가 스스로 활동하지 않으면 안 되는 것과 같습니다. 믿음으로 구원 얻은 사람은 하나님의 백성으로서 하늘나라의 윤리를 따라 살아야 합니다. 하나님의 백성으로서 하늘나라의 법을 따르지 않으면 그는 정상적인 하나님의 백성이라고 할 수 없습니다. 그러므로 믿음으로 구원을 얻고 행위로 믿음이 온전해지는 것입니다.

바울 사도는 오직 믿음으로 의롭게 된다고 하였습니다. 그래서 "오직 의인은 믿음으로 말미암아 살리라"(롬 1:17)고 하였고, "사람이 의롭다 하심을 얻는 것은 율법의 행위에 있지 않고 믿음으로 되는 줄 우리가 인정하노라."(롬 3:28)고 하였습니다. 그리고 더 나아가서 "우리가 믿음으로 의롭다 하심을 받았으니 우리 주 예수 그리스도로 말미암아 하나님과 화평을 누리자."(롬 5:1)라고 하여 하나님과의 화목은 믿음으로 의롭다함을 얻었기에 가능하다고 하였습니다. 바울 사도는 "율법의 행위로서는 의롭다 함을 얻을 육체가 없느니라."(갈 2:16)고 선언합니다.

"그러므로 믿음으로 말미암은 자들이 아브라함의 자손인 줄 알지어다."(갈 3:7)라고 하였습니다. 이 믿음으로 말미암아 예수 안에서 하나님의 아들이 된다고 하였습니다. 바울 사도가 가장 강조하는 것이 "믿음으로 의롭다함을 얻는다."는 것입니다. 즉 구원은 오직 믿음으로 얻는 것이지 그 어떤 것으로 대신 할 수가 없다는 것입니다. 우리가 행위로서 의에 이를 수 없으며 돈으로도 살 수 없는 것입니다. 왜냐하면 "생명을 속량하는 값이 너무 엄청나서 영원히 마련하지 못할 것임이니라."(시 49:6~8)고 하여 돈으로 구원 얻을 자가 없음을 선언합니다. 그러므로 우리가 구원 얻는 것은 오직 믿음 외에 어떤 것도 요구하지 않으시는 것입니다. 이는 바울사도뿐 아니라 히브리서에도 "나의 의인은 믿음으로 말미암아 살리라."(히 10:38)고 하여 믿음으로 구원 얻는 것을 증언합니다.

그런데 문제는 야고보서의 증언입니다. "내 형제들아 만일 사람이 믿음이 있노라 하고 행함이 없으면 무슨 유익이 있으리요."(약 2:14)라고 하였고, "아아 허탄한 사람아 행함이 없는 믿음이 헛것인 줄을 알고자 하느냐."(약 2:20)라고 하였고, "영혼 없는 몸이 죽은 것 같이 행함이 없는 믿음은 죽은 것이니라."(약 2:26)고 하여 믿음이 아니라 마치 행함으로 구원 얻는 것 같은 인상을 받습니다. 특히 "이로 보건대 사람이 행함으로 의롭다 하심을 받고 믿음으로만은 아니니라."(약 2:24)고 하는 말은 의롭다 하심을 받는 것이 믿음으로만이 아니라 행함도 함께 있어야 구원 얻는다는 것을 말하는 것 같습니다. 그러나 성경이 서로 상충되는 것을 증언할리가 없습니다. 이는 성경을 더 깊이 살펴보면 믿음으로 구원을 얻는 것이 맞습니다. 즉 믿음으로 하나님의 아들이 되고, 믿음으로 하나님이 우리 하나님이 되시고 우리는 그의 백성이 되는 것입니다. 행함은 믿음으로 하나님의 백성이 된 사람들이 하나님의 말씀을 따라 살게 되는 것을 말하는 것입니다. 하나님의 백성이 하나님의 말씀을 따라 살지 않는 것은 아직 믿음으로 구원을 얻지 못한 사람이라고 생각됩니다.

야고보서를 보면 "내 형제들아 영광의 주 곧 우리 주 예수 그리스도에 대한 믿음을 너희가 가졌으니 사람을 차별하여 대하지 말라."(약 2:1)고 하여 믿음으로 구원 얻는 것을 말합니다. 그런 후에 믿음을 가진 사람이 사람을 차별하지 말라고 합니다. 사람을 차별하는 것은 "네 이웃을 네 몸과 같이 사랑하라."고 한 최고의 법을 어기는 것이니 온 율법을 다 범하는 것이라고 했습니다(약 2:2~18). 하나님께서 "네 이웃을 네 몸과 같이 사랑하라."고 하셨는데 배고픈 사람을 만나도 먹을 것을 주지 않고 말로만 "배부르게 하라."고 한다면 이는 사랑하는 행위가 아니라는 것입니다. 그러므로 믿음으로 의롭다 하심을 얻는 사람은 그 속에 성령님의 지시함을 받기 때문에 자연히 하나님의 말씀을 지키게 된다는 것입니다.

그러므로 행함이 없는 사람은 아직 구원을 얻지 못한 사람으로 그 속에 성령의 역사가 없는 사람인 것입니다. 그리고 사도 바울도 행함을 강조하지 않은 것이 아닙니다. 바울은 '죄 짓는 사람을 도무지 사귀지 말라함은 아니다. 만약 죄 짓는 자를 도무지 사귀지 않으려면 세상 밖으로 나가야 한다.'(고전 5:10)라고 하였습니다. 또한 "어떤 형제라 일컫는 자가 음행하거나 탐욕을 부리거나 우상 숭배를 하거나 모욕하거나 술

취하거나 속여 빼앗거든 사귀지도 말고 그런 자와는 함께 먹지도 말라 함이라."(고전 5:11)고 합니다. 이는 형제라 하면서 하나님의 말씀을 지키지 않는 사람을 "너희 중에서 내 쫓으라"(고전 5:9~13)고 하신 것입니다. 이는 바울 사도도 야고보와 같이 행함이 없는 믿음의 사람을 꾸짖는 것입니다.

결론적으로 정리하면 믿음으로 구원을 얻은 하나님의 백성들은 하나님의 말씀을 지키며 살아야 합니다. 그러므로 바울과 야고보의 증언이 서로 다른 것이 아니라 똑같은 내용입니다. 야고보도 믿음으로 말미암아 구원 얻는 것을 부인하는 것이 아닙니다. "내 형제들아 영광의 주 곧 우리 주 예수 그리스도에 대한 믿음을 너희가 가졌으니 사람을 차별하여 대하지 말라"(약 2:1)고 하여 믿음으로 구원 얻는 것을 부인하지 않습니다. 이 말씀을 한 후에 믿는 사람은 행함이 있어야 진정한 믿음의 사람이라고 설명하는 것입니다. 그러므로 오직 믿음으로 구원함을 얻는 것은 어떤 것으로도 대신 할 수 없습니다. 믿음을 얻은 후에 그는 하나님의 사람으로서 하나님의 법을 지켜나가야 하는 것입니다. 즉 신앙생활을 해야 하는 것입니다. 이 신앙생활이 없는 사람은 죽은 믿음을 가진 자인 것입니다.

우리가 믿음과 행위를 다른 것으로 보기 때문에 오해할 때가 있습니다. 믿음과 행위는 하나입니다. 믿음으로 의롭다 하시는 은혜를 입은 사람은 믿음의 생활을 하게 되는 것입니다. 이는 사람이 그 자식을 낳으면 그 자식이 태어난 순간부터 행동을 하게 되는 것입니다. 사람이 자식을 낳았는데 아무런 움직임이 없다면 이는 죽은 아이임이 분명한 것입니다. 사람이 자식을 낳으면 그 아이는 숨도 쉬고 울기도 하고 먹을 것을 몸짓으로 찾기도 합니다. 그러나 낳은 아이가 움직이지도 않고 숨도 쉬지 않고 먹을 것을 먹지 못하면 이는 죽은 아이입니다. 그러므로 믿음과 행위는 둘이 아니라 하나인 것입니다. 이는 예수님의 말씀에 잘 나타나 있습니다.

"수고하고 무거운 짐 진 자들아 다 내게로 오라 내가 너희를 쉬게 하리라."(마 11:28)

"나는 마음이 온유하고 겸손하니 나의 멍에를 메고 내게 배우라 그리하면 너희 마음이 쉼을 얻으리니 이는 내 멍에는 쉽고 내 짐은 가벼움이라 하시니라."(마 11:29,30)

이 말씀은 예수님께 나아가는 사람은 구원을 얻게 됩니다. 그러므로 구원받은 사람은 예수님의 멍에를 메고 예수님께 배워야 하는 것입니다. 여기서 예수님께 나아가는 사람은 믿음이 있는 사람입니다. 믿음이 있는 사람은 예수님께 나아가서 그분의 멍에를 메야 하는 것입니다. 이는 믿음으로 구원을 얻은 사람이 예수님 앞에서 그분의 말씀을 지켜 행하는 것을 말합니다.

그러므로 믿음과 행위는 둘이 아니라 하나이기 때문에 믿음이 있는 사람은 행함이 반드시 따르게 되는 것입니다.

로마서에서는 믿음만 강조하는 것이 아니라 행함도 얼마나 강조합니까? 그리고 야고보서도 행함만 강조하는 것이 아니라 믿음도 강조하는 것입니다. 야고보는 말합니다.

"네가 보거니와 믿음이 그의 행함과 함께 일하고 행함으로 믿음이 온전하게 되었느니라."(약 2:22)

이는 믿음과 행함이 둘이 아니라 하나라고 하는 것입니다. 믿음이 있는 사람은 행함이 함께 있을 때에 온전하게 되는 것입니다. 그러므로 성경은 전체로서 통일을 이루는 것입니다. 로마서는 믿음으로 구원을 얻는다는 것을 설명하고 행하라고 하는 것이요 야고보서는 믿는 사람의 신앙생활을 강조하는 것입니다. 믿음과 행함은 하나라는 것을 생각하여 반드시 믿음생활이 온전해지기를 바랍니다.

바리새인이 책망을 받은 이유 ?

질문 : 예수님 당시에 이스라엘 백성들 중에 종교적 분파가 셋이 있었는데 이는 사두개파와 에세네파와 바리새파였습니다. 사두개파는 천사도 부활도 믿지 않는 현실주의자들이었습니다. 그리고 에세네파는 이 세상을 완전히 등지고 은둔생활을 하는 사람들이었습니다. 그리고 바리새파는 종교적으로 열심이 있는 사람들이었습니다. 이 중에서 바리새파가 가장 종교적으로 철저하게 말씀을 지킨 분파였다고 합니다. 그런데 이 바리새파가 가장 많은 책망을 들었습니다. 그 이유가 무엇입니까?

대답 : 바리새인들이 책망을 받은 것은 그들이 하나님의 말씀을 행함에 있어서 하나님의 뜻은 생각지 않고 종교적 외식함에 빠졌기 때문입니다. 즉 그들은 하나님의 뜻을 행하기보다 장로들의 유전을 행하며 내용보다는 형식에 치우쳐 하나님의 뜻을 저버렸기 때문입니다.

(바리새인들이 예수님께 책망을 받은 이유는 외식함 때문입니다. 외식함이라 함은 어떻게 하는 것을 말합니까?)

예수님께서 바리새인들을 매우 심하게 책망을 하셨습니다. 그 이유가 무엇입니까? 예수님이 세상에 계실 때에 그의 나라 이스라엘에는 종교적으로 세 종류의 파가 있었습니다. 바리새파가 있고, 사두개파가 있고, 에세네파가 있습니다. 그 중에서 바리새파가 가장 정통을 자랑하는 건전한 종파였습니다. 사두개파는 세속주의로서 저 세상을 믿지 않음으로 천사도 부활도 믿지 않았습니다(마 22:23, 막 12:18, 눅 20:27). 그들은 오직 이 세상에서 성공하기를 바라는 현실파입니다. 이들에게 종교적으로 기대할 수 있는 것은 아무것도 없었습니다. 그리고 에세네파는 현실 도피생활을 하여 광야에서 숨어서 사는 사람들이었습니다. 세례 요한이 이 파에 속하였다고 합니다. 그렇다면 진리에 가장 가까운 사람들이 바리새파인들인데 왜 예수님이 이들을 가장 많이 꾸짖었습니까?

바리새인들이 꾸중을 들은 이유가 무엇입니까? 이는 그들이 외식하였기 때문입니다. 외식한다는 것은 그 내용은 실종되고 그 형식만 남은 것을 말합니다. 하나님께서는 마음을 감찰하시는 분이십니다(대상 29:17, 잠 21:2). 하나님은 사람을 외모로 보시지 않으시고(신 10:17, 16:19, 롬 2:11) 그 중심을 보시는 분이십니다. 그러므로 "너는 마음을 다하고 뜻을 다하고 힘을 다하여 네 하나님 여호와를 사랑하라."(신 6:5)고 하시는 것입니다. 사람이 아무리 겉으로 잘하는 것같이 보여도 하나님은 그 마음을 감찰하시기 때문에 하나님을 속일 수는 없는 것입니다. 바리새인들은 작심하고 하나님께 잘못하겠다고 한 것은 아닐 것입니다. 바울 사도의 증언을 들어보면 자기는 자기 동족 중에 유대교를 지나치게 믿었다고 하였습니다. 유대민족은 하나님의 말씀을 지켜 행하지 않음으로 나라가 멸망하였고 70년 동안 바벨론에서의 포로생활의 고통을 뼈저리게 체험했습니다. 그러므로 그들은 하나님의 말씀을 어떻게 잘 행할까 하여 여러 법을 규명하였습니다. 이것이 장로들의 유전이었던 것입니다. 바리새인들은 이 장로들의 유전을 지키는 것이 하나님을 잘 믿는 것이라고 생각한 것입니다.

바리새인들이 하나님을 잘 섬기겠다는 마음은 대단한 것이었습니다. 그런데 왜 예수님은 그들을 책망하셨습니까? 이는 그들이 하나님의 법을 지킴에 있어서 그 법의 정신은 잃어버리고 그 형식만 지키는 자가 되었던 것입니다. 예수님께서 이 세상에 오신 것은 율법을 폐하려 오신 것이 아니라 완전하게 하시기 위하여 오셨다고 말씀하셨습니다(마 5:17). 마태복음 5장 17~48에서 '살인하지 말라' '간음하지 말라' '도둑질하지 말라' 등등의 십계명은 하나님을 사랑하고 이웃을 사랑하기 위하여 주어진 것입니다. 그러므로 예수님께서는 하나님을 사랑하는 것이 첫째 되는 계명이요 이웃 사랑하는 것이 둘째 되는 계명으로서 이 두 계명이 율법과 선지자가 가르치는 모든 것이라고 하셨습니다(마 22:37~40). 바울 사도도 온 율법은 이웃 사랑하기를 네 자신같이 하라는 말씀에 다 포함되었다고 하였습니다(갈 5:14, 롬 13:8). 실제 하나님의 율법은 하나님의 뜻을 따라 이웃을 사랑하라는 말씀으로 모든 계명이 포함된다는 것입니다.

그렇다면 바리새인들의 잘못이 드러납니다. 바리새인들은 하나님이 주신 율법을 어떻게 지키는 것이 합당한가를 놓고 많은 연구를 하였습니다. 그러나 하나님께서 이 법을 주신 이유가 이웃을 사랑하라는 말씀임을 알지 못한 것입니다. 그러므로 바리새인들은 기도할 때에 이웃을 위하는 것보다는 자기들의 이익을 위하여 즉 사람들에게 기도를 많이 하는 사람이란 소리를 듣고 싶어서 사람들이 많이 보는데서 기도하였고 사람에게 칭찬을 듣기 위하여 많은 사람들이 보는 앞에서 구제하였습니다. 하나님의 뜻은 사람들에게 칭찬을 받기 위해서 하지 말고 골방에서 기도하고 오른 손이 하는 것을 왼 손이 모르게 하라고 하셨습니다. 사람이 하나님의 뜻은 생각지 않고 사람에게 보이기 위하여 행하는 외식이 얼마나 나쁜가를 생각해야 할 것입니다.

바리새인들이 하나님에 대한 열심히 없어서 책망 받은 것이 아니라 하나님의 뜻을 행하지 않고 외식하였기 때문에 책망을 받은 것입니다.

우리들은 바리새인들이 왜 책망을 받았는가를 생각해 봤습니다. 그러므로 우리들도 하나님의 책망을 받지 않도록 외식하는 자가 되지 말고 하나님의 말씀을 지켜 행하는 사람이 되어야 합니다.

덧붙여 말씀드리면 외식함은 하나님의 영광을 위하여 하는 것임을 잊어버리고 자기 자신을 위하여 일하는 것을 말합니다. 바리새인들은 자기가 하는 일이 하나님의 영광을 위하는 것보다는 자기들이 유대백성으로서 잘 살기위하여 열심을 낸 것입니다. 모든 하나님의 말씀은 하나님의 영광을 위하여 해야 합니다. 그러므로 사도들은 자기의 영광을 구하지 않고 하나님의 영광을 위하여 자기 목숨을 내어 놓았던 것입니다. 그러므로 그들은 순교의 고통을 피하지 않고 하나님의 나라를 전파하였던 것입니다.

추가로 바리새파가 생겨난 배경을 보겠습니다.

하나님의 본 자손인 이스라엘 민족들은 그들이 하나님의 말씀을 버리고 우상을 섬기는 죄로 인하여 나라가 망하고 그들은 포로가 되어 바벨론으로 옮겨가서 고통의 세월을 보냈습니다(시 137:1~9). 그들은 하나님의 특별하신 섭리로 인하여 70년 만에 고토로 돌아오게 되었습니다. 그때에 에스라, 느헤미야, 학개, 스가랴 등등 지도자들이 하나님의 말씀을 지키도록 지도하였습니다. 그 후 말라기서를 마지막으로 하나님의 말씀은 더 이상 임하지 않았습니다. 그러므로 이스라엘 민족들은 하나님의 말씀을 지켜 행하는 것이야말로 자기들이 사는 길인 것은 알고 있었습니다. 그러므로 그들은 하나님의 말씀을 연구하여 어떻게 하면 하나님의 말씀을 철저하게 지킬까 하고 굳은 마음을 먹은 것입니다. 그래서 십계명 중 제4계명인 안식일도 어떻게 지키는 것이 합당할까 고심하며 여러 가지 법을 만들게 된 것입니다. '노동하지 말라'는 말씀을 '어떻게 하는 것이 잘 지키는 것인가'라는 물음에 답하기 위하여 안식일 날 얼마만한 무게의 물건을 들면 되는가? 몇 미터를 걸어야 하는가? 하는 물음에 답을 해야 했던 것입니다. 그렇게 생겨난 법이 '미쉬나'라는 책에 기록되었고, 이것이 장로들의 유전이 된 것입니다. 이렇게 철저히 하나님의 말씀을 지키겠다고 만든 법이 어떻게 그들에게 올무가 되는 법이 되었습니까? 이는 성령 하나님의 지도하심을 받지 못하고 자기들이 하나님의 말씀을 이루려고 하였기 때문에 말씀을 오해한 것입니다. 사람들은 자기가 가는 길을 알지 못합니다. 왜냐하면 하나님이 그 걸음을 인도하시기 때문입니다.

"사람의 걸음은 여호와로 말미암나니 사람이 어찌 자기의 길을 알 수 있으랴"(잠 20:24).

사람은 하나님이 원하시는 길을 알지 못합니다. 자기가 가는 길이 불합리하고 잘못된 것 같지만 하나님 보시기에는 옳은 것이 있습니다. 그러므로 성경은 증언합니다.

"어떤 길은 사람의 보기에 바르나 필경은 사망의 길이니라"(잠 14:12, 16:25).

그러므로 사람은 하나님의 깊은 것까지 통달하시는 성령 하나님의 인도하심을 받아야 합니다.

"오직 하나님이 성령으로 이것을 우리에게 보이셨으니 성령은 모든 것 곧 하나님의 깊은 것까지도 통달하시느니라"(고전 2:10).

그러나 바리새인들은 하나님의 뜻을 생각지 않고 자기들의 마음에 좋을 대로 해석하여 철저히 지킴으로 하나님의 말씀을 지켰다고 생각한 것입니다. 그러므로 말씀이 하나님께서 사람들에게 하시고자 하시는 뜻대로 전달되지 않고 사람들이 자의대로 해석해버린 것입니다. 사람이 하나님의 인도하심을 받지 않고 자기 좋을 대로 생각하면 외식하는 자가 되는 것입니다. 그러므로 예수님께서 가장 강조하신 것이 '성령을 받으라'는 것입니다. 왜냐하면 성령이 오시면 예수님께서 하신 말씀이 기억나게 하시기 때문입니다.

"보혜사 곧 아버지께서 내 이름으로 보내실 성령 그가 너희에게 모든 것을 가르치고 내가 너희에게 말한 모든 것을 생각나게 하리라"(요 14:26).

오늘날에도 자기의 생각대로 또는 자기의 방식대로 하나님을 섬기겠다는 사람들이 있습니다. 이들은 외식에 빠지기 쉽습니다. 하나님의 말씀은 지키는 것이 아니라 하나님의 뜻대로 행하여야 하는 것입니다. 즉 하나님의 말씀을 하나님께서 인간들에게 주실 때에 하나님이 하시고자 하시는 메시지가 무엇인지를 바르게 깨닫고 그 뜻을 행하여야 한다는 것입니다.

"나더러 주여 주여 하는 자마다 다 천국에 들어갈 것이 아니요 다만 하늘에 계신 내 아버지의 뜻대로 행하는 자라야 들어가리라"(마 7:21).

그러므로 성경은 사람의 생각으로 사사로이 풀 것이 아닌 것입니다.

"먼저 알 것은 성경의 모든 예언은 사사로이 풀 것이 아니니"(벤후 1:20)
"예언은 언제든지 사람의 뜻으로 낸 것이 아니요 오직 성령의 감동하심을 받은 사람들이 하나님께 받아 말한 것임이라"(벤후 1:21).

하나님의 말씀을 사사로이 자기 마음대로 풀다가는 스스로 멸망하게 되는 것입니다.

"또 그 모든 편지에도 이런 일에 관하여 말하였으되 그 중에 알기 어려운 것이 더러 있으니 무식한 자들과 굳세지 못한 자들이 다른 성경과 같이 그것도 억지로 풀다가 스스로 멸망에 이르느니라"(벤후 3:16).

그러므로 반드시 성경이 뒷받침된 해석으로 하나님의 뜻을 헤아려 알아야 하는 것입니다.
바리새인들은 하나님의 말씀을 철저히 지키기를 원하였지만 하나님의 뜻을 생각지 않고 자의로 해석하여 지킴으로 외식하는 자들이 되었습니다. 그러므로 우리들은 쉬지 말고 기도하여 하나님께서 주신 말씀의 뜻을 깨달아 하나님의 뜻을 행하는 사람들이 되어야 할 것입니다.

반석에서 물을 내신 두 번의 사건의 내용 비교 (출 17:1~7, 민 20:2~13)

질문 : 모세가 반석을 쳐서 물을 내는 사건이 두 번 있습니다. 그 내용을 설명해 주세요.

대답 : 모세가 바위를 터뜨려 물을 내는 두 번의 사건은 그 내용은 매우 깊습니다. 모세가 반석을 쳐서 물을 내는데 이 반석이 그리스도라고 말합니다. 이 두 사건에서 첫 번째 사건은 하나님께서 바위를 쳐서 물을 내라고 하셨고 두 번째 사건에서는 반석을 명하여 물을 내라고 하셨습니다. 이는 첫 번째 사건은 구약시대를 예표하는 것이고 두 번째는 신약시대를 예표하는 것이라고 합니다. 즉 구약시대에는 눈에 보이는 어떤 형식을 취하여 은혜를 받는 시대이고 신약시대에는 형식이 아니라 말로서 즉 기도하여 은혜를 받는 시대라고 합니다. 그러한데 모세가 두 번째 사건에서 명하여 물을 내지 않고 쳐서 물을 내었으니 하나님의 거룩함을 나타내지 않았기 때문에 가나안 땅에 들어가지 못한 것입니다.

모 세가 물이 없어 원망하는 백성들을 위하여 반석에서 물을 내어 먹인 일이 두 번 있습니다. 그것은 출애굽기 17장 1절부터 7절의 말씀과 민수기 20장 2절부터 13절 말씀입니다.

출애굽기의 사건의 내용을 보면

1. 백성들이 물이 없으므로 모세와 다투었다.
2. 모세가 여호와 하나님께 기도하였다.
3. 여호와께서 모세에게 나일 강을 치던 지팡이를 가지고 가서 호렙 산에 있는 그 반석을 치라고 하셨다.
4. 모세가 이스라엘 장로들의 목전에서 그대로 행하였다.
5. 물이 많이 나와 백성들과 그 짐승들이 먹었다.
6. 그 곳의 이름을 '맛사' 또는 '므리바'라고 하였다.

민수기에 나오는 두 번째 사건의 내용을 보면

1. 백성들이 물이 없음으로 모세와 다투었다.
2. 모세가 여호와 하나님께 기도하였다.
3. 여호와께서 모세에게 지팡이를 가지고 가서 회중을 모으고 그들의 목전에서 반석을 명하여 물을 내라고 하셨다.
4. 모세가 회중 앞에서 "반역한 너희여 들으라 우리가 너희를 위하여 이 반석에서 물을 내랴"(민 20:10)고 하면서 그 지팡이로 반석을 두 번을 쳐서 물이 많이 솟아나오게 했다.
5. 이 일로 인하여 모세가 믿지 아니하고 하나님의 거룩함을 나타내지 아니하므로 가나안 땅에 들어가지 못하게 되었다.
6. 그곳의 이름을 '므리바'라 하였다.

이 두 사건을 비교해 보면 백성들이 물이 없음으로 모세와 다투는 것과 모세가 기도하는 것은 다 같습니다. 그러나 하나님의 명령에서 차이가 납니다. 첫 번째 사건에는 나일 강을 치던 지팡이를 가지고 가서 호렙 산 그 반석을 쳐서 물을 내라는 것이고, 두 번째 사건은 회중의 목전에서 반석을 명령하여 물을 내라는 것입니다. 첫 번째 사건에서는 반석을 쳐서 물을 내는 것이고 두 번째 사건은 반석을 명령하여 물을 내라고 하시는데 그 이유가 뭐겠습니까? 모세는 그 이유를 모르고 시행하므로 가나안 땅에 들어가지 못했습니다. 즉 하나님께서 명하신 쳐서 물을 내라고 하시는 것과 명령하여 물을 내라는 것의 차이가 있었을 텐데 그것을 구별하지 못했다는 것입니다. 모세는 두 번째 사건에서 하나님의 뜻을 알지 못하고 당연하다는 듯이 반석을 두 번이나 쳤던 것입니다. 물론 한 번을 쳐도 그는 가나안 땅에 들어가지 못하는 것입니다. 왜냐하면 하나님께서 반석을 명령하여 물을 내라고 하셨는데 치는 것은 하나님의 말씀을 거역하는 것이기 때문입니다.

우리는 하나님을 경외해야 할 이유가 여기에 있습니다. 하나님의 말씀을 조금이라도 왜곡시키거나 더하거나 빼서는 안 되는 것입니다. 반드시 하나님의 말씀은 그대로 시행되어야 합니다.

이 두 사건의 차이를 보면 첫 번째 사건의 반석과 두 번째 사건의 반석은 그리스도를 예표하는 것이라고 할 수 있습니다. "다 같은 신령한 음료를 마셨으니 이는 그들을 따르는 신령한 반석으로부터 마셨으매 그 반석은 곧 그리스도시라."(고전 10:4)고 하여 물을 낸 그 반석은 그리스도라고 하셨습니다.

이 말씀을 의지하여 신실한 마음으로 의견을 말씀드리면

이 반석이 그리스도를 예표하는 것이라면 첫 번째 사건의 반석은 구약시대의 그리스도로서 제사나 할례 등 눈에 보이고 몸으로 느껴지는 의식을 통하여 은혜를 받는 것을 말하는 것이고, 두 번째 사건의 반석은 신약시대의 그리스도로서 눈으로 보이고 몸으로 느껴지는 의식을 통하여 은혜를 받는 것이 아니라 믿음으로 구원을 받고 영적인 은혜를 받는 것을 예표하는 것입니다. 그러므로 신약시대는 어떤 의식에 의하여 은혜를 받고 구원을 얻는 것이 아니라 믿음으로 구원을 받고 기도(명령)로 은혜를 받는 것을 말하는 것이라고 할 수 있습니다.

이 두 사건을 보면서 모세가 하나님의 말씀을 세밀하게 듣고 하나님의 말씀의 뜻을 바로 파악하고 행하여야 했는데 그렇지 못하고 첫 번째 사건도 쳤으니 이번에도 당연히 쳐야 되는 것으로 알아 가나안 땅에 들어가지 못한 것입니다.

그러므로 우리들도 하나님의 말씀을 세밀하게 파악하고 묵상하여 하나님의 뜻을 바로 파악하여 신앙생활을 함으로써 모세와 같은 잘못을 범하지 않도록 해야 할 것입니다. 모세같이 한 글자, 한 단어, 한 문장만이라도 잘못하여 해석한다면 낭패를 보게 되는 것이니 명심해야 할 것입니다.

"누구든지 나를 믿는 이 작은 자 중 하나를 실족하게 하면 차라리 연자 맷돌이 그 목에 달려서 깊은 바다에 빠뜨려지는 것이 나으니라."(마 18:6)고 하셨습니다. 하나님의 말씀을 가르치는 사람들은 하나님의 말씀을 세밀하게 연구하여 실족케 하는 일이 없어야 할 것입니다.

하나님의 말씀을 가르치는 사람이 하나님의 말씀을 오해하여 잘못된 내용으로 가르치면 그를 듣는 사람들을 죽이게 되는 것입니다. 잘못된 내용을 가르치는 사람은 듣는 사람을 죽이게 되고 또한 자기도 해를 받습니다.

실족하게 하는 일들이 있음을 인하여 세상에 화가 있다는 것입니다. 실족하게 하는 일들로 인하여 세상에 화가 있지만 실족하게 하는 그 사람에게만 화가 있다는 것입니다(마 18:7).

우리가 하나님의 말씀을 오해하여 잘 못 가르치면 그것을 배우는 사람이 죽을 것이고 잘못 가르치는 그 사람도 화를 당하게 되는 것입니다. 하나님의 말씀을 잘못 해석하여 잘못된 내용으로 배우면 그 믿음이 잘못됩니다. 우리가 잘못된 믿음을 가지고 구원을 받을수가 없습니다. 그러므로 이단들에게 잘못 배운 사람들을 돌아오게 하는 일은 매우 중요하고 시급한 일입니다.

모세가 하나님의 말씀을 알지 못하여 잘못 행하여 가나안 땅에 들어가지 못하는 불행을 당했던 것을 생각하여 하나님의 말씀을 공부하는 사람은 조심 또 조심해야 합니다.

방언을 받아야 구원을 받습니까? ?

질문 : 방언을 받지 않으면 구원이 없다는 사람들이 있습니다. 과연 방언을 받지 않으면 구원을 받지 못합니까?

대답 : 전혀 그렇지 않습니다. 방언은 은사입니다. 구원의 조건이 아닙니다. 구원의 조건은 믿음입니다. 믿음으로 구원을 받는 것이지 어떤 은사에 의하여 구원을 받는 것이 아닙니다. 고린도전서에 보면 "다 방언을 말하는 자이겠느냐"(고전 12:30)라고 말씀하십니다. 이 말씀은 사람들이 다 방언하는 것은 아니라는 것입니다. 그리고 '방언과 천사의 말을 할지라도 사랑이 없으면 아무런 의미가 없는 말이 된다.'(고전 13:1)고 하였습니다. 방언이 구원의 방편이 아니라 믿음이 구원의 방편이 됩니다.

어느 교파에서는 방언을 받지 않으면 구원이 없다고 합니다. 그래서 그 교파에서는 신학교 가는 조건에 반드시 방언을 받은 자여야 한다는 것입니다. 과연 방언이 구원의 조건입니까? 결코 그렇지 않습니다. 구원의 조건은 믿음입니다. 방언이 구원의 조건이라는 것은 믿음과 은사를 혼돈한 결과입니다. 믿음은 하나님께서 주시는 것입니다. 믿음은 사람의 마음대로 가지는 것이 아닙니다. 믿음은 하나님께로 난 자가 가지는 것입니다(마16:17. 요 1:13). 이 믿음은 구원받기 위한 필수 조건입니다. "의인은 믿음으로 말미암아 살리라"(합 2:4, 롬 1:17, 갈 3:11)고 하였습니다. 다니엘은 믿음으로 사자 굴에 던져졌으나 그 몸이 조금도 상하지 않았습니다. 이는 하나님을 믿었기 때문이라고 합니다(단 6:23). 믿음에는 큰 믿음이 있고 적은 믿음도 있습니다. 예수님께서 "믿음이 적은 자들아"라고 하셨고, "네 믿음이 크도다."라고도 하셨습니다. 그러므로 "네 믿음대로 되라."고 하실 때에 그 믿음대로 되었습니다.

여기서 믿음이 무엇입니까? 믿음은 하나님을 아는 것입니다. 하나님을 알고 그대로 인정해 드리는 것이 믿음입니다. 하나님이 어떤 분이시며, 무슨 일을 하셨는가를 알고 그대로 인정해 드리는 것을 말하는 것입니다. 즉 하나님께서 범죄한 인간들을 위하여 그 아들 예수를 이 땅에 보내시고 그를 대속물로 삼으셔서 십자가의 희생으로 그 백성을 구원하시기를 기뻐하시는 것을 그대로 인정하는 것입니다. 그러므로 모세가 구리 뱀을 만들어 장대 끝에 매달았을 때에 그 구리 뱀을 바라보는 자가 죽지 않고 생명을 보전하는 것같이 십자가에 달리신 예수님을 믿는 자는 구원을 얻는 것입니다.

왜냐하면 예수님은 죄가 있었기 때문에 죽으신 것이 아니라 죄가 없으신 분이 우리의 죄를 지고 가셨기 때문에, 모세가 든 뱀은 살아있는 것이 아니라 만든 뱀이지만 그것을 바라보는 자가 살듯이, 십자가에 달리신 예수님을 믿는 자가 사는 것입니다. 이 믿음이 구원을 얻게 하는 것이지 방언으로 구원을 얻는 것이 아닙니다. 혹 방언은 성령 받은 증거임으로 성령으로 말미암지 않고는 예수를 주라고 시인하지 못한다는 말씀에 근거한 이론인지도 모릅니다(고전 12:3). 물론 이는 성령이 임하실 때에 방언도 하고 예언도 하는 역사적인 사실을 부인할 수 없습니다. 그러나 방언은 하나의 은사에 불과한 것이지 성령이 임하시는 유일한 증거가 될 수는 없습니다. 왜냐하면 성경은 "다 방언을 말하는 자겠느냐"(고전 12:30)라고 증언하고 있습니다. 그러면 병을 고치고 예언을 하고 능력을 행하여도 방언을 말하지 못하면 구원이 없습니까? 병을 고치고 예언을 하고 능력을 행하는 것도 성령이 임하신 증거인 것입니다. 그러므로 방언을 말하지 못하면 구원이 없다는 말씀은 하나님의 말씀이 아니라 사람의 머릿속에서 나온 헛된 생각입니다.

범죄한 아담이 죽었는가?
(창 2:17)

질문 : 하나님께서 아담과 언약을 맺으시면서 "선악을 알게 하는 나무실과를 따먹지 말라 따먹는 날에는 반드시 죽으리라."(창 2:17)고 하셨습니다. 그런데 아담이 그 열매를 따먹었습니다. 그러면 아담은 죽어야 합니다. 그러나 아담이 죽지 않고 살아서 아들과 딸을 낳았기 때문에 그의 후손들이 지금도 살고 있지 않습니까? 반드시 죽는다는 하나님의 말씀은 무슨 의미입니까?

대답 : 하나님의 말씀은 일점일획이라도 이루어지지 않는 것이 없습니다. 아담이 살아서 그 후손을 낳았으니 살았다는 말씀은 죽음에 대한 개념을 바로 알지 못한 것입니다. 아담은 그 열매를 따먹음으로 영적 죽음을 당한 것입니다. 이 영적 죽음은 필연적으로 육적 죽음을 동반하게 되는 것입니다. 영적 죽음은 하나님과의 관계가 끊어졌다는 말씀입니다. 즉 하나님과의 관계 즉 하나님과의 사귐이 끊어지고 세상으로 내쫓겨서 세상 풍속을 따라 사는 것을 죽음이라고 하는 것입니다(엡 2:1~5)

하나님께서 아담을 에덴동산에 살게 하시면서 에덴동산을 경작하며 지키게 하셨습니다. 그 동산을 경작하며 지키는 조건에 "그 동산 각종 나무의 열매는 임의로 먹되 선악을 알게 하는 나무의 열매는 먹지 말라"(창2:15~17)는 것입니다. 하나님께서 이 조건에 만족하시면 인간은 영원히 동산에서 살 수가 있는 것입니다. 그러나 그 조건을 어기면 "반드시 죽으리라."는 것입니다. 이것을 행위언약이라고 합니다. 하나님의 언약을 알고도 아담은 선악을 알게 하는 나무의 실과를 먹었습니다(창 3:6). 아담이 하나님의 언약을 어겨 하나님께서 금하시는 열매를 따먹고 하나님의 진노하심으로 벌을 받았습니다. 사람을 유혹한 뱀은 모든 동물보다 더욱 저주를 받아 배로 다니게 되었고, 여자는 해산하는 고통을 받고 수고로이 자식을 낳게 되었으며, 아담은 땅이 저주를 받아 평생 동안 땀을 흘리며 수고하여야 먹고 살게 되었습니다. 이와 같이 아담은 하나님께서 금하시는 열매를 먹고 하나님의 심판을 받았습니다. 그런데 하나님께서는 그 열매를 먹으면 반드시 죽을 것이라고 하셨는데도 불구하고 그는 죽지 않고 살아서 자녀를 낳았습니까? 이것이 궁금한 사람들이 많을 것입니다.

이 궁금증은 죽음이라는 것에 대한 이해의 부족으로 인한 것입니다. 죽음은 우리 인간이 생각하는 육체적 죽음만을 말하는 것이 아닙니다. 죽음은 분리의 개념입니다. 하나님께서 "죽으리라"고 하신 말씀은 세 가지의 의미를 지니고 있습니다. 1)영적 죽음 2)육체적 죽음 3)영원적 죽음이 그것입니다(하문호저 삼영서관 조직신학 인간론 pp164~166). 죽음에 대한 말씀을 이해하면 하나님의 말씀은 반드시 이루어진다는 것을 알게 될 것입니다. 이제 죽음에 대하여 알아보고자 합니다.

1. 영적 죽음입니다.

　영적 죽음은 우리의 영혼이 하나님과 분리됨을 의미하는 것입니다. 즉 범죄한 인간을 에덴동산에서 쫓아내신 것을 의미합니다(창 3:23~24). 인간이 범죄함으로 하나님 앞에서 살지 못하고 세상으로 쫓겨나서 고난과 사망의 그늘 아래 놓이게 된 것입니다. 성경은 증언합니다. "한 사람의 범죄로 말미암아 사망이 그 한 사람을 통하여 왕 노릇 하였은즉 더욱 은혜와 의의 선물을 넘치게 받는 자들은 한 분 예수 그리스도를 통하여 생명 안에서 왕 노릇 하리로다."(롬 5:17)라고 하였습니다. 한 사람 아담이 범죄함으로 인간은 하나님과 동행하지 못하고 하나님을 떠나야 했습니다. 하나님 앞을 떠나는 것이 영적 죽음인 것입니다. 인간이 하나님 앞을 떠나자 그는 사망의 지배를 받아서 사망의 고통과 두려움에서 벗어날 수가 없게 되었습니다. 죄는 인간과 하나님의 관계를 단절시키고 말았습니다. 아담의 죄로 인하여 인간이 하나님과 단절되어 세상에 살게 되었습니다. 하나님 앞에서 쫓겨나서 세상에 사는 인간들은 하나님의 뜻을 알지 못함으로 죄 가운데서 죄를 짓고 사는 것입니다. 아담의 죄로 인하여 인간이 하나님과 단절되었고 하나님과의 단절은 인간을 사망의 그늘 아래 놓이게 만든 것입니다. 하나님과의 단절로 인하여 인간은 하나님의 보호하심과 도우심을 받지 못하게 되었습니다.

　그러므로 성경은 말합니다. "여호와의 손이 짧아 구원치 못하심도 아니요 귀가 둔하여 듣지 못하심도 아니라 오직 너희 죄악이 너희와 너희 하나님 사이를 내었고 너희 죄가 그 얼굴을 가리워서 너희를 듣지 않으시게 함이니 이는 너희 손이 피에, 너희 손가락이 죄악에 더러웠으며 너희 입술은 거짓을 말하며 너희 혀는 악독을 발함이라."(사 59:1)고 증언하십니다.

아담의 죄는 인간들로 하여금 하나님과의 단절을 가져 오게 되었습니다. 이 단절은 하나님께서 두루 도는 불 칼로 그 길을 막으셔서 인류가 생명의 길을 갈 수 없게 하셨습니다(창 3:24). 이 단절이 곧 영적 죽음인 것입니다. 바울 사도도 죽었던 우리를 살리셨다고 증언합니다. "그는 허물과 죄로 죽었던 너희를 살리셨도다."(엡 2:1)라고 하였습니다. 우리는 죽어가던 인생이 아니라 죽었던 인생인 것입니다. 다시 말씀드리면 우리는 하나님과 단절되어 하나님 없이 살아갔던 것입니다. 그러므로 바울 사도께서 계속하여 증언합니다. "그 때에 너희는 그 가운데서 행하여 이 세상 풍조를 따르고 공중의 권세 잡은 자를 따랐으니 곧 지금 불순종의 아들들 가운데서 역사하는 영이라 전에는 우리도 다 그 가운데서 우리 육체의 욕심을 따라 지내며 육체와 마음의 원하는 것을 하여 다른 이들과 같이 본질상 진노의 자녀이었더니."(엡 2:2~3)라고 증언하여 아담의 범죄로 인하여 온 인류가 죽었다는 것을 증언했습니다.

　우리가 하나님과 단절되어 이 세상 풍조를 따르고 공중에 권세 잡은 자를 따라서 육체의 욕심에 끌려서 사는 본질상 진노의 자녀였습니다. 이것이 죽음인 것입니다. 그 죽음에서 그리스도 예수님의 십자가의 희생으로 하나님과 다시 그 사랑으로 이어지는 삶이 구원인 것입니다. 하나님은 공의의 하나님이십니다. 공의의 하나님께서는 언약하신 것을 어기시는 분이 아니십니다. 그러므로 아담이 하나님의 약속을 어기므로 그는 죽었던 것입니다. 그의 죽음은 필연적으로 그의 후손들 모두를 육체적 죽음으로 인도했던 것입니다. 이렇게 죽었던 우리를 살리려고 예수 그리스도께서 이 땅에 인간이 되어 오신 것입니다.

2. 육체적 죽음입니다.

아담의 범죄로 그에게 주어진 형벌은 영적 죽음을 가져오고, 이 영적 죽음은 필연적으로 육체적 죽음을 가져 오게 되었습니다. "너는 흙이니 흙으로 돌아갈 것이니라."(창 3:19)고 하셨습니다. 인간 창조의 근원이 하나님이십니다. 즉 하나님께서 흙으로 지으시고 그 코로 생기를 불어넣으시니 생령이 된 것입니다. 그러므로 하나님께서 그 생기를 도로 찾아가시면 그의 육신은 근본인 흙으로 돌아가는 것입니다. 예수님께서 증언하십니다. "이르시되 어리석은 자여 오늘 밤에 네 영혼을 도로 찾으리니 그러면 네 준비한 것이 누구의 것이 되겠느냐 하셨으니"(눅 12:20)라고 하셔서 하나님께서 영혼을 찾아가시면 인간은 육신의 죽음이 온다고 하셨습니다.

우리 인간은 이 세상에서 욕심을 내어도 하나님께서 그 영혼을 도로 찾아 가시면 그의 모든 소유도 쓸데없어지고, 소원도 무너지고 마는 것입니다. 아무리 악인들이 자기의 소원을 이루어 많은 재물을 쌓아 두어도 하나님께서 그 생기를 거두어 가시면 그 쌓아 둔 재물은 그의 소유가 아니라 하나님의 뜻대로 쓰이게 된다는 말씀입니다. 그러므로 잠언에 보면 "선인은 그 산업을 자자손손에게 끼쳐도 죄인의 재물은 의인을 위하여 쌓이느니라."(잠 13:22)고 하셨습니다. 죄의 삯은 사망(롬 6:23)이기 때문에 죽는 것은 하나님께서 정하신 것이라고 선언합니다(히 9:27). 왜냐하면 아담의 죄로 말미암아 모든 사람이 사망에 이르게 되는 것이기 때문입니다(롬5:12).

육체적 죽음은 우리의 영혼과 육신이 분리되어 단절이 이루어지는 것을 말합니다. 즉 하나님께서 불어 넣으셨던 생기를 도로 찾아 가시면 이것이 육체적 죽음이 되는 것입니다.

3. 영원적 죽음입니다.

영원적 죽음이란 인간의 죽음으로 인하여 최후 심판을 받아 영원한 지옥에 들어가기도 하고 천국에 들어가기도 합니다. 이 세상에는 천국 백성도 있고 지옥 백성도 있습니다. 이 둘이 뒤엉켜 함께 사는 것이 이 세상입니다. 그러므로 이 세상에서는 누가 천국 백성이고 누가 지옥 백성인지 알 수가 없습니다. 그 이유는 아직 장래 일이 드러나지 않았기 때문입니다. 아직은 장래에 어떻게 될지 나타나지 않았기 때문에 다 같아 보이는 것입니다. 그러나 그 때가 되면 천국 백성은 그리스도와 같은 것을 알게 되고 지옥 백성은 그의 아비 마귀를 닮은 것을 알게 되는 것입니다(요일 3:1~3, 요 8:44). 이 세상은 영원한 것이 아니라 끝 날이 오는데 그 때에는 천국 백성과 지옥 백성이 갈라집니다. 이것이 최후 심판인 것입니다. 이 최후 심판으로 천국과 지옥은 영원히 분리되는 것입니다. 이를 둘째 사망 곧 영원적 죽음이라고 하는 것입니다.

이와 같이 죽음의 개념은 분리이므로 단순하게 육체적 죽음만을 생각하면 오해가 생깁니다. 그러므로 죽음에 대하여는 세 가지 개념이 있음으로 오해가 없어야 하겠습니다. 이 죽음을 바로 알면 하나님께서 공의의 하나님으로서 범죄한 아담에게 그 말씀대로 벌하셨음을 알게 될 것입니다. 아담의 범죄로 인하여 모든 사람은 죽은 것입니다.

아담에게 "선악을 알게 하는 나무 실과를 따 먹는 날에는 반드시 죽으리라"고 하신 하나님의 말씀은 그 열매를 먹는 날에는 반드시 하나님 앞에서 쫓겨나서 세상 풍속을 따르게 되고 육신도 흙으로 돌아가야 한다는 말씀입니다. 그러므로 아담이 범죄함으로 인하여 사람은 하나님 앞에서 쫓겨나 세상에서 태어나 세상 풍속을 따라 사는 사람이 된 것입니다. 이는 필연적으로 공중에 권세 잡은 자를 따르는 자가 되고 그 육신은 흙으로 돌아가는 사람이 되었습니다. 아담 외에 그 누구도 선악을 알게 하는 나무 실과를 따먹지 않았음에도 불구하고 모든 사람이 죽음 가운데에서 태어나고 죽음 속에서 사는 것입니다. 이것을 원죄라고 합니다.

그러므로 아담이 범죄함으로 하나님의 말씀과 같이 죽은 것입니다. 그러나 그 육신은 흙으로 돌아가기 전에는 그 활동이 멈추지 않는 것입니다. 왜냐하면 하나님께서 사람을 창조하시고 생육하고 번성하라고 하셨기 때문입니다.

하나님께서 '반드시 죽으리라'고 하신 말씀이 지금도 시행되고 있음을 우리는 알아야 할 것입니다.

복음에는 하나님의 의가 나타나서(롬 1:17, 3:21)

질문 : 복음에는 율법 외에 한 의가 나타났다고 하였습니다(롬 1:17, 3:21). 율법 외에 한 의가 나타났다는 말씀은 무슨 뜻입니까?

대답 : 구약시대에는 율법을 행하는 것이 옳은 일이었습니다. 즉 제사를 드리고 절기를 지키는 것 등을 말합니다. 그러나 복음이 전해지고 난 후에는 제사를 드리고 절기를 지켜서 의롭게 되는 것이 아니라 다른 '의' 즉 이제까지 '옳다'고 하는 그것과 다른 길을 주셨다는 것입니다. 이 말씀은 하나님께서 복음을 주실 때에 율법이 아닌 믿음으로 구원 얻는 길을 주셨다는 말씀입니다. 그리고 율법은 제사로 하나님과 소통하는 것이지만 복음은 믿음으로 하나님과 소통하는 것입니다. 다시 말씀드리면 하나님과의 사귐이 달라졌다는 것입니다. 즉 구약시대에는 제사로 하나님과 소통하였지만 복음이 임할 때에는 믿음과 기도로 소통하게 되었다는 말씀입니다.

하나님께서 세상을 창조하시고 그 피조물로 인하여 영광 받으시기를 기뻐하셨습니다. 하나님께서 그 피조물들로 인하여 영광을 받으시는 것은 그 피조물이 하나님의 창조의 목적에 맞도록 움직이는 것입니다. 하나님께서 세상을 창조하시고 그 세상을 보시니 심히 좋았다고 말씀하십니다(창 1:31). 모든 피조물은 이 심히 좋은 것을 유지하는 것이 하나님께 영광 돌리는 것입니다. 다윗은 하나님이 창조하신 하늘을 볼 때에 하나님의 영광을 보았습니다. 그러므로 그는 하늘이 하나님의 영광을 선포한다고 노래했습니다(시 19:1). 바울 사도도 이를 증언합니다. "창세로부터 그의 보이지 아니하는 것들 곧 그의 영원하신 능력과 신성이 그가 만드신 만물에 분명히 보여 알려졌나니 그러므로 그들이 핑계하지 못할지니라."(롬 1:20)고 하여 하나님께서 창조하신 만물이 하나님의 능력과 신성을 나타낸다고 하였습니다. 인간들이 하나님 앞에 죄인 된 것은 하나님의 창조하신 그대로 유지하지 못하고 마귀의 유혹을 받아 그 가치관이 변형되었기 때문입니다. 즉 원래 인간들은 아무 옷이나 입지 않고 벌거벗고 살았습니다. 인간이 원래는 옷을 입지 않는 것이 그들에게 완전한 것이기에 그들은 벌거벗은 것이 부끄럽지 않았습니다(창 2:25). 그러나 인간들이 하나님께서 금하신 열매를 먹음으로 하나님의 말씀을 거역하였을 때에 그들의 가치관이 변하여 몸을 가리는 옷을 지어 입었습니다(창 3:7). 사람이 하나님의 처음 창조하신 목적대로 유지하지 못하고 그 가치관이 변하여 새로운 가치관을 가졌을 때에 하나님의 진노가 임하여 하나님의 목전에서 쫓겨나고 말았습니다(창 3:22~24). 사람이 하나님 앞에서 쫓겨나서 하나님과 관계가 끊어지므로 하나님과의 사귐이 단절되고 말았습니다. 이는 영적인 죽음을 의미합니다(엡 2:1~3). 그러나 하나님께서 인간을 영원히 버려두시지 않으시고 소통할 수 있는 길을 열어주셨습니다. 그것이 제사입니다. 하나님께서는 제물의 피나 기름을 드시기 위하여 제사를 드리라고 하신 것이 아닙니다(시 50:13). 제사는 인간이 하나님과 소통하는 길이었던 것입니다. 이것은 하나님이 그 길을 정하여 주셨기 때문에 가능한 것입니다(시 50:5). 하나님께서 정하여 주신 길이 하나님의 의입니다. 그러므로 아담으로부터 내려온 제사가 모세에 의해서 제도로 확립되었습니다. 이 제도가 하나님의 백성들이 하나님을 섬기는 방법이 되었습니다. 이 제사제도를 통하여 하나님께서 그 백성들과 소통하시기를 기뻐하신 것입니다.

그러나 이 제사제도는 영원한 의가 아니었습니다. 그러므로 하나님께서 새로운 의를 주시기를 바라셨습니다. 그 새로운 길이 복음으로 새워진 것입니다. 인간들의 행위로 구원을 얻지 못하는 것을 예수 그리스도께서 인간의 죄를 대속하심으로 구원하시기를 기뻐하신 것입니다. 예수 그리스도를 통하여 구원하신다는 소식이 복음입니다. 이 복음에는 율법 외에 한 의가 나타났다고 하였습니다(롬 1:17, 3:21). 이제까지는 제사를 드려 하나님과 교제하는 길을 주셨지만 예수 그리스도의 대속의 은혜로 제사가 아닌 믿음과 예배로 소통하시기를 기뻐하신 것입니다. 그러므로 예수님께서는 "여자여 내 말을 믿으라 이 산에서도 말고 예루살렘에서도 말고 너희가 아버지께 예배할 때가 이르리라 너희는 알지 못하는 것을 예배하고 우리는 아는 것을 예배하노니 이는 구원이 유대인에게서 남이라 아버지께 참되게 예배하는 자들은 영과 진리로 예배할 때가 오나니 곧 이 때라 아버지께서는 자기에게 이렇게 예배하는 자들을 찾으시니라 하나님은 영이시니 예배하는 자가 영과 진리로 예배할지니라."(요 4:21~24)고 하셨습니다. 이는 유대인들은 '예루살렘 성전에서 일 년 삼차씩 절기를 지켜야 한다는 율법을 지켜야 된다.'라고 하고, 사마리아인들(북쪽 이스라엘)은 북쪽 이스라엘의 나라가 남쪽 유다와 분리 될 때에 여로보암이 송아지 우상을 만들어 벧엘과 단에 두고 그것을 섬기도록 한 것에 의해야 한다는 것입니다(왕상 12:25~29).

　이렇게 유대와 사마리아는 하나님께 제사를 어디서 드리느냐를 두고 갈등이 심했습니다. 그런데 예수님께서는 '이 산에서도 말고 예루살렘에서도 말고 아버지께 예배할 때가 이르리라.'고 하셨습니다. 이 말씀은 이제까지 하나님과 소통하는 바른 길이 제사를 드리는 것이었으나 이제부터는 제사가 아닌 믿음과 예배를 드리는 것이 하나님의 의가 된다는 것입니다. 즉 하나님과 소통하는 바른 길이 제사가 아니라 예배를 드리는 것임을 말합니다. 그러므로 예배하는 자가 송아지나 어떤 제물이 아니라 영과 진리로 예배를 드려야 합니다. 이것이 '율법 외에 한 의인 것'(롬 3:21)입니다.

　하나님께서는 예수님이 죄를 대속하시기 전에는 제사로 소통하시기를 바라셨지만 이제 예수님께서 죄를 대속하신 후에는 예배로 소통하시기를 바라시는 것입니다.

　인간은 하나님이 만드신 피조물입니다. 그러므로 주인은 하나님이십니다. 주인이 결정하면 그 누구도 다른 말을 할 수가 없습니다. 하나님께서 제사가 아니라 예배를 통하여 영광을 받으시기를 기뻐하신다면 그대로 시행되어야 하는 것입니다. 바울 사도는 이 사실을 알기 때문에 자기가 전한 복음 외에 다른 복음은 없다고 선언합니다. 다른 복음을 전하면 하늘에서 온 천사라도 저주를 받으리라고 하였습니다(갈 1:6~9). 주인께서 전하여 주신 의를 사람이 바꿀 수 없다는 것입니다. 하나님께서 예수님이 대속하시기 전에는 제사로 소통하시기를 기뻐하셨고 예수님께서 우리의 죄를 대속하신 후에는 예배로 소통하시기를 원하셨던 것입니다. 그러므로 바울 사도를 통하여 이 복음을 전하게 하셨던 것입니다. 그러므로 주인이 결정하면 이를 바꾸지 못합니다. 만일 이 결정을 바꾸면 저주를 받게 되는 것입니다. 복음에는 의가 나타나서 믿음으로 믿음에 이르게 하시는 하나님께서 눈에 보이는 제도적인 것으로 소통하시는 것이 아니라 보이지 않는 예배로 소통하시기를 원하시므로 하나님 앞에 믿음의 예배로 영광을 돌려야 할 것입니다.

빛과 소금(마 5:13~16) ?

질문 : 예수님께서 너희는 "세상의 소금이라." 또한 "세상의 빛이라."고 하셨습니다. 어떻게 하는 것이 빛이 되고 소금이 되는 것입니까?

대답 : 우리가 '빛이 된다.'는 것은 세상 사람들이 '어느 것이 옳은가.'를 알지 못하여 방황할 때에 그 옳은 것을 보여주는 것이 빛으로 사는 것입니다. 그리고 '소금이라.' 함은 세상이 부패되어 갈 때에 우리가 있음으로 그 부패가 방지됨을 말합니다.

우리는 빛과 소금이라는 말을 많이 씁니다. 예수님께서 산상수훈에서 "너희는 세상의 소금이니" "너희는 세상의 빛이라"고 하셨습니다. 그러면 우리가 어떻게 하는 것이 빛으로서 또는 소금으로 사는 것입니까?

1. 빛으로 사는 것은 무엇입니까?

예수님께서 "너희는 세상의 빛이라"(마 5:14)고 하셨습니다. 이 말씀은 무엇을 의미합니까? 예수님의 말씀은 너희가 빛이므로 "산 위에 있는 동네가 숨겨지지 못할 것이다."라고 하셨습니다. 그리고 "사람이 등불을 켜서 말 아래에 두지 아니하고 등경 위에 두나니 이러므로 집 안 모든 사람에게 비치느니라."고 설명하셨습니다. 계속하여 16절에는 "이같이 너희 빛이 사람 앞에 비치게 하여 그들로 너희 착한 행실을 보고 하늘에 계신 너희 아버지께 영광을 돌리게 하라."고 하셨습니다.

우리는 빛의 직분을 받았다고 합니다. 그러면 우리가 빛의 직분을 어떻게 하는 것이 바르게 시행하는 것입니까? 이는 빛의 역할은 비쳐서 길을 밝혀주는 것입니다. 그러므로 빛의 사명은 알지 못하는 것을 알게 하는 것을 말한다고 하겠습니다. 빛이 비치면 산 위에 있는 동네가 숨겨지지 못한다고 하였는데 이는 빛이 비치면 어떤 것도 다 밝히 보이게 되는 것입니다. 아무리 참과 거짓이 뒤엉켜 있어도 빛이 비치면 참은 참으로 또는 거짓은 거짓으로 드러난다는 것입니다. 예수님께서 너희는 세상의 빛이라고 하신 말씀은 예수님의 제자들이 바른 진리를 따라 살면 세상 사람들이 진리가 무엇인지 옳은 것이 무엇인지 알게 된다는 것입니다.

그러므로 요한 사도는 증언합니다. "그 안에 생명이 있었으니 이 생명은 사람들의 빛이라"(요 1:4)고 하셨습니다. 예수님은 그 안에 있는 생명으로 사람들의 빛이 되셔서 진리를 알게 하시는 분이라는 것입니다. 예수님께서 "나를 본 자는 아버지를 보았거늘 어찌하여 아버지를 보이라 하느냐"(요 14:9)라고 하십니다. 예수님은 빛으로 아버지의 진리를 보여주신 분입니다. "내가 아버지 안에 거하고 아버지께서 내 안에 계심을 믿으라 그렇지 못하겠거든 행하는 그 일로 말미암아 나를 믿으라."(요 14:11)고 하십니다. 행하는 일로 말미암아 나를 믿으라고 하십니다. 이는 예수님께서 그 하시는 일로 아버지를 보이셨다는 것입니다.

그러므로 우리가 빛의 직분을 감당하는 것은 하나님의 뜻을 시행하여 하나님의 분명하신 뜻을 사람들에게 보여주는 것입니다. 성경에는 빛으로 산 사람들이 있습니다. 하나님께서 예레미야에게 레갑의 후손들에게 포도주를 마시게 하라고 하시므로 예레미야가 그들을 성전의 한 방에 모아 놓고 포도주를 권하였습니다. 그러나 그들은 포도주를 마시지 않겠다고 하며 마시지 않았습니다. 그 이유는 레갑의 아들 요나답이 그 후손들에게 "너희 자손들은 영원히 포도주를 마시지 말며 집도 짓지 말며 파종도 하지 말며 포도원을 소유하지도 말고 평생 동안 장막에 살라."(렘 35:6~7)는 명령을 함으로 그 후손들은 그 명령을 지금까지 지켜왔기 때문에 포도주를 마시지 않겠다는 것입니다. 이들은 분명히 빛의 직분을 다 해서 살았습니다. 그들이 포도주를 마시지 않을 때에 여호와께서 예레미야에게 "그들은 사람인 그 조상의 명령을 지켜 행하는데 내가 너희에게 말하고 끊임없이 말하여도 너희는 내게 순종하지 않는다."(렘 35:14~15)라고 말씀하셨습니다. 이는 레갑의 후손들은 그 조상의 명령을 순종하는 일에 빛인 것입니다. 그들이 빛인 고로 하나님께서 그들을 통하여 하나님의 백성들의 불순종을 깨닫게 하셨던 것입니다.

신약에도 빛으로 산 사람들이 있습니다. 여러 사람이 있으나 바울 사도만큼 빛으로 산 사람은 그리 많지 않을 것입니다. 바울 사도는 하나님의 말씀에 순종하여 살기를 부르심을 입은 즉시부터 돌아가실 때까지 살았습니다. 그가 다메섹으로 가는 길 위에서 예수님의 부르심을 입을 때에 먹지도 못하고 보지도 못했습니다. 그때에 바울이 아나니아의 안수로 다시 강건하였을 때 그는 즉시로 예수가 하나님의 아들이심을 전파하였습니다.(행 9:20). 이때부터 바울은 그 가족과도 의논하지 않고 먼저 사도된 자들을 만나지도 아니하고 복음 전하는 일을 하였습니다. 바울 사도는 복음을 위하여 그의 모든 것을 배설물과 같이 버리고 복음 전파에 전념했습니다. 그는 증언합니다. "내가 달려갈 길과 주 예수께 받은 사명 곧 하나님의 은혜의 복음을 증언하는 일을 마치려 함에는 나의 생명을 조금도 귀한 것으로 여기지 아니하노라."(행 20:24)고 하였습니다. 바울 사도는 우리의 복음전파의 귀감이 되는 분으로서 빛으로서의 역할을 충분히 하신 분입니다. 그러므로 바울 사도는 분명하게 말합니다. "내가 그리스도를 본받는 자가 된 것같이 너희는 나를 본받는 자가 되라."(고전 11:1)고 하셨습니다.

우리들도 바울 사도같이 자신 있게 "내가 그리스도를 본받는 자 된 것같이 나를 본받으라."고 말할 수 있어야 합니다. 그러므로 우리가 본을 보이는 삶이 빛으로 사는 것입니다.

2. 소금의 사는 것은 무엇입니까?

'너희는 세상의 소금이라.'고 하셨습니다. 소금의 역할은 부패를 방지하는 것입니다. 소금이 그 맛을 잃어버리면 아무데도 쓸데 없어 밖에 내다 버리게 되는 것입니다(마 5:13). 소금은 부패를 방지하는 것입니다. 예수님께서 "너희는 소금이라."고 하신 말씀은 하나님의 백성들이 올바르게 살아서 모든 사람에게 바른 길을 보여주는 삶을 말합니다. 하나님의 백성들을 아는 사람들은 하나님의 백성들이 바르게 산다는 것을 아는 것이므로 하나님의 백성들이 가는 곳에서는 불의와 부패를 행하지 않도록 조심하는 것입니다. 하나님의 백성들의 낯을 봐서라도 불법을 행하지 않고 바른 길을 가도록 하는 것이 소금이라고 말하는 것입니다.

소금으로 산 사람을 봅니다. 아브라함은 소금으로 살았습니다. 아브라함은 그 조카 롯을 떠나보낼 때에도 롯에게 선택권을 주어서 조카를 먼저 배려하였습니다. 그리고 세상 사람들은 재산을 귀하게 여깁니다. 그러나 아브라함은 재산에 초연했습니다. 자기 조카 롯이 소돔에 가서 살다가 사로 잡혀 간 것을 구출하였을 때에 소돔 왕이 그가 빼앗겼던 물건을 아브라함이 가지게 하였으나 그는 "네 말이 내가 아브라함으로 치부하게 하였다 할까하여 실 한오라기 하나도 가지지 않겠다."(창 14:23)고 하였습니다. 이를 보고 소돔 왕은 많은 것을 깨닫게 되었을 것입니다.

그리고 능력의 선지자 엘리야와 엘리사도 그 당시에 소금의 직분을 잘 감당하였습니다. 엘리야는 목숨의 위협을 감수하고 갈멜 산에서 여호와 하나님이 살아계신 하나님임을 증언하였고, 엘리사는 나아만 장군의 병을 고쳐 주고 어떤 댓가도 받지 않았습니다. 이 세상 사람들은 재산을 귀하게 여겨 하나님의 말씀도 어기는데 하나님의 사람들은 물질을 얻을 기회가 있어도 그것을 버리는 사람들입니다. 엘리사는 물질을 버렸으나 그 사환 게하시는 물질을 탐하다가 나병을 얻었고 이스라엘의 초대 왕 사울은 가축을 탐하다가 하나님의 버림을 받았습니다.

위에서 언급했지만 사도 바울은 복음을 위하여 목숨도 귀한 것으로 여기지 않고 복음을 전파하는 사도였습니다. 베드로 사도와 바울 사도는 복음전파에 있어서 양대 산맥이었습니다. 베드로는 유대인에게, 바울은 이방인에게 복음을 전파하였습니다. 베드로는 예수님이 이 땅에 계실 때에 직접 사도가 된 예수님의 제자입니다. 그런데도 예수님이 승천하신 후에 사도가 된 바울은 베드로가 외식하는 것을 보고 책망을 했습니다(갈 2:11~14). 이것이 소금의 역할입니다. 바울 사도 때문에 베드로가 다시는 외식하는 행동을 하지 않았을 것입니다.

우리가 소금이라고 하신 예수님의 말씀은 세상에서 불의를 행하는 자들에게 바른 것을 보여 주어서 그들로 하여금 부패한 것을 양심에 가책을 느껴서 부패를 방지하도록 하는 것을 말하는 것입니다.

결론적으로 우리들은 세상에서 하나님의 뜻이 무엇인지 보여주고 잘못 된 것을 바로 알게 하여 악을 방지해야 한다는 것을 말씀하신 것입니다.

이와 같이 올바른 것을 보여주는 것이 빛이요, 잘못된 것을 알게 하는 것이 소금입니다. 우리는 빛으로서 또한 소금으로서 세상 사람들의 길잡이가 되어야 할 것입니다.

빛이 있으라 (창 1:3, 14~19) ?

질문 : 태초에 하나님께서 천지를 창조하시던 때에 그 첫째 날에는 '빛이 있으라.'고 하셨고, 넷째 날에는 해와 달과 별들에게 땅을 '비추라'고 하셨습니다. 빛이 있는 것과 비추는 것은 어떤 의미입니까?

대답 : 빛이 있는 것과 비추는 것은 다른 것입니다. 빛이 있는 것은 빛이 존재하는 것이고 비추는 것은 있는 빛이 사람의 눈에 인식되도록 하는 것입니다.

하나님께서 천지를 창조하실 때에 첫째 날에는 '빛이 있으라.'고 하셨고, 넷째 날에는 '빛을 비추라'고 하셨습니다. '이 두 사이의 차이는 무엇입니까?'라는 질문을 받으면 어떻게 대답해야 할 것인가를 생각해 봐야 합니다. 이 둘 사이는 전혀 다른 것입니다. 빛이 있는 것과 빛을 비추는 것은 원인과 결과라고 할 수 있을지 모르겠습니다. 이런 표현은 정확한 표현이라고 할 수 있을지 모르겠으나 그 내용을 생각하여 정확한 의미를 알아야 합니다. 하나님께서 천지를 창조하실 때에 그 땅이 혼돈하고 공허하며 흑암이 깊음 위에 있을 때에 하나님께서 '빛이 있으라.'고 말씀하심으로 세상에 빛이 있었습니다(창 1:2~3).

그리고 땅을 정돈하신(물을 한 곳으로 모이게 하여 뭍이 드러나게 하심) 후에 해와 달과 별을 만드셔서 땅을 비추라고 하셨습니다(창 1:14~18).

하나님께서는 이 땅에 빛이 있게 하셨습니다. 그러므로 땅에는 근본적으로 빛이 있는 것입니다. 지금 우리가 사는 땅은 빛이 있기 때문에 돌과 돌을 부딪치면 빛이 일어납니다. 어떤 곳이든지 빛은 있는 것입니다. 이는 하나님께서 빛이 있으라고 말씀하셨기 때문입니다. 그리고 '빛을 비추라'고 하신 것은 빛이 사람의 눈에 보이도록 하신 것입니다. 이는 땅에 있는 빛이 어떤 조건이 되면 사람의 눈에 보이게 되는데 이것이 비추는 것입니다. 이는 노아에게 하신 무지개 언약을 보면 잘 알 수가 있습니다. 하나님께서 물로 세상을 심판하신 후에 노아가 방주에서 나와서 제사를 드릴 때에 하나님께서 다시는 물로 생물을 멸하지 아니하시겠다고 말씀하셨습니다. "땅이 있을 동안에는 심음과 거둠과 추위와 더위와 여름과 겨울과 낮과 밤이 쉬지 아니하리라."(창 8:22)고 하셨습니다. 이는 하나님의 계획이었습니다. 이 하나님의 생각을 창세기 9장에 1-17절에 언약으로 말씀하셨습니다. 그 언약의 내용을 보면 하나님께서 무지개를 구름 속에 두셔서 구름이 땅을 덮을 때에 무지개가 나타나게 하심으로 이 무지개를 보시고 언약을 기억하셔서 물로 세상을 심판하지 않으시겠다는 것입니다. 여기서 보면 하나님께서 구름 속에 무지개를 두셨습니다. 그러면 구름 속에는 무지개가 항상 있는 것입니다. 그러나 구름이 있다고 하여 언제든지 무지개가 사람의 눈에 보입니까? 그렇지 않습니다. 구름 속에 무지개가 있으나 사람의 눈에 보이지 않다가 어떤 환경이 되면 사람의 눈에 무지개가 보이는 것입니다.

이와 같이 세상에는 빛이 있으나 사람의 눈에 보이도록 비취는 것은 아닙니다. 그러나 어떤 환경이 되면(돌과 돌이 부딪치든지 하는 것) 빛이 사람의 눈에 보이게 되는데 이것을 비취는 것이라고 합니다.

하나님께서 해와 달과 별을 만드실 때에는 이 땅에 빛이 있는 것과 다르게 빛이 있게만 하신 것이 아니라 빛이 사람의 눈에 보이도록 하는 환경을 만들어 두셔서 항상 사람의 눈에 보이도록 하신 것입니다. 그러므로 해는 낮을 주관하여 낮에 비추어서 모든 생물로 그 온기와 빛으로 덮으신 것이고 밤에는 달을 두셔서 빛이 비추도록 하셨습니다. 별도 마찬가지입니다.

하나님의 말씀은 일점일획이라도 없어지지 않고 다 이루어집니다. 그러므로 하나님께서 이 세상에 '빛이 있으라.'고 하셨음으로 이 세상이 있는 동안은 어디에서든지 빛이 있습니다. 세상에 빛이 있음으로 사람들은 그 빛을 부지런히 개발할 수가 있는 것입니다. 빛을 개발하는 것은 하나님께서 세상에 두신 빛을 사람의 눈에 비추도록 하는 것입니다.

우리는 빛이 있으므로 빛을 개발할 수가 있고 빛을 비추라고 하심으로 해는 천지가 있는 동안은 그 빛을 비추는 것입니다.

사람의 원수가 집안 식구이리라(마 10:36)?

질문 : 하나님께서 가정을 이루어 사랑하며 살도록 하셨는데 예수님께서 "사람의 원수가 집안 식구리라"고 하셨습니다. 사람의 원수가 집안 식구이면 서로 사랑하는 사이가 아닙니다. 이는 무슨 뜻입니까?

대답 : 예수님이 하신 말씀은 장차 믿음으로 인하여 한 가정 안에 믿는 자도 있고 믿지 않는 자도 있게 된다는 것입니다. 그러므로 한 가정 안에도 믿음이 있는 자와 믿음이 없는 자가 있을 수 있다는 것입니다. 그러므로 믿음으로 인하여 한 집안에서 불화가 일어난다는 것입니다.

하나님께서 사람을 창조하시고 가정을 이루어 주셨습니다. "여호와 하나님이 이르시되 사람이 혼자 사는 것이 좋지 아니하니 내가 그를 위하여 돕는 배필을 지으리라 하시니라."(창 2:18)고 하시고 그 계획대로 남자에게서 여자가 나오게 하셨습니다. 그리고 "남편과 아내가 합하여 둘이 한 몸을 이룰지로다."(창 2:20~24)라고 하셔서 가정의 중요성을 말씀하셨습니다.

그런데 평강의 하나님께서(사 9:6, 고후 13:11) 보내신 예수님께서 "내가 세상에 화평을 주러 온 줄로 생각하지 말라 화평이 아니요 검을 주러 왔노라."(마 10:34)고 하셨습니다. 평강의 하나님께서 보내신 예수님께서 화평을 주러 오신 것이 아니라 검을 주러 오셔서 가족끼리 '불화하게 하려 함이라'고 하심은 무슨 뜻입니까? 심지어는 '사람의 원수가 집안 식구리라'고 하십니다. 평강의 하나님께서 이 땅에 오신 이유가 그렇게 중요하게 여기시는 가정을 파괴하고 불화하고 그 식구들끼리 원수가 되게 하신다고 하셨으니 무슨 뜻이냐는 것입니다.

예수님께서는 형제와 화목하게 하는 것이 제물을 드리는 것보다 먼저 해야 할 일이라고 하셨습니다(마 5:24). 예수께서 형제와 화목하기를 강조하시면서 "검을 주러 왔노라"고 하신 말씀을 우리는 어떻게 이해해야 합니까? 심지어는 "장차 형제가 형제를, 아버지가 자식을 죽는 데에 내주며 자식들이 부모를 대적하여 죽게 하리라."(마 10:21)고 말씀하십니다. 그러면 집안 식구들끼리 또는 부모와 형제를 사랑하지 않고 미워하고 죽이는데 내어주고 불화하게 하는 것이 마땅한 것입니까? 그 해답은 예수님께서 말씀하셨습니다.

"아버지나 어머니를 나보다 더 사랑하는 자는 내게 합당하지 아니하고 아들이나 딸을 나보다 더 사랑하는 자도 내게 합당하지 아니하며 또 자기 십자가를 지고 나를 따르지 않는 자도 내게 합당하지 아니하니라."(마 10:37~38)고 하신 말씀입니다. 사람이 그 부모를 공경하고 형제와 화목하게 하는 것은 제일 먼저 해야 하는 것입니다. 그러나 사람을 만드신 하나님을 사랑하는 것이 부모를 공경하고 형제와 화목하는 것보다 더 크고 중요한 일이라고 하는 것입니다. 그러므로 사람이 하나님을 사랑하고 섬기는 일에서 그 부모가 방해가 되면 하나님을 택하고 하나님을 따라야 한다고 하는 것입니다. 즉 사람이 그 부모를 공경하고 형제와 화목하게 하는 것이 그 어떤 것보다 먼저 해야 할 일이지만 만약에 부모로 인하여 또는 형제 때문에 하나님을 버려야 한다든지 혹은 부모 형제와 하나님 중에서 택하여야 할 일이 생기면 하나님을 먼저 선택해야 한다는 것입니다. 성경은 "내 아들아 지식의 말씀에서 떠나게 하는 교훈을 듣지 말지니라."(잠 19:27)고 말씀하십니다. 장차는 집안 식구들끼리 불화하며 원수가 되는 것은 집안 식구가 다 함께 하나님을 믿고 다 함께 섬기는 것이 아니라 믿는 사람도 있고 믿지 않는 사람도 있게 됩니다. 그러므로 집안 식구가 다 함께 믿는다면 불화하거나 원수가 되는 일이 없을 것이나 만약에 집안 식구들끼리 믿음이 갈린다면 서로 불화하게 되고 원수가 된다는 것입니다.

말세에는 짐승의 표를 받은 사람과 받지 않은 사람으로 구별되는 때가 온다고 하였습니다. 죽임을 당한 어린 양의 생명책에 기록되지 못한 자들이 경배하는 짐승이 출현하는데 이 짐승이 큰 이적을 행하여 사람들 앞에서 불이 하늘로부터 땅에 내려오게 할 때가 오는 것입니다. 이 짐승에게 경배하지 않으면 다 죽임을 당하고 그 짐승의 표를 받지 않으면 매매를 하지 못하게 하는 것입니다(계 13:1~18). 이때에 사람들이 살기 위하여 어쩔 수 없이 짐승의 표를 받게 될 때에 어린 양의 생명책에 기록된 자들은 죽기까지 믿음을 지켜 짐승을 따르지 않을 것입니다. 그렇다면 한 집안 식구들끼리도 믿음이 갈리게 되는 것입니다. 다행히 집안 식구들이 한 믿음을 가지면 좋거니와 그렇지 않으면 죽음에 내어주고 서로 원수가 되는 것입니다.

여기서 우리가 생각할 것은 지금 집안 식구가 믿음이 같지 않다고 하여 섬기지 않고 화목할 필요가 없다는 것이 아니라는 것입니다. 믿는 성도들은 끝까지 참고 견디며 용납하고 복음을 전하여서 마지막 한 사람까지도 구원에 이르도록 노력해야 하는 것입니다. 지금 믿지 않고 의견이 같지 않다고 버리고 미워하고 원수를 맺는 것은 하나님의 뜻이 아닙니다.

우리 믿는 사람들은 하나님께서 믿음을 허락하실 때까지 참고 견디며 믿음으로 인도하는 일을 계속해야 할 것입니다. 여기에 성도의 인내가 있습니다. 집안 식구가 원수가 되는 것은 믿지 않는 자가 믿는 자를 미워하기 때문에 일어나는 일입니다.

"형제들아 세상이 너희를 미워하여도 이상히 여기지 말라."(요일 3:13)
"우리는 형제를 사랑함으로 사망에서 옮겨 생명으로 들어간 줄을 알거니와 사랑하지 아니하는 자는 사망에 머물러 있느니라."(요일 3:14)

사망에 머물러 있는 자들은 언제든지 생명 안에 있는 자들을 미워한다는 것입니다. 그러므로 식구들끼리도 믿지 않는 사람이 믿는 사람을 핍박하고 미워하게 된다는 것입니다. 그러므로 믿는 자는 믿음의 인내를 이루어 끝까지 견디면서 모든 사람을 하나님 앞으로 인도해야 하는 것입니다.

사랑이란(고전 13:1~13)

질문 : 사랑이란 말을 빼놓고는 기독교를 말할 수 없습니다. 그러면 사랑이란 무엇입니까?

대답 : 사랑이란 바울 사도께서 전하여 준대로 고린도전서 13장에 나오는 내용을 행하는 것이 사랑입니다. 사랑에서 가장 중요하게 생각되는 단어는 오래 참음입니다. 많은 사람들이 사랑을 주는 것으로 생각하지만 고린도전서 13장에는 사랑은 주는 것이 아니라 오래 참는 것이라고 하는 것입니다.

기독교는 사랑의 종교라고 말합니다. 왜냐하면 하나님은 사랑이시기 때문입니다. 성경은 "하나님이 우리를 사랑하시는 사랑을 우리가 알고 믿었노니 하나님은 사랑이시라 사랑 안에 거하는 자는 하나님 안에 거하고 하나님도 그의 안에 거하시느니라."(요일 4:16)고 하셨습니다. 이는 하나님의 사람들은 사랑해야 된다는 것입니다. 바꾸어 말하면 사랑하지 않는 사람은 하나님의 사람이 아니라는 것입니다.

그러므로 예수님께서도 하나님을 사랑하고 이웃을 사랑하는 것이 모든 율법을 지키는 것이요 선지자들이 가르치는 내용이라고 하셨습니다(마 22:37~40). 예수님께서 새 계명으로 "서로 사랑하라 내가 너희를 사랑한 것 같이 너희도 서로 사랑하라"(요 13:34)고 하셨고, 또 "너희가 서로 사랑하면 모든 사람이 너희를 내 제자인 줄 알리라"(요 13:35)고 하셨습니다. 또 예수님을 사랑하면 계명을 지키라(요 14:15)고 하시며 "서로 사랑하라"(요 15:12)는 계명을 주셨습니다.

바울 사도께서도 "너희 모든 일을 사랑으로 행하라"(고전 16:14)고 하셨고, 요한 사도는 "우리가 서로 사랑하면 하나님이 우리 안에 거하시고 그의 사랑이 우리 안에 온전히 이루어지느니라."(요일 4:12)고 하셨습니다. 이 외에도 사랑이란 말이 성경에는 500번이 넘게 나옵니다.

그러므로 기독교는 사랑의 종교라고 할 수 있습니다. 사랑을 빼놓고는 기독교를 이야기한다는 것 자체가 잘 못인 것입니다.

그러면 사랑이란 무엇입니까?

사도 바울은 사랑은 이웃에게 악을 행하지 않는 것이라고 정의합니다. 즉 이웃에게 악을 행하지 않는 것이 모든 율법을 지키는 것이라고 하였습니다(롬 13:10). 이는 예수님의 가르침의 핵심이기도 합니다(마 22:40).

어느 신문을 보니까 사랑은 나눔이라고 합니다. 과연 나누어 주고 꾸어 주는 것이 사랑입니까? 물론 사랑의 한 단면을 보여주는 것이라고 할 수는 있을 것이나 나눔으로 사랑을 다 행하였다고 할 수는 없습니다. 어떻게 하는 것이 사랑입니까? 우리가 사랑이 무엇인지 알아야 사랑하는지 사랑하지 않는지 알게 되고, 예수님 안에 거하는지 아닌지를 알게 될 것입니다(고후 13:5).

사랑을 구체적으로 정의해 놓은 것이 고린도전서 13장입니다. 고린도전서 13장을 중심으로 하여 사랑을 정의하면 다음과 같습니다.

첫째, 사랑이 아닌 것을 사랑으로 알고 있는 것이 있습니다.

1)사람이 말을 잘 하면 사랑이 많다고 합니다. 즉 위로의 말이나 사랑스런 말을 잘하면 "그 사람은 사랑이 많아"라고 합니다. 그러나 성경은 사람의 방언과 천사의 말을 해도 사랑이 없으면 소리 나는 구리와 울리는 꽹과리가 된다고 했습니다. 아무리 좋은 말이라도 그것이 사랑은 아닌 것입니다. 즉 고운 말도 사랑이 뒷받침 될 때에 빛을 발한다는 말씀입니다(고전 13:1).

2) 예언의 능력과 모든 비밀과 모든 지식을 알고 있는 큰 믿음도 사랑은 아니라고 합니다. 이러한 능력도 사랑이 뒷받침 될 때에 빛을 발하게 되는 것이지 능력이 사랑은 아닌 것입니다(고전 13:2).

3) 많은 것을 나누어 주어도 사랑이 없으면 아무 유익이 없다고 하였습니다. 그러므로 나누어 주는 것 자체가 사랑은 아닌 것입니다. 나누어 주는 것도 사랑이 뒷받침 되어야 빛을 발하는 것입니다(고전 13:3).

둘째, 그러면 사랑은 무엇입니까?

1. 오래참고
2. 온유하며

3. 시기하지 아니하며

4. 자랑하지 아니하며

5. 교만하지 아니하며

6. 무례히 행치 아니하며

7. 자기의 유익을 구하지 아니하며

8. 성내지 아니하며

9. 악한 것을 생각하지 아니하며

10. 불의를 기뻐하지 아니하며

11. 진리와 함께 기뻐하고

12. 모든 것을 참으며

13. 모든 것을 믿으며

14. 모든 것을 바라며

15. 모든 것을 견디는 것이 사랑입니다(고전 13:4~7).

우리는 부모님의 사랑을 바다와 같다고 합니다. 그렇습니다. 부모님은 사랑을 다 행하시는 분이십니다. 부모님은 그 자식들에게 오래 참으십니다. 많은 사람은 아버지의 온유하신 얼굴을 기억할 것입니다. 또 어머니의 따뜻한 가슴을 그리워하기도 합니다. 어느 부모가 그 자식을 시기하시겠습니까? 옛말에 부모님이 기뻐하는 것이 있는데 그것은 '마른 논에 물 들어가는 것'과 '자식 입에 밥 들어가는 것'이라고 하였습니다. 지금은 관계시설이 잘되어서 천수답이 없을 것입니다만 옛날에는 천수답에 모를 심어놓고 가뭄으로 모가 타들어 가면 가슴이 많이 아픕니다. 그 때 비가 와서 마른 논에 물이 들어가면 보기 좋고 기쁜 일인 것입니다. 그리고 옛날에는 먹을 것이 없어서 흉년이 들면 굶는 사람이 많았습니다. 그래서 흉년에는 부모는 굶어서 죽고 자식은 배가 터져 죽는다는 말이 있습니다. 지금 생각하면 전설 같은 이야기입니다. 이 이야기는 부모는 굶더라도 자식들은 먹여 살려야 하는 것이 사람의 본능이기도 하였던 것입니다. 그러므로 자식들이 먹는 것을 가장 기쁜 일로 생각하였던 것입니다. 그리고 부모의 사랑이 크다고 할 수 있는 것은 부모가 자식 앞에 자랑하겠습니까? 혹 부모님이 자랑할 때가 있습니다. 이는 자식에게 용기를 주고 걱정하지 말라고 하실 때인 것입니다. 이렇게 보면 부모님은 사랑의 열다섯 가지를 다 행하시는 분들이십니다. 그러니 부모님의 사랑은 바다와 같다고 하여도 지나침이 없을 것입니다. 하나님은 "사랑이시라"고 하셨는데 그 말씀이 옳습니다. 하나님은 오래 참고 온유하시며 자랑치 않으시는 분이십니다.

우리가 사랑이 무엇인가를 알았으면 "우리가 서로 사랑하자" 하시는 성경 말씀을 따라 서로 사랑하며 살아갑시다.

여기서 부언하면 고린도전서 13장의 결론으로 "믿음 소망 사랑 이 세 가지는 항상 있을 것인데 그 중의 제일은 사랑이라"(고전 13:13)고 하였습니다. 그러면 왜 사랑이 제일입니까? 믿음이 없으면 구원을 얻지 못합니다. 예수님께서 "온 천하를 얻고도 제 목숨을 잃으면 무엇이 유익하겠느냐"고 하시면서 "무엇을 주고 제 목숨을 바꾸겠느냐"(마 16:26)라고 교훈하십니다. 그러면 믿음이 사랑보다 귀할 것입니다. 그런데 사랑이 제일이라고 한 이유는 무엇입니까? 그 이유는 믿음이 없이는 생명을 얻지 못하고, 생명이 없는 사람은 하나님의 나라에 소망을 두지 못합니다. 그리고 소망이 없는 사람은 사랑할 수가 없습니다. 그러므로 믿음이 있는 자가 소망을 가지고 살게 되고 소망이 있는 자가 사랑을 행할 수 있기 때문에 사랑이 제일인 것입니다.

다시 말씀드리면 믿음 없이는 소망을 가지지 못하고 소망을 가지지 못하면 사랑을 할 수가 없습니다. 사랑을 가진 사람은 믿음과 소망을 함께 가진 사람이기 때문에 사랑이 제일인 것입니다.

상받는 길(마 10:41) ?

질문 : 우리가 하나님의 상을 받으려면 어떻게 해야 합니까?

대답 : 우리가 하나님의 상을 받으려면 하나님의 말씀을 지켜야 합니다. 우리가 세상의 말을 지키면 세상의 상을 받고 선지자의 말씀을 지키면 선지자의 상을 받습니다. 특별히 생각할 것은 목사님의 말씀을 지키면 목사님의 상을 받습니다. 그러므로 우리는 누구의 말씀을 지키는 것이 아니라 하나님의 말씀인 성경을 부지런히 연구하여 하나님의 말씀을 지키며 살 때에 하나님의 상을 받는 것입니다.

사람에게 가장 즐거운 일 중의 하나가 상을 받는 일일 것입니다. 세상의 모든 것 중에서 사람만이 상을 받는 것입니다. 짐승이 상을 받고 기뻐하는 일은 없습니다. 짐승은 그 본능에 의하여 살기 때문에 순간순간 그 본능에 따라 흡족해하기도 하고 괴로워하기도 합니다. 그러나 사람은 본능에 의하여 살기 보다는 이성에 의하여 순간순간 그의 판단에 따라서 기뻐하기도 하고 슬퍼하기도 합니다. 그러므로 사람은 상을 받는 것이 가장 즐거운 일이 되는 것입니다. 사람은 이성에 의하여 판단하고 분석하고 결정하기 때문에 그들이 하는 일에 상을 받기 위하여 즉 그가 하는 일에 댓가를 받기 위하여 그의 행동을 결정하게 되는 것입니다. 사람이 사람에게 상을 받는 것도 매우 기쁜 일이지만 절대자이신 하나님께 상을 받으면 그보다 더 좋은 일이 없을 것입니다.

그러면 우리는 어떻게 하여야 하나님께 상을 받을 수 있겠습니까?

1. 계명을 두려워하는 자가 상을 받습니다(잠 13:13).

"말씀을 멸시하는 자는 자기에게 패망을 이루고 계명을 두려워하는 자는 상을 받느니라."(잠 13:13)고 하였습니다. 유다 나라가 망한 이유가 하나님의 사신을 비웃고 그의 말씀을 멸시하였기 때문입니다(대하 36:16). 하나님이 선택하신 하나님의 백성들이 하나님의 사신을 비웃고 그 선지자를 욕하므로 하나님께서 진노하사 회복할 수 없게 하셨으므로 하나님께서 갈대아인들에게 그들을 넘겨주심으로 그 나라가 망한 것입니다.

그러나 하나님의 계명을 두려워하여 그 계명을 지켜 행하면 상을 받게 되는 것입니다. 하나님께서 하나님의 계명을 지키는 자는 천 대까지 은혜를 베푸신다고 하였습니다(출 20:6). 그리고 우리 앞에 복과 저주가 있는데 여호와의 명령을 들으면 복을 받게 된다고 하였습니다(신

11:27). 그러나 여호와의 명령을 듣지 아니하고 다른 신을 섬기면 저주를 받게 되는 것입니다(신 11:28).

그러므로 하나님의 말씀을 멸시하지 말고 그의 계명을 두려워하여 지켜 행하면 상을 받게 되는 것입니다.

2. 하나님을 찾는 자가 상을 받습니다(히 11:6).

하나님을 믿는 자는 하나님께서 계신 것과 그를 찾는 자에게 상을 주시는 이심을 믿어야 합니다(히 11:6). 이는 하나님께서 우상과 달라서 살아계신 하나님은 우리의 소원을 들어주실 수 있는 분이심을 믿어야 할 것입니다. 그리고 그를 찾는 자에게 상을 주시는 분이십니다. 그러므로 하나님께 상을 받을 사람은 하나님이 어떤 분인가를 알고 살아계신 하나님을 찾는 자가 하나님의 상을 받는 것입니다(시 40:16).

3. 자기의 소유를 팔아 가난한 자에게 주는 자가 상을 받습니다.

예수님께서 "자기의 소유를 팔아 가난한 자에게 주고 주를 좇으면 하늘에서 보화가 네게 있으리라"고 하십니다(마 19:21, 막 10:21). 자기 소유를 가난한 자에게 나누어 주면 하늘에서 상을 받는 것입니다.

"가난한 자를 불쌍히 여기는 것은 여호와께 꾸어드리는 것이니 그의 선행을 그에게 갚아 주시리라."(잠 19:17)고 하였습니다.

4. 의를 위하여 박해를 받는 자가 상을 받습니다.

예수님을 위하여 욕을 먹고 악한 말을 듣고 참으면 하늘에서 상이 크다고 하였습니다(마 5:10~12).

5. 그러나 사람에게 보이려고 행하는 것은 상을 받지 못한다고
   하였습니다.

"사람에게 보이려고 그들 앞에서 너희 의를 행하지 않도록 주의하라 그리하지 아니하면 하늘에 계신 너희 아버지께 상을 받지 못하느니라"(마 6:1).

이는 사람에게 잘 보이려고 행하면 사람에게 상을 받을 수가 있습니다. 그러나 하나님이 보시도록 은밀히 행하면 하나님께서 상을 주신다는 것입니다.
우리는 하나님께 상을 받도록 진실하게 하나님의 계명을 따라 행하여야 할 것입니다.

서기관보다 나은 의가 무엇입니까?(마 5:20)

질문 : 예수님께서 "너희 의가 서기관과 바리새인보다 더 낫지 못하면 결코 천국에 들어가지 못하리라."고 하셨습니다. 서기관보다 더 나은 의가 무엇입니까?

대답 : 서기관보다 더 나은 의란 하나님의 말씀을 완전히 지켜 행하는 의가 서기관보다 나은 의입니다. 이 말씀은 서기관은 하나님께 벌 받지 않기 위하여 의무적으로 율법을 지킵니다. 그러나 예수님의 제자들은 믿음으로 구원을 받은 사람들로서 "네 이웃을 네 몸과 같이 사랑하라" 하신 말씀을 지키는 사람들입니다. 즉 예수님께서 완전케 하신 말씀을 지키는 사람들의 의가 서기관들의 의보다 나은 의 되는 것입니다.

예수님께서 "내가 너희에게 이르노니 너희 의가 서기관과 바리새인보다 더 낫지 못하면 결코 천국에 들어가지 못하리라."(마 5:20)고 하셨습니다. 우리 의가 서기관의 의보다 더 나아야 합니다. 만약에 서기관의 의보다 더 낫지 못하면 천국에 못 들어가니 서기관의 의보다 더 나은 의를 아는 것은 매우 중요한 것입니다. 그러면 서기관과 바리새인의 의보다 나은 의가 무엇입니까?

예수님께서 이 말씀을 하신 배경을 보면 예수님이 인간이 되어 이 땅에 오신 목적이 율법이나 선지자를 폐하려고 오신 것이 아니라 완전하게 하시기 위함이라고 하셨습니다. 율법을 완전하게 하여야 할 이유가 하나님의 말씀은 천지가 없어지기 전에는 없어지지 않고 다 이루어질 말씀이기 때문이라고 하셨습니다. 그러므로 '이 계명 중의 지극히 작은 것 하나라도 버리고 그 같이 가르치는 사람은 천국에서 지극히 작다 일컬음을 받을 것이요. 말씀을 그대로 행하며 그렇게 가르치는 자는 천국에서 크다 일컬음을 받으리라.'고 하신 후에 '너희 의가 서기관과 바리새인보다 더 낫지 못하면 결코 천국에 들어가지 못하리라'고 하셨습니다.

이렇게 보면 서기관보다 더 나은 의는 완전하게 하신 말씀을 지켜 행하며 그렇게 가르치는 것을 말한다고 볼 수 있습니다. 즉 서기관이나 바리새인들은 율법을 육적인 해석밖에 할 수가 없었습니다. 예를 들면 '살인하지 말라' 하신 계명은 육신의 생명을 끊는 것에 국한하여 사람이 그 육신의 생명을 훼손하여 육신적 죽음을 가져 오는 것이 살인죄가 되는 것이라고 하였습니다. 사람이 욕을 하고 미련한 놈이라고 폄하하는 것은 살인죄라고는 생각지도 못한 것입니다. 그러므로 살인죄를 짓지 않기 위하여 사람의 육신의 생명을 끊지 않는 것이 서기관의 의였습니다.

그래서 서기관이나 바리새인들은 하나님의 말씀을 하나님께서 인간들이 지키기를 바라는 원래의 뜻을 지키기 보다 사람의 생각에 합당하게 생각하는 대로 지켰습니다. 이것이 장로들의 유전입니다. 예를 들면

'부모를 공경하라'고 하신 말씀을 '고르반'이라고 하기만 하면 아무것도 하지 않아도 된다고 하였습니다. 이는 사람보다 하나님을 먼저 섬겨야 한다고 하는 의식이 있었던 것입니다. 그러나 서기관들은 하나님의 원래 뜻하는 말씀은 생각지 않고 자기들의 유익을 위해 말씀을 변질시켰던 것입니다. 이렇게 하나님의 원래의 뜻을 지키기보다 사람의 유전이나 사람의 생각을 지키는 것이 서기관의 의였습니다. 그들은 그들의 원수들에게 철저하게 보복하고 자기에게 유익하지 않으면 남을 돕는 일은 행하지 않았던 것입니다.

서기관의 의보다 더 나은 의는 말씀을 완전하게 행하는 것입니다. 즉 '살인하지 말라'는 계명은 육신적인 생명을 끊지 않아도 그 사람에게 손해를 끼치고 모욕을 주면 이것도 살인죄가 된다는 것입니다. 왜냐하면 예수님께서 가르치신 대로 하나님을 사랑하고 이웃을 사랑하는 것이 '모든 율법이요 선지자의 강령이니라.'고 하신 말씀은 어떤 계명이든지 '네 이웃을 네 몸과 같이 사랑하라'는 말씀에 다 들어 있기 때문입니다 (롬 13:9).

그러므로 예수님께서 "나는 너희에게 이르노니 악한 자를 대적하지 말라 누구든지 네 오른편 뺨을 치거든 왼편도 돌려 대며 또 너를 고발하여 속옷을 가지고자 하는 자에게 겉옷까지도 가지게 하며 또 누구든지 너로 억지로 오리를 가게 하거든 그 사람과 십리를 동행하고 네게 구하는 자에게 주며 네게 꾸고자 하는 자에게 거절하지 말라 또 네 이웃을 사랑하고 네 원수를 미워하라 하였다는 것을 너희가 들었으나 나는 너희에게 이르노니 너희 원수를 사랑하며 너희를 박해하는 자를 위하여 기도하라."(마 5:39~44)고 하신 것입니다.

서기관들은 율법에 쓰여 있는 대로 문자적인 해석에만 국한하여 법 정신은 잃어버리고 형식만 행하여 외식하는 자가 된 것입니다. 여기서 외식한다 하는 말씀은 법은 제정자의 의지가 나타나는 것인데 제정자의 의지는 행하지 않고 그 법의 형식만을 따르는 것입니다. 그러므로 바리새인과 서기관은 하나님께서 율법을 주실 때에 그 목적이 이웃과 함께 평안히 살게 하시기 위하여 제정하신 것인데(잠 3:29~31) 이 정신은 따르지 않고 자기들의 이익에만 끌려 행하는 자가 된 것입니다.

다시 말하면 서기관보다 나은 의는 하나님께서 주신 율법은 하나님께서 주실 때에 그 의지대로 이웃을 사랑하며 살게 하시기 위하여 주신 것으로 생각하여 이웃 사랑하기를 자기 몸과 같이 사랑하는 사람들이 서기관들보다 더 나은 의를 행하는 자로서 천국을 소유할 자들인 것입니다.

즉 "하늘에 계신 너희 아버지의 온전하심과 같이 너희도 온전하라."(마 5:48)는 말씀을 이루는 것이 바리새인들과 서기관들의 의보다 나은 의인 것입니다.

설교자의 마음(마 28:20)

질문 : 교회에서 가장 중요한 것이 설교입니다. 왜냐하면 설교는 성도의 믿음을 얻게 하는 길이기 때문입니다. 설교자는 어떤 마음을 가져야 됩니까?

대답 : 설교자의 역할은 매우 중요합니다. 왜냐하면 설교자가 설교를 어떻게 하느냐에 따라서 설교를 듣는 사람들의 믿음이 확증되기 때문입니다. 그러므로 설교자의 마음은 오직 성경으로 말하기를 원해야 합니다. 즉 설교자는 성경이 말하는 것만 말해야 합니다. 예수님께서 설교자의 올바른 사명을 규정해 주셨습니다. 이는 예수님의 말씀은 "내가 너희에게 분부한 모든 것을 가르쳐 지키게 하라"(마 28:20)고 하신 말씀입니다. 설교자는 자기의 확신이나 사상을 전하는 것이 아니라 예수님께서 우리들에게 분부하신 것만을 전하기를 위해 노력해야 하는 것입니다.

사람의 행동은 마음이 지배합니다. 행동이 마음을 지배하는 것이 아니라 마음이 행동을 지배하는 것입니다. 사람이 행동하기 전에 먼저 마음이 움직입니다. 물을 한 컵 먹을 때에 아무 생각 없이 물을 먹는 것이 아닙니다. 물이 먹고 싶다는 생각이 있고 그 후에 물이 어디에 있는지를 생각하고 또 물을 어디에 담아서 먹을 것을 생각한 후에 몸이 움직여 물을 먹게 되는 것입니다. 이와 같이 행동은 마음이 지배하게 되는 것입니다.

설교자도 그 마음속에 어떤 생각이 있는가가 중요합니다. 그 생각과 마음이 설교의 내용을 결정하게 됩니다. 올바른 설교자의 마음이 어떤 것입니까? 바울 사도는 이런 말을 합니다. "이제 내가 사람들에게 좋게 하랴 하나님께 좋게 하랴 사람들에게 기쁨을 구하랴 내가 지금까지 사람들의 기쁨을 구하였다면 그리스도의 종이 아니니라."(갈 1:10)고 하였습니다. 이는 하나님의 일꾼으로서 가져야 할 올바른 마음입니다. 설교자는 사람을 기쁘게 하는 것도 아니요 사람의 뜻을 따라 행하는 것도 아닙니다. 오직 하나님의 뜻을 전하는 것입니다. "모든 성경은 하나님의 감동으로 된 것으로 교훈과 책망과 바르게 함과 의로 교육하기에 유익하니 이는 하나님의 사람으로 온전하게 하며 모든 선한 일을 행할 능력을 갖추게 하려 함이라."(딤후 3:16~7)고 하였습니다.

그러므로 설교하는 사람은 성경이 교훈하면 그 교훈을 따라 가르치면 되는 것이고 책망하면 책망하는 것으로 가르치면 되는 것입니다. 또한 바르게 함은 바르게 함으로 가르치고 의로 교육하면 의로 교육하면 되는 것입니다. 성경이 교훈하는데 책망을 늘어놓으면 잘못된 것이고 성경이 책망을 하는데 교훈만 한다면 잘못된 것입니다. 설교자는 성경이 말하는 대로 가르쳐서 하나님의 사람으로 온전하게 하여 선한 일을 행할 능력을 갖추게 하면 되는 것입니다. 설교자는 하나님의 말씀을 잘 살펴서 하나님께서 사람들에게 전달하시고자 하시는 뜻을 전달하는 사람입니다.

바울 사도는 "내 말과 내 전도함이 설득력 있는 지혜의 말로 하지 아니하고 다만 성령의 나타나심과 능력으로 하여"(고전 2:4)라고 하였습니다. 이 말씀은 사람이 듣기 좋도록 하지 아니하고 하나님의 깊은 것까지 통달하시는 성령님의 능력으로 하나님의 뜻을 전하였다는 말씀입니다. 이것이 설교자의 마음이 되어야 합니다. 베드로 사도도 같은 마음을 가졌습니다. 베드로와 요한이 공회에 잡혀갔을 때에 위협하는 장로들에게 한 말이 무엇입니까? "베드로와 요한이 대답하여 이르되 하나님 앞에서 너희의 말을 듣는 것이 하나님의 말씀을 듣는 것보다 옳은가 판단하라 우리는 보고 들은 것을 말하지 아니할 수 없다 하니"(행 4:19~20)라고 하였습니다. 그렇습니다. 설교자는 어떤 상황에서도 하나님의 말씀을 듣고 그 말씀을 전달해야 하는 것입니다. 사도들은 목숨이 위태로울 때에도 하나님의 말씀을 전달하였습니다. 바울 사도는 하나님을 믿고 구원을 얻는 것은 할례가 아무 영향을 끼치지 않는다는 것을 알았습니다. 그러므로 유대인들이 위협을 가해 올 때에도 굴하지 않고 바른 진리를 전하였습니다.

그러므로 바울 사도는 "형제들아 내가 지금까지 할례를 전한다면 어찌하여 지금까지 박해를 받으리요 그리하였으면 십자가의 걸림돌이 제거되었으리니"(갈 5:11)라고 하였습니다. 즉 구원 얻는 조건이 할례가 아니라 믿음이라는 것을 전달할 때에 유대인들이 핍박을 한 것입니다. 구원 얻는 조건이 할례가 아니므로 어떠한 핍박이 와도 굴복하지 않고 바른 진리를 전하였던 것입니다. 그는 계속하여 "무릇 육체의 모양을 내려 하는 자들이 억지로 너희에게 할례를 받게 함은 그들이 그리스도의 십자가로 말미암아 박해를 면하려 함뿐이라."(갈 6:12)고 하였습니다. 할례를 받게 하는 것은 바른 진리가 아니라 유대인들의 박해를 피하기 위한 수단이라는 것입니다. 그러므로 그는 진리가 아닌 것을 박해를 받지 않으려고 억지로 행하게 하는 것이 부당하므로 자기는 할례를 행하지 않았다는 것입니다. 이와 같이 설교자는 자기의 상황을 고려하여 전하는 것이 아니라 하나님의 뜻을 전달해야 하는 것입니다.

설교자는 하나님의 뜻을 전달해야 하므로 성경말씀을 잘 해석해야 합니다. 설교자가 성경을 오해하여 잘못 가르치면 대단히 잘못된 것입니다. 왜냐하면 믿음은 그리스도의 말씀을 들음에서 난다고 하였습니다(롬 10:17). 그러므로 말씀을 잘못 가르치면 믿음이 잘못됩니다. 잘못된 말씀을 배워 잘못된 믿음을 가지고 구원을 얻을 수가 있겠습니까? 잘못된 믿음으로 구원을 얻을 수가 없는 것입니다. 성경은 증언합니다. "누구든지 나를 믿는 이 작은 자 중 하나를 실족하게 하면 차라리 연자 맷돌이 그 목에 달려서 깊은 바다에 빠뜨려지는 것이 나으니라."(마 18:6)고 하였습니다. 이 말씀은 설교자가 잘못된 성경해석으로 잘못된 설교를 하면 이를 듣는 자가 실족을 하게 될 것이니 그러면 이는 그 사람을 죽이는 결과를 가져오는 것이 되는 것입니다. 그만큼 설교자의 설교가 중요한 것입니다. 바울 사도는 설교가 중요함을 이렇게 강조하였습니다. "내게 주신 하나님의 은혜를 따라 내가 지혜로운 건축자와 같이 터를 닦아 두매 다른 이가 그 위에 세우나 그러나 각각 어떻게 그 위에 세울까를 조심할지니라 이 닦아 둔 것 외에 능히 다른 터를 닦아 둘 자가 없으니 이 터는 곧 예수 그리스도라."(고전 3:10~11)고 하였습니다. 이는 진리에서 벗어난 가르침을 경계한 것입니다. 설교자는 성경이 말하는 것만 말하고 자기의 의견이나 주장을 펼쳐서는 안 되는 것입니다. 설교자는 하인의 중풍병을 고쳐주기를 원하는 한 백부장의 말을 들어봐야 합니다. "나도 남의 수하에 있는 사람이요 내 아래에도 군사가 있으니 이더러 가라 하면 가고 저더러 오라 하면 오고 내 종더러 이것을 하라 하면 하나이다."(마 8:9)라고 하였습니다. 군사로 남의 수하에 있는 사람은 명령에 따라 움직여야 하는 것입니다. 군사는 그 상관이 오라면 오고 가라면 가야 되는 것입니다. 그 상관이 오라고 명령하는데 가고, 가라고 하는데 오면 이는 군사의 자격이 상실되고 마는 것입니다. 이와 같이 설교자는 하나님의 군사가 되어 또는 종이 되어 하나님이 말씀하시는 대로 순종해야 하는 것입니다. 하나님께서 오라고 하시면 오라고 가르치고 가라고 하시면 가라고 가르쳐야 합니다. 이를 거역하면 이미 하나님의 종이 아닙니다. 이 사람은 버려진 자입니다. 설교자는 충성되고 지혜 있는 종이 되어 주인에게 그 집 사람들을 맡아 때를 따라 양식을 나눠 주는 복을 받은 종이 되어야 합니다(마 24:44~46).

이 모든 것은 예수님의 가르침을 실천하는 것입니다. 예수님께서 이 땅을 떠나시기 직전에 마지막 지상 명령을 하셨습니다.

"내가 너희에게 분부한 모든 것을 가르쳐 지키게 하라"(마 28:20)

고 하신 말씀을 깊이 생각해서 예수께서 분부하신 것만을 가르쳐 지키게 하는 설교자의 삶을 살아야 할 것입니다.

성경해석의 중요성

질문 :

대답 :

(이 내용은 어느 교수님이 하나님의 말씀을 영해라고 하여 해석하는 것을 보고 너무 마음이 아파서 그 교수님께 질문한 내용입니다.)

교수님, 지금 한국교회는 성경을 잘못 풀고 또 성경을 알지 못하여 매우 혼란스러운 상황에 놓였다고 생각합니다. 그러므로 이단이 일어나 교회를 어지럽혀도 대항할 힘이 없는 것이 히스기야 왕이 말했듯이 "아이를 낳을 때가 되었으나 해산할 힘이 없도다."(왕하 19:3)한 것과 같은 시대입니다. 그 중에서도 총신대학교가 무너지면 누가 교회를 지키겠습니까? 교수님께서는 예수님께서 "갈릴리에서 만나자"란 말씀이 "예수님께서 제자들과 처음 만난 장소가 갈릴리이니 처음과 같은 마음(사랑)으로 돌아가자"는 뜻이라고 하셨습니다. 그 해석이 과연 옳은 것인지 알 수가 없습니다. 이 말씀이 옳고 그름을 따지기 전에 제가 생각하는 성경 해석의 중요성을 나름대로 정리한 것을 말씀드리고자 합니다.

성경 해석의 중요성은?

1. 종교의 객관성을 바로 세우는 것입니다.

종교의 요소에는 주관적인 요소와 객관적인 요소가 있습니다. 주관적인 요소는 믿음이고 객관적인 요소는 성경(하나님의 계시)입니다. 주관적인 요소로 믿음은 그 깊이와 분량에 따라서 여러 모양으로 나타날 수가 있습니다. 그러나 객관적인 요소는 모든 사람이 공통적으로 똑같이 가지는 객관성이 있어야 한다는 것입니다. 그러므로 성경을 풀 때에는 모든 사람이 이해가 되고 공유할 수 있도록 명확한 설명이 필요하다고 생각합니다. 만약에 객관적인 요소인 성경을 바로 해석하지 않고 주관적으로 푼다면 그 종교는 종교로서의 가치가 저하되고 미신으로 전락하고 말 것입니다.

저의 개인적인 경험으로 보면 성경은 하나님의 말씀이므로 하나님께서 그 백성들 즉 성도들에게 하시고자 하시는 뜻이 있다고 생각됩니다. 그렇다면 하나님께서 하시고자 하시는 그 말씀을 하나님의 뜻대로 해석하여 하나님의 백성들에게 전달하는 것이 하나님의 종의 의무라고 생각합니다.

2. 말씀은 신앙의 기준이 됩니다.

성경은 증언합니다. "그러므로 믿음은 들음에서 나며 들음은 그리스도의 말씀으로 말미암았느니라."(롬 10:17)고 하였습니다. 이와 같이 믿음은 말씀을 들음에서 나는 것입니다. 그러므로 성경을 잘못 풀면 믿음이 잘못 되는 것입니다. 잘못 된 성경말씀을 들으면 잘못 된 신앙이 될 수밖에 없지 않겠습니까? 그러므로 성경은 여러 해석이 있는 것이 아니라 하나의 해석이 있을 뿐입니다. 풍유적인 해석으로 이 사람은 이렇게 풀고 저 사람은 저렇게 풀면 믿음의 기준을 어디에 두어야 하겠습니까?

예를 들어보면 교수님께서 '갈릴리에서 만나자'(마 26:32)라는 말씀을 "처음의 사랑으로 돌아가자"라고 해석했습니다. 그러나 다른 사람이 그보다 "나사렛에서 무슨 선한 것이 날 수 있겠느냐"(요 1:46)는 말씀으로 "천하고 미약한 때를 생각하여 겸손하라."고 하신 말씀이라고 해석한다고 하면 틀렸다는 말을 할 수가 있겠습니까?

이렇게 되면 한 가지 성경 말씀이 여러 가지로 해석이 되는데 그러면 믿음은 서지 못하고 이리저리 흔들릴 것입니다. 그러므로 베드로 사도는 '성경을 억지로 풀면 스스로 멸망한다.'고 하였습니다.

"또 그 모든 편지에도 이런 일에 관하여 말하였으되 그 중에 알기 어려운 것이 더러 있으니 무식한 자들과 굳세지 못한 자들이 다른 성경과 같이 그것도 억지로 풀다가 스스로 멸망에 이르느니라."(벧후 3:16)고 했습니다. 성경은 신앙의 기준이 되므로 성경을 해석하는 사람들은 신중하게 연구해야 하고 억지로 풀어서는 안 됩니다.

3. 말씀은 공격하는 무기입니다.

성경에는 "모든 것 위에 믿음의 방패를 가지고 이로써 능히 악한 자의 모든 불화살을 소멸하고 구원의 투구와 성령의 검 곧 하나님의 말씀을 가지라."(엡 6:16~17)고 하였습니다.

여기서는 앞에 나오는 구원의 투구라든지 하는 것은 제쳐두고 믿음의 방패와 성령의 검에 대하여 말씀드리면 믿음은 방어무기이고 말씀은 공격무기입니다.

요즘 교회를 어지럽히는 이단을 방어할 수 있는 믿음이 굳센 교인은 그들이 아무리 유혹해도 끌려가지 않을 것입니다. 그들은 믿음이 약하거나 믿음이 없는 교인을 끌고가는 것입니다. 그러므로 베드로 사도는 (벧전 5:8) "근신하라 깨어라 너희 대적 마귀가 우는 사자같이 두루 다니며 삼킬 자를 찾나니"라고 했습니다. 마귀는 믿음이 굳은 사람을 공격하는 것이 아니라 약한 자를 공격합니다.

그러나 이단이 공격할 때에 말씀으로 그 공격을 물리칠 수가 있는 것입니다. 말씀으로 그들이 잘못 된 사상을 전한다고 하는 것을 증명하면 되는 것입니다. 말씀이 잘 정리되어 있지 않으면 그들을 물리치지 못합니다.

이단들은 한결같이 성경말씀을 가지고 그들의 사상을 전달합니다. 그러므로 풍유적 해석은 그들에게 공격을 받을때에 대항할수가 없습니다. 그들도 나름대로 성경을 가지고 대항할 것입니다. 그러면 어떻게 그들이 잘못 되었다는 것을 증언합니까?

그들을 대항할 수 있는 성경 해석 방법은 성경으로 성경을 풀어주는 해석밖에 없습니다. 풍유적 해석은 그들도 대항합니다. 물론 교수님께서 성경의 통제받는 상징 해석이라고 하셨습니다만, 성경이 한 가지 해석만 있는 것이 아니라 여러 가지 해석이 가능하다면 이단들도 틀렸다고 할 수 있겠습니까? 그들이 더 큰 소리로 우기는데요. 성경의 통제를 받는 것은 풍유적 해석이 아니라 성경이 성경을 해석하는 방법인 것입니다.

설교는 제일 먼저 성경 해석이 바르게 되어야 할 것입니다. 성경 해석이 바르게 되고 난 후에 여러 가지 적용이 나올 것입니다. 성경 해석이 잘못 되면 아무리 적용을 잘 한다고 하여도 그것은 바른 설교가 될 수 없을 것입니다. 제가 생각하는 성경 해석의 중요성을 간단하게 말씀드렸습니다.

그러면 이제 성경을 보는 사람의 마음가짐을 말씀드리겠습니다.

성경을 보면 상징성과 신비성이 있습니다. 비유도 있고 상징도 있습니다. 그러나 일차적으로는 성경이 증언하는 대로 해석해야 될 것입니다. 칼빈 선생이 말씀하셨듯이 '성경이 가는 데까지만 가야 한다.'고 생각합니다.

존경하는 교수님께서도 이 나라를 위하여 어린 학생들을 가르치시는 데 얼마나 큰 사명감을 가지고 있겠습니까? 교수님 같으신 분이 한 말씀하시면 이 나라 전체에 영향을 미치는 것입니다. 어린 학생들에게 잘못 된 풍유적 해석을 가르치면 교수님이야 성경으로 통제가 되겠지만 어리석은 자들이 성경의 통제를 받지 못하고 잘 못 될 수 있을 것입니다. 교수님께 배운 학생이 한 사람이라도 실족한다면 애석한 일이 될 것입니다. 그 책임을 어떻게 감당할는지 심히 우려됩니다.

예수님은 말씀하십니다. "누구든지 나를 믿는 이 작은 자 중 하나를 실족하게 하면 차라리 연자 맷돌이 그 목에 달려서 깊은 바다에 빠뜨려지는 것이 나으니라."(마 18:6)고 말입니다. 이 말씀은 성경을 잘못 가르쳐서 배우는 사람이 실족하는 일이 없도록 하라는 엄중한 명령이라고 생각합니다.

교수님을 존경하고 있는 제가 교수님의 성경 해석 방법을 어떻게 비평을 하겠습니까? 그러나 학자는 학자로서 책임이 너무 크기에 몇 자 적었습니다. 그리고 제가 교수님의 말씀을 잘못 보았거나 오해하였다면 용서하시기를 바랍니다.

(이 글은 어느 세미나에 참석하였다가 어느 교수님(이 분은 총신대학교 교수로 봉직하였음 그러나 개인적으로 이름을 밝힐 수가 없습니다.)의 강의를 듣고 질문한 내용입니다. 성경 해석에는 여러 방법이 있을 수 있습니다. 그러나 자기의 방법이 옳다는 것을 해명해야 할 것입니다. 가르치는 사람은 그 가르침이 너무 중요하기 때문에 그 교수님에게 질문한 것을 여기에 옮긴 것임을 밝힙니다.)

성령님이 하시는 일 ?

질문 : 예수님께서 성령님이 오신다고 하였습니다. 그러면 성령님이 오셔서 하시는 일이 무엇입니까?

대답 : 성령님이 오셔서 하시는 일을 한 마디로 표현하기는 매우 어렵습니다. 그러나 성경은 성령님이 오시는 이유는 예수님을 증언하시기 위함이라고 했습니다(행 1:8).

예수님께서 '성령을 받으라.'(요 20:22)고 하셨습니다. 그리고 "볼 지어다 내가 내 아버지께서 약속하신 것을 너희에게 보내리 니 너희는 위로부터 능력으로 입혀질 때까지 이 성에 머물라 하시니 라."(눅 24:49)고 하시므로 성령이 임하시는 것을 매우 귀중한 일이라고 말씀하셨습니다. 성령이 임하시는 것이 매우 중요합니다. 왜냐하면 성 도가 성령의 지배를 받지 않으면 마귀의 지배를 받게 됩니다(엡 2:2). 그러므로 성령님이 임하셔서 하나님의 백성들을 지배하는 것은 매우 중요한 일입니다.

그러면 성령님이 임하셔서 하시는 일이 무엇입니까? 요즘 성령 받았 다고 하는 사람들이 하는 일을 보면 병고치고 귀신 쫓는 일에 매달립니 다. 우리가 알 것은 성령님이 임하시면 병고치고 귀신 쫓는 것이 아니라 예수님을 중언하는 것이 가장 큰 사역입니다. 병을 고치는 것과 귀신을 쫓아내는 것은 예수님께서 함께하시는 것을 증언하는 일입니다. 예수님 께서 병을 고치시고 귀신을 쫓아내신 것은 마귀의 지배를 받고 있는 하 나님의 백성들을 해방시켜 구원을 얻게 하시기 위함입니다. 그 일을 위 하여 광야에서 마귀의 시험을 받으셨던 것입니다. 마귀를 이기심으로 마귀에게 지배받는 그 백성들을 자기에게로 인도하실 수가 있었습니다.

부활하신 예수님께서 "오직 성령이 너희에게 임하시면 너희가 권능을 받고 예루살렘과 온 유대와 사마리아와 땅 끝까지 이르러 내 증인이 되 리라."(행 1:8)고 하시고 하늘로 올라가셨습니다. 성령님이 하시는 일은 예 수님을 증언하는 일인데 이를 세분화하여 구체적으로 말씀드리면 다음 과 같습니다.

1. 성령은 예수를 믿게 합니다.

바울 사도는 고린도 교인들에게 "내가 너희에게 알리노니 하나님의 영으로 말하는 자는 누구든지 예수를 저주할 자라 하지 아니하고 또 성령으로 아니하고는 누구든지 예수를 주시라 할 수 없느니라."(고전 12:3)고 하였습니다. 이 말씀은 예수님을 성령께서 증언하지 않으시면 예수님이 그리스도이신 것을 알지 못하여 믿지 못하므로 성령님이 오셔서 예수님을 증언하셔야만 예수님이 주가 되심을 믿게 된다는 말씀입니다. 성령님께서 우리 속에 오셔서 우리 심령에 예수님을 알게 하심으로 우리가 '아 그렇구나!' 예수님이 사람이 아니라 하나님의 아들로서 우리를 구원하신 구세주가 되신다는 것을 알게 되어 예수님을 향하여 '주여'라고 고백할 수가 있는 것입니다. 이와 같이 예수님을 주라고 시인하는 것은 성령으로 거듭난 사람만이 할 수 있는 것입니다. 사람은 성령님이 임하셔서 거듭나더라도 외모는 변하지 않습니다. 거듭난 사람이든지 거듭나지 못한 사람이든지 육신의 눈으로 보면 똑같은 것입니다. 그러나 그 속에 성령님이 임하셔서 예수님을 증언하시면 그 속사람이 변하여 믿음의 사람이 되는 것입니다(요3:5~8). 그러므로 믿음은 하나님의 선물이지 자기가 스스로 가지는 것이 아닌 것입니다(엡 2:8). 예수님께서 "내가 하나님의 성령을 힘입어 귀신을 쫓아내는 것이면 하나님의 나라가 이미 너희에게 임하였느니라."(마 12:28)고 하셨는데 이는 성령님이 임하시면 권능을 얻고 예수님을 믿으니 하나님의 통치를 받는 사람이 된다는 것입니다. 그러므로 하나님의 통치를 받는 사람은 이미 그 안에 하나님의 나라가 이루어진 것입니다. 그러므로 성령님은 예수님을 믿도록 인도하십니다.

2. 권능을 얻게 하십니다.

"오직 성령이 너희에게 임하시면 너희가 권능을 받고 예루살렘과 온 유대와 사마리아와 땅 끝까지 이르러 내 증인이 되리라 하시니라."(행

1:8)고 하셨습니다. 인간은 범죄로 인하여 무능력하고 무지하여 하나님을 알지 못하고 구원의 길을 알 수가 없었습니다. 그러므로 성령님의 힘을 입지 않으면 구원의 길을 알지 못하고 구원의 확신이 없으면 자기의 사명을 감당하지 못하는 것입니다. 그러나 성령님이 임하시면 권능을 받고 예수님을 증언할 수가 있는 것입니다. 예수님께서 성령에 대하여 말씀하시기를 "사람들을 삼가라 그들이 너희를 공회에 넘겨주겠고 그들의 회당에서 채찍질하리라 또 너희가 나로 말미암아 총독들과 임금들 앞에 끌려가리니 이는 그들과 이방인들에게 증거가 되게 하려 하심이라 너희를 넘겨 줄 때에 어떻게 또는 무엇을 말할까 염려하지 말라 그 때에 너희에게 할 말을 주시리니 말하는 이는 너희가 아니라 너희 속에서 말씀하시는 이 곧 너희 아버지의 성령이시니라."(마 10:17~20)고 하셨습니다. 이는 하나님의 백성들이 복음을 전하기 위하여 나아갈 때에 총독들과 임금들 앞에 끌려 갈 것인데 그 때에 무능하고 무지한 그들이 아무 말도 못하는 상황에서 성령님께서 권능을 주셔서 그들 앞에서 말하게 하시는 것입니다. 이는 베드로가 장로들 앞에 끌려갔을 때에 막힘없이 예수님을 증언했던 것은 그의 힘이 아니라 성령께서 하신 일이었습니다(행 4:1~14). 우리는 성령님이 임하시면 권능을 받고 땅 끝까지 가서 예수님을 증언할 수 있는 능력이 있게 된다는 것을 믿고 힘써 전도하는 사람이 됩시다.

3. 사람을 인도하십니다.

예수님께서 세례 받으시고 광야로 가셔서 마귀에게 시험을 받으셨습니다. 이는 예수님께서 시험을 받겠다고 하여 광야로 가신 것이 아닙니다. 예수님께서 스스로 광야로 가신 것이 아니라 성령님께 이끌리어 가신 것입니다. 마태는 이 사실을 예수님께서 성령에 이끌리어 광야로 가셨다고 진술하고 있으며(마 4:1), 마가는 성령이 예수를 광야로 몰아내었다고 진술하고 있습니다(막 1:12). 성령님께서 사람의 생각을 지배하셔서 그가 어디로 가든지 이끌고 가시는 것입니다.

다윗 왕에게 용사 삼십 명의 우두머리 아마새라는 부하가 있습니다. 그는 성령에게 감싸여서 다윗에게 가서 다윗을 돕겠다고 고백합니다. 이는 사람이 스스로 생각하고 결정하는 것이 아니라 성령께서 이끌고 계시는 것입니다(대상 12:18). 바울 사도를 성령님께서 인도하십니다. 성령님께서 바울을 아시아에서 말씀을 전하지 못하게 하심으로 아무리 애를 써도 성공하지 못하고 유럽인 마게도냐로 가게 되었습니다(행 16:6~10). 이러므로 사람들과의 만남과 왕래하는 일도 성령님께서 인도하시는 것입니다. 그러므로 세상에는 우연이란 있을 수가 없고 성령님의 인도하심을 받아 행하게 되는 것입니다. 그러므로 우리는 밝은 마음을 가지고 성령님의 인도하시는 대로 순종하는 복을 받아야 합니다.

4. 진리를 알게 하십니다.

예수님께서 성령님이 임하시면 "보혜사 곧 아버지께서 내 이름으로 보내실 성령 그가 너희에게 모든 것을 가르치고 내가 너희에게 말한 모든 것을 생각나게 하리라."(요 14:26)고 하셨습니다. 예수님께서 그 제자들을 데리시고 다니시면서 복음을 전하시며 진리를 가르치셨습니다. 예수님의 가르치심을 보면 책에 기록된 대로 어떤 자료를 가지고 가르치신 것이 아니라 그냥 이야기하는 식으로 가르치셨습니다. 그러므로 그 제자들은 예수님의 가르치시는 것을 다 기억할 수가 없었을 것입니다. 제자들 중에 어떤 이는 예수님의 가르치시는 내용을 기억하기를 바라고 있었을 것입니다. 그들은 예수님의 가르치심을 잊어버리고 아쉬워하기도 했을 것입니다. 그때 예수님께서 성령님이 오시면 이 모든 것을 가르치시고 생각나게 하시겠다고 하신 것입니다.

예수님께서 "성령님이 오시면 그가 너희를 모든 진리 가운데로 인도하시리니 그가 스스로 말하지 않고 오직 들은 것을 말하며 장래 일을 너희에게 알리시리라."(요 16:13)고 하셨습니다. 그러므로 성령님을 '진리의 성령'이라고 하는 것입니다. 우리는 성령님이 임하셔서 진리를 가르치실 때에 지혜로운 마음을 가져 진리의 전파자가 되는 것입니다.

5. 예수님을 알게 하셔서 그를 영접하게 하십니다.

세례 요한은 모태에서 주님의 모친이 임하심을 알고 그 어머니의 태 안에서 뛰놀았습니다(눅 1:44). 성령님이 하시는 일은 사람의 마음을 주장하셔서 예수님을 영접하게 하시는 것입니다. 이삭의 아들은 에서와 야곱으로 쌍둥이입니다. 이들이 그 어머니의 태중에 있을 때에 그들에게 두 국민으로 나뉘게 하시고 큰 자가 어린 자를 섬기게 하신다고 하였습니다(창 25:21~23). 그 결과 어린 야곱은 조용한 사람이 되어(창 25:27) 장자의 명분을 귀하게 여겨 죽 한 그릇으로 장자의 명분을 사게 하셨고(창 25:29~34), 하나님이 정하신 대로 야곱이 장자의 복을 받기를 그렇게 원하였던 것입니다. 이와 같은 마음은 성령께서 역사하시는 것입니다. 그러므로 우리들로 하여금 하나님을 잘 섬기게 하시는 것을 귀하게 여깁시다. 이것은 성령님이 하시는 일입니다.

6. 하나님께서는 성령을 주시기도 하시고 거두어 가시기도 하십니다.

예수님께서 구하는 자에게 성령을 주신다고 증언하십니다. "너희가 악할지라도 좋은 것을 자식에게 줄 줄 알거든 하물며 너희 하늘 아버지께서 구하는 자에게 성령을 주시지 않겠느냐 하시니라."(눅 11:13)고 하셨습니다. 이는 아버지 하나님께서 구하는 자에게 성령을 주신다는 것입니다. 그러므로 예수님께서 성령을 "보혜사 곧 아버지께서 내 이름으로 보내실 성령"(요 14:26)이라고 하셨고, "내가 아버지께로부터 너희에게 보낼 보혜사 곧 아버지께로부터 나오시는 진리의 성령"(요 15:26)이라고 하셨습니다. 이는 예수님께서 성령을 주시는 분이라는 것입니다. 예수님께서 성령을 주시는 분이시니까 그분에게 구할 때에 성령을 주신다는 것입니다. 이와 같이 성령님을 주시는 분이 있으므로 또한 거두어 가시기도 하신다는 것입니다.

시편에서 "나를 주 앞에서 쫓아내지 마시며 주의 성령을 내게서 거두지 마소서"(시 51:11)라고 하셨습니다. 이는 성령님을 거두어 가시기도 하신다는 것입니다. 바울 사도께서도 같은 말을 하십니다. "성령을 소멸하지 말며"(살전 5:19)라고 하여 성령이 소멸되기도 하고 거두어 가시기도 하신다는 것을 말합니다. 그러므로 하나님의 백성들은 기도하기를 쉬어서는 안 됩니다. 예수님께서 구하는 자에게 성령님을 보내심으로 열심히 구하여서 항상 성령님으로 충만한 생활을 해야 합니다.

7. 우리의 믿음을 확증해 주십니다.

"성령이 친히 우리의 영과 더불어 우리가 하나님의 자녀인 것을 증언하시나니"(롬 8:16)라고 하셨습니다. 이는 우리의 믿음을 성령님께서 친히 확증하여 증언하심으로 우리의 믿음이 견고하게 된다는 말씀입니다. 그러므로 바울 사도께서 "너희가 믿음에 있는가, 너희 자신을 시험하고 너희 자신을 확증하라 예수 그리스도께서 너희 안에 계신 줄을 너희가 스스로 알지 못하느냐 그렇지 않으면 너희가 버리운 자니라."(고후 13:5)고 하였습니다. 이는 성령님께서 친히 우리 속에서 예수님을 증언하시기 때문에 확신을 가질 수가 있는 것입니다. 우리가 믿음을 확증하기 위해서는 성령님께서 우리 속에서 증언하지 않으시면 불가능합니다.

그러므로 성령님이 오시면 우리를 믿음으로 인도하여 구원을 받도록 하실 것입니다.

이 모든 일 곧 성령님이 하시는 일은 여러 가지로 표현하지만 이를 한 마디로 표현하면 성령님은 "예수님을 증언하신다."는 것입니다. 그러므로 성령님이 하시는 일은 예수님을 증언하시는 것입니다.

성령을 받으면(행 1:8) ?

질문 : 성령이 임하시면 권능을 받는다고 하셨습니다(행 1:8). 성령이 임하시면 사람이 어떻게 변합니까?

대답 : 성령이 임하시면 사람이 바뀝니다. 어떻게 바뀌어지냐 하면 1)생각이 바뀝니다. 2)가치관이 바뀝니다. 3)성품이 바뀝니다. 4)육신도 바뀝니다.

성경은 증언합니다. "너희가 하나님의 성전인 것과 하나님의 성령이 너희 안에 거하시는 것을 알지 못하느뇨."(고전 3:16)라고 하였습니다. 또한 "너희 몸은 너희가 하나님께로부터 받은바 너희 가운데 계신 성령의 전인 줄을 알지 못하느냐 너희는 너희의 것이 아니라 값으로 산 것이 되었으니 그런즉 너희 몸으로 하나님께 영광을 돌리라."(고전 6:19~20)고 하였습니다. 우리 안에 성령님이 거하시므로 우리가 하나님의 성전이 되어 하나님의 영광의 도구가 되었다는 것입니다. 그러므로 성령이 임하시면 우리가 어떻게 변합니까? 성령이 임하시면 우리가 값으로 사신 성전이 되었으니 성령이 임하시기 전과 후에는 많은 변화가 있을 것입니다. 성령이 임하시면 사람이 어떻게 변하는지 알아보고자 합니다.

요즘 어느 교파에서는 "성령을 받으라."는 말씀을 강조하면서 성령시대라고 합니다. 그러나 성령님은 신약시대뿐 아니라 구약시대에도 역사하셨고, 태초부터 삼위일체 하나님으로 계시면서 일하고 계셨습니다. 창세기 1장 2절에 "하나님의 영은 수면 위에 운행하시니라."고 하셨습니다. 수면 위에 운행하시는 하나님의 영은 성령 하나님이십니다. 그러므로 어느 한 시대를 성령의 시대라고 하는 것은 성경을 보는 눈이 좁은 것임에 틀림이 없습니다. 여기서는 이런 내용을 논하고자 하지 않습니다. 다만 성령님이 우리를 전으로 삼으시고 계시면 사람이 어떻게 변하는가 하는 문제를 말하고자 합니다.

예수님께서는 성령이 임하시면 권능을 받는다고 하셨습니다(행 1:8). 성령의 권능을 받은 자는 어떻게 변하는가 하는 문제는 매우 궁금한 것입니다. 성령님의 권능을 보기 전에 귀신의 역사를 보고자 합니다. 왜냐하면 귀신 들린 자도 귀신 들리기 전과 후가 너무 다르기 때문입니다. 이 귀신 들린 자의 변화를 보고 성령님이 임하시면 사람이 어떻게 변하는가를 미루어 짐작하고자 합니다.

마태복음 8장 28절~34절의 말씀을 보면 귀신 들린 자 둘이 무덤 사이에 거하다가 주님이 지나 가심을 보고 나왔습니다. 그 귀신 들린 자들은 몹시 사나워서 아무도 그 길로 지나갈 수 없었다고 합니다. 그리고 마가복음 5장 1절~20절에는 귀신 들린 자가 한 사람이 나왔습니다. 그 사람은 무덤 사이에 거처하는데 그를 쇠사슬로도 맬 수 없었습니다. 왜냐하면 그는 쇠사슬에 묶였어도 쇠사슬을 깨뜨렸음으로 아무도 그를 제어하지 못했습니다. 그 사람은 밤낮 무덤 사이에서나 산에서나 늘 소리를 지르며 돌로 자기 몸을 해치고 있었습니다. 이렇게 된 것은 군대 마귀가 들어가 있었기 때문입니다. 또 누가복음 8장 26절~39절에는 귀신 들린 사람을 "오래 동안 옷을 입지 아니하며 집에 거하지도 아니하고 무덤 사이에 거하는 자라."고 하였습니다. 그리고 귀신이 그 사람을 붙잡으면 쇠사슬과 고랑에 매어 지켰어도 끊고 귀신에게 몰려 광야로 나갔다는 것입니다.

귀신 들린 자의 기사 내용을 보면 그 사람은 귀신이 들렸을 때에 변했다는 것입니다. 어떻게 변하였습니까?

1) 생각이 변했습니다.

그는 사람들과 어울려 살지 못하고 무덤 사이에 거하였습니다. 이는 그의 생각이 변하여 그렇게 된 것입니다. 귀신이 들어가기 전에는 보통 사람으로 다른 사람들과 어울려 살면서 평범한 생활을 했을 것입니다. 그러나 귀신이 들어가니 그의 생각이 변하여 사람과 함께 사귀며 살지 못하고 무덤 사이로 갔을 것입니다.

2) 가치관이 변했습니다.

그 사람은 집이 있어도 집에 거하지 못하였습니다. 집보다는 무덤 사이나 산이 더 좋아 보인 것입니다. 그는 자기 집보다는 무덤 사이가 더 좋아 보였기 때문에 자기 집을 버리고 무덤으로 간 것입니다.

3) 성품이 변하였습니다.

그 귀신 들린 사람은 몹시 사나워 아무도 그가 있는 길로 지나가지 못하였습니다. 그가 귀신이 들리기 전에는 사람들과 어울려서 지냈던 사람입니다. 그렇게 평범한 사람이 귀신이 들리고 나니 사나워져서 사람들과 어울리지 못한 것입니다.

4) 육신의 근력이 변했습니다.

보통 사람 같으면 쇠사슬이나 고랑을 깨뜨리지 못합니다. 그리고 웬만하면 한두 사람에게 제압을 당합니다. 그러나 그 사람이 있는 곳은 아무도 지나가지 못했으니 한두 사람 가지고는 그 사람을 당하지 못한 것입니다.

이와 같이 귀신이 사람 속에 들어가니 그 사람이 바뀐 것입니다. 피조물인 귀신이 들어가도 사람이 생각이 바뀌고, 가치관이 바뀌고, 성품이 바뀌고, 육신의 권력까지도 바뀌었습니다. 피조물인 귀신이 들어가도 이렇게 사람이 바뀌는데 하물며 창조주이신 성령님이 거하시면 사람이 바뀌는 것은 자명한 일입니다.

그러면 이제 성령님이 임하시면 어떻게 바뀝니까? 이는 저의 생각으로 정리해 봤습니다.

1. 생각이 바뀝니다.

바울 사도는 "성령으로 아니하면 누구든지 예수를 주시라 할 수 없느니라."(고전 12:3)고 하셨습니다. 또한 "사람들이 너희를 끌어다가 넘겨

줄 때에 무슨 말을 할까 미리 염려치 말고 무엇이든지 그 시에 너희에게 주시는 그 말을 하라 말하는 이는 너희가 아니요 성령이시니라."(막 13:11)고 하셨습니다. 이 말씀은 우리 사람들이 성령님이 임하시면 우리의 생각이 바뀌니까 이제까지는 예수님이 그냥 사람인 줄 알았는데 우리의 주인이 되심을 알게 된다는 것입니다. 그리고 우리의 생각이 바뀌니까 지금까지는 무슨 말을 할까 어떻게 대처할까? 염려가 되었지만 성령님으로 인하여 바뀐 생각은 그때그때 바로 대처할 말이 입에 있게 되는 것입니다. 예수님께서 "입으로 들어가는 것이 사람을 더럽게 하는 것이 아니라 입에서 나오는 것이 사람을 더럽게 한다."(마 15:11)고 말씀하십니다. 입에서 나오는 것은 무엇입니까? 사람의 마음에서 나오는 것입니다. 이 마음에서 생각이 나옵니다(마 15:18~19). 성령님이 임하시면 마음이 바뀌고 생각이 바뀌어서 예수를 육신적으로만 보는 것이 아니라 영안이 열려서 예수가 우리의 주인이 되신다는 것을 알게 되는 것입니다.

2. 가치관이 바뀝니다.

바울 사도는 젊어서 성공한 사람입니다. 그러나 그에게 성령이 임하시니 그는 이 세상의 것을 배설물같이 버리고 더 고상한 십자가를 전하는 사람이 되었습니다.(빌3:8) 가치관이 바뀔 때에 더 가치 있는 것을 택하게 되는 것입니다. 마태복음 13장에 보화 비유와 진주 비유가 그런 경우입니다. 마태복음 13장 44절에 보화를 발견한 사람이 자기가 발견한 보화가 자기의 모든 소유보다 더 귀하게 여겨졌기 때문에 자기의 소유를 다 팔아 그 보화가 있는 밭을 산 것입니다. 그리고 또한 값진 진주를 만난 그 사람은 그 진주가 그의 소유보다 더 귀하기 때문에 그의 소유를 다 팔아 그 진주를 산 것입니다. 이와 같이 바울사도도 성령이 임하시니 그의 모든 세상적인 부귀와 명예와 권세보다 십자가의 도가 귀하게 생각되기 때문에 세상 것을 배설물 같이 버리고 십자가의 길을 간 것입니다. 이와 같이 성령이 임하시면 가치관이 바뀌어 세상을 버리고 하나님을 따르게 되는 것입니다.

3. 성품이 바뀝니다.

성령의 열매 중에 온유의 열매가 있습니다(갈 5:23). 성령님이 임하시면 포악하던 사람이 온유하게 되는 것입니다. 바울 사도가 예수 믿기 전에는 성도들을 죽이고 색출하여 옥에 가두는 사람이었습니다. 그러나 그가 예수를 만나 성령의 충만한 사람이 되니 사람을 살리는 사람이 되었습니다. 성령이 임하시면 성품이 바뀝니다.

4. 육신의 힘이 바뀝니다.

성령님은 영이십니다. 영이신 성령이 임하시면 사람의 육신의 힘까지도 바뀌게 되는 것입니다. 다윗왕은 어린 나이에 성령의 감동을 입은 사람입니다. 그러므로 다윗은 육신의 힘까지도 크게 더하여졌던 것입니다.

다윗은 사무엘이 기름을 부어 왕을 삼았을 때에 여호와의 신에 크게 감동되었습니다(삼상 16:13). 이 다윗은 여호와의 신에 감동되었기 때문에 육신의 힘이 강해진 것입니다. 다윗이 골리앗을 쳐 죽일 때는 10대의 어린 아이였습니다. 그런데 그는 골리앗을 쳐 죽이기 전에 사자나 곰을 쳐 죽이는 괴력의 사람이었습니다(삼상17:34~36). 사자나 곰은 어린 이가 쳐 죽일 수 있는 동물이 아닙니다. 사무엘하 23장 20절에 "갑스엘 용사의 손자 여호야다의 아들 브나야"는 눈 올 때에 함정에 내려가 한 사자를 죽였다고 하였습니다. 이것은 사자를 아무나 죽일 수 있는 것이 아니라 용사 중에도 용사인 브나야 같은 사람만이 죽일 수 있는 것이기 때문에 이름을 얻은 것입니다. 그런데 다윗은 10대의 어린 나이에 곰이나 사자를 쳐 죽이고 아버지의 양을 빼앗아 왔으니 이는 사람의 힘으로서는 행하기 어려운 일입니다. 다윗에게 있는 큰 힘은 여호와의 신에 크게 감동되었을 때부터 있었던 것으로 볼 수밖에 없습니다.

다윗이 골리앗을 쳐 죽일 때에 그는 칼도 없이 물매 돌을 취하여 던지니 그 돌이 골리앗의 이마에 박혀서 골리앗이 죽었습니다. 이는 보통 사람으로서는 불가능한 일입니다. 왜냐하면 골리앗은 투구를 쓰고 있었습니다. 투구는 보통 이마를 가리게 되어 있습니다. 투구를 쓰고 있는 골리앗의 이마에 돌이 박힐 정도의 힘은 건장한 장정으로도 할 수 없는 일입니다. 이로 보면 다윗은 어려서부터 하나님의 신에 크게 감동함을 받은 사람으로서 그 육신의 힘이 강건하여 보통 사람으로서는 당할 수 없는 사람이 되었던 것입니다. 이와 같이 성령님이 임하시면 육신의 힘까지도 바뀌는 것입니다.

5. 영적으로도 힘을 얻습니다.

예수님은 증언합니다. "그러나 내가 하나님의 성령을 힘입어 귀신을 쫓아내는 것이면 하나님의 나라가 이미 너희에게 임하였느니라."(마 12:28)고 말씀하셨습니다. 이는 하나님께서 예수님에게 성령을 물 붓듯이 부어주셨기 때문에 귀신을 쫓아내는 일이 가능한 일입니다. 물론 예수님은 성자 하나님이시기 때문에 모든 것이 가능한 일입니다만 예수님이 사람이 되어 이 땅에 오셨을 때에는 성령을 물 붓듯 부어주심으로 귀신을 쫓아낼 수 있었다는 말씀입니다. 또한 예수님께서 말씀하십니다. "그러하나 진리의 성령이 오시면 그가 너희를 모든 진리 가운데로 인도하시리니 그가 자의로 말하지 않고 오직 듣는 것을 말하시며 장래 일을 너희에게 알리시리라."(요 16:13)고 하십니다. 이는 성령이 임하시면 힘을 얻도록 진리 가운데로 인도하시는 것입니다. 그뿐 아니라 성령님은 우리의 기도를 도우시는 분이십니다. "이와 같이 성령도 우리 연약함을 도우시나니 우리가 마땅히 빌 바를 알지 못하나 오직 성령이 말할 수 없는 탄식으로 우리를 위하여 친히 간구하시느니라."(롬 8:26)고 하였습니다.

이와 같이 우리에게 성령이 임하시면 영적으로도 큰 힘을 얻어 마귀를 대적하고 세상을 이길 수 있게 되는 것입니다. 그러므로 성경은 "마귀를 대적하면 너희를 피하리라."(약 4:7)고 하십니다. 마귀를 대적할 수 있는 힘은 성령님이 임하시면 가능하기 때문에 "너희는 하나님께 순복할지어다."라는 것입니다. 이는 성령님이 임하시면 영적으로도 힘을 얻기 때문입니다.

"성령이 임하시면 권능을 받고 내 증인이 되리라."고 하신 주님의 말씀을 듣고 성령님이 임하시므로 변화되어서 주의 일을 크게 하는 사람이 됩시다.

세례 요한과 예수님의 활동한 시기는 언제인가?

질문: 세례 요한과 예수님은 함께 활동한 것인가요? 아니면 세례 요한의 사명이 끝나고 예수님이 활동을 시작한 것인가요? 즉 예수님과 세례 요한은 함께 활동하였나요? 아니면 세례 요한의 사명이 끝나고 나서 예수님이 활동하셨나요?

대답: 세례 요한과 예수님은 같이 활동했습니다. 그러나 공관복음에는 세례 요한의 활동이 끝나고 예수님이 활동하셨다고 하였고, 요한복음에는 함께 활동하였다고 하였습니다. 그 이유는 각 복음서마다 기록의 목적이 다르기 때문에 그렇습니다. 공관복음에는 세례 요한이 예수님의 길을 평탄하게 하는 사명을 기록하였고, 요한복음은 세례 요한이 예수님을 증언하는 것을 기록하였기 때문에 다르게 기록된 것입니다.

(공관복음에는 요한의 활동이 끝난 후에 예수님이 활동하셨다고 하였고, 요한복음에는 요한과 예수님이 동시에 활동하셨다고 되어있습니다. 그러면 어느 것이 옳은가?)

세례 요한과 예수님은 같은 시기에 태어났습니다. 태어난 시기는 6개월의 차이를 두고 있습니다(눅 1:36). 예수님께서 공생애를 시작하신 시기가 요한보다 약간 늦은 시기입니다. 요한이 예수님보다 먼저 활동하였습니다. 그러기에 요한이 유대 광야 요단강에서 세례를 주고 있었을 때에(마 3:1, 눅 3:3) 예수님께서 그에게 가서서 세례를 받으신 것입니다.

예수님이 공생애를 시작하실 때의 기록을 보면 마태복음에는 예수님께서 마귀의 시험을 이기시고 요한의 잡힘을 들으시고 갈릴리로 물러가셨다가 나사렛을 떠나 스불론과 납달리 지경 해변에 있는 가버나움에서 비로소 "회개하라 천국이 가까웠느니라."고 선포하셨다고 기록하였습니다(마 4:12~17). 이는 예수님께서 요한이 잡힘을 들으시고 그 때부터 복음을 전파하셨다고 하는 것입니다.

마가복음에는 마태복음과 같이 예수께서 마귀에게 시험을 받으시고 요한이 잡힌 후에 갈릴리에 오셔서 복음을 전파하셨다고 하였습니다(막 1:13~15). 또한 누가복음에는 요한이 옥에 갇힌 후에 갈릴리에서 가르치셨다고 되어 있습니다(눅 3:20, 4:15). 그리고 요한복음에는 예수님과 세례 요한이 동시에 활동하신 것으로 기록되었습니다. "이튿날 요한이 예수께서 자기에게 나아오심을 보고 이르되 보라 세상 죄를 지고 가는 하나님의 어린 양이로다."(요 1:29)라고 하였고, 또 요한이 그 두 제자에게 예수님을 증언합니다(요 1:35~42). 이는 예수님과 요한이 함께 있어서 동시에 활동함을 보여줍니다. 그리고 예수님께서 니고데모를 가르치신 것을 기록하신 후에 요한과의 관계에 대하여 기록하였습니다. "그 후에 예수께서 제자들과 유대 땅으로 가서 거기 함께 유하시며 세례를 베푸

시더라 요한도 살렘 가까운 애논에서 세례를 베푸니 거기 물이 많음이라 그러므로 사람들이 와서 세례를 받더라 요한이 아직 옥에 갇히지 아니하였더라."(요 3:22~24)고 하여서 요한과 예수님은 동시에 세례를 주고 복음을 전파한 것으로 기록되었습니다.

이로 보면 마태복음, 마가복음, 누가복음 즉 공관복음에는 요한이 잡힌 후에 예수님이 복음전파를 시작한 것으로 기록되었고, 요한복음에는 예수님과 요한이 동시에 활동한 것으로 기록되었습니다. 그러면 어느 것이 옳게 기록된 것입니까? 물론 다 같은 성경말씀이니 둘 다 옳은 것입니다. '둘 다 옳은데 어떻게 다르게 기록되었습니까?'라고 의문을 가질 수가 있습니다. 이 문제를 해결하기 위해서는 이 두 기록을 비교하여 보면 알 수 있습니다. 요한에 대한 기록을 자세히 보면 공관복음과 요한복음의 기록목적이 다릅니다. 요한복음 제일 마지막 구절을 보면 "예수께서 행하신 일이 이 외에도 많으니 만일 낱낱이 기록된다면 이 세상이라도 이 기록된 책을 두기에 부족할 줄 아노라."(요 21:25)고 증언합니다. 이 말씀은 성경은 역사책이 아니라 구속사를 기록한 책이라는 것입니다. 역사책은 연대기적으로 사건별로 낱낱이 기록하는 것입니다. 그러나 성경은 구속사를 기록한 책입니다. 예수님의 행적을 역사책으로 기록하는 것은 불가능하니까 인간을 구원하시는 예수님을 증언함에 있어서 그 목적에 따라 빼는 것도 있고 순서를 바꿀 수도 있다는 것입니다. 그러나 한 가지 기억해야 할 것은 그 기록을 하는 사건의 내용은 참으로 행하신 진실한 내용이라는 것입니다. 성경을 기록하는 사람들은 어떤 사건을 기록하되 자기가 기록하는 진리를 증언함에 있어서 어떤 것은 빼고 어떤 것은 기록하며 또 어떤 것은 그 순서를 바꾸어서 그 전하고자 하는 뜻을 분명하게 드러내는 것이 목적인 것입니다. 이것을 구속사라고 합니다.

세례 요한과 예수님이 활동한 시기에 대해서도 공관복음과 요한복음에 다르게 기록된 것은 세례 요한의 사명을 다르게 보는 것입니다. 즉 공관복음에는 요한이 예수님의 길을 예비하고 평탄하게 하는 사명에 초점을 맞추고 있고 요한복음에는 요한이 예수님을 증언하는 사명에 초점을 맞추고 있는 것입니다.

그러므로 공관복음에는 이사야의 글을 인용하여 "광야에 외치는 자의 소리가 있어 가로되 너희는 주의 길을 예비하라 그의 첩경을 평탄케 하라 하였느니라."(사 40:1)는 말씀으로 요한을 소개합니다. 이 말씀은 요한은 예수님이 가시는 길을 예비하여 그 사역이 효율적이 되도록 하기 위한 사명이 있다는 것에 초점을 맞추고 있는 것입니다. 그러므로 예수님과 요한이 동시에 활동한 내용은 빼고 기록하지 않았던 것입니다. 공관복음의 저자들은 예수님이 가시는 길을 예비하고 그 사명이 다 끝나고 난 후에 그 예비한 길 위에서 예수님이 달려가신다는 것을 말하고 싶은 것입니다.

그러나 요한복음은 세례 요한이 그 길을 예비하고 평탄하게 하는 것보다는 예수님을 증언하는 것에 초점을 맞추고 있습니다. 요한복음에도 이사야의 글을 인용하였습니다만 이는 요한 자신이 유대인들이 묻는 말에 대답하는 내용입니다. 그 외에는 요한에 대하여 말하는 것은 다 세례 요한이 증언하는 것입니다. 요한복음 1장 6-8절에는 하나님께로부터 보내심을 받은 사람이 있는데 이는 빛에 대하여 증언하러 온 자라고 말하였습니다. 요한복음 1장 15절에는 요한이 직접 '내 뒤에 오시는 이가 나보다 앞선 것은 나보다 먼저 계심이라'고 증언합니다. 요한복음에는 요한이 예수님을 증언하는 사람으로 소개하고 있기 때문에 요한에 대하여 말할 때에 요한이 예수님을 증언하는 내용만 나옵니다(요 1:26~27, 29-31, 32-34, 36, 3:27~30). 그리고 예수님께서 요한을 소개하시기를 요한은 예수님에 대하여 증언하였다고 하셨습니다(요 5:33~36). 요한의 증언은 "나도 그를 알지 못하였으나 내가 와서 물로 세례를 주는 것은 그를 이스라엘에게 나타내려 함이라 하니라."(요 1:31)고 하였습니다. 이는 요한의 사명은 예수님을 증언하여 세상에 나타내는 것임을 말하는 것입니다.

이와 같이 성경은 같은 사건을 두고 다르게 표현합니다. 그 이유는 성경은 구속사를 기록하였기 때문에 성경 저자가 자기가 전하고자 하는 진리를 더 잘 드러내기 위하여 어떤 부분은 생략하고 어떤 부분은 순서를 바꾸기도 하는 것입니다. 그러나 기록한 부분을 왜곡하여 다르게 기록한 것이 아니라 진리를 전파할 것이 너무 많기 때문에 다 기록하지 못하고 어떤 부분은 기록하지 않아도 전하고자 하는 진리가 잘 전달되면 그 부분은 빼버렸다는 것입니다.

이와 같은 이유로 세례 요한과 예수님이 동시에 같이 활동하였는가 아니면 요한의 사역이 끝나고 그 후에 예수님의 활동이 시작되었는가 하는 논쟁은 무의미한 것입니다. 서로 다른 관점에서 기술하였기 때문에 다르게 보일 뿐입니다. 그러므로 성경의 뜻을 알고자 하는 사람들은 좀 더 깊이 연구하여 오해함이 없도록 해야 할 것입니다.

세례를 베풀 때에 올바른 문구는?(마 28:19)

질문 : 세례를 베풀 때에 "내가 ……○○○에게 세례를 주노라"고 하는 용어에서 '내가'란 말을 빼야 한다고 하는 사람들이 있습니다. '내가'란 말을 빼야 할까요? 아니면 '내가'란 말을 넣어야 할까요?

대답 : 예배모범에는 '내가'란 말이 분명히 들어가 있습니다. '내가'란 말을 넣는 이유가 있습니다. 이는 내가 베푸는 세례가 확실하다는 확신을 주는 말이고, 또한 내가 세례를 베푸니 내가 어느 정도 책임을 진다는 의미가 들어있습니다. 그러므로 '내가'란 말을 넣는 것이 옳은 것입니다.

우리는 누구나 세례를 받아야 합니다. 우리가 세례 받을 때에 주례자가 "내가 예수를 믿어 하나님의 자녀 된 홍길동에게 성부와 성자와 성령의 이름으로 세례를 주노라."고 선포하여 물세례를 줍니다. 여기서 '내가'란 말을 쓰는 것은 하나님께 불경스럽다고 생각하는지 '내가'란 말을 빼고 "예수를 믿어 하나님의 자녀 된 홍길동에게 … 세례를 주노라."고 하는 말로 물로 세례를 주는 분들이 점점 늘어난다고 합니다. 그러면 우리는 세례를 베풀 때에 '내가'란 말을 빼야 하는가 아니면 넣어야 하는가 하는 문제를 해결해야 합니다.

예수님께서는 이 세상을 떠나시면서 마지막 명령이 "그러므로 너희는 가서 모든 민족을 제자로 삼아 아버지와 아들과 성령의 이름으로 세례를 베풀고 내가 너희에게 분부한 모든 것을 가르쳐 지키게 하라 볼지어다 내가 세상 끝 날까지 너희와 항상 함께 있으리라 하시니라."(마 28:19~20)는 말씀입니다.

이 말씀에서 보면 세례를 주는 사람이 제자들입니다. '너희는 가서 세례를 주라'고 하셨습니다. 그러므로 세례를 주는 사람은 제자들입니다. 예수님의 제자들이 나가서 제자를 삼아 삼위 하나님의 이름으로 세례를 주는 것입니다. 세례는 하나님께서 주시는 것이 아니라 사람이 주는 것입니다. 물세례는 교회의 회원이 되는 표와 인으로서 필요한 것입니다. 만약에 내가 시무하는 교회에서 내가 세례를 베풀면 내가 성부와 성자와 성령의 이름으로 세례를 주는 것이란 말입니다. 내가 시무하는 교회의 회원이 되는데 내가 그 사람에게 '당신은 이제부터 우리 교회의 회원이 되었습니다.'라고 선포하는 것이 세례입니다.

그러므로 내가 세례를 주는 것이지 하나님께서 세례를 베풀어 주시는 것이 아닙니다. 예수님께서도 세례를 베푸실 때에 친히 베푸신 것이 아니라 그 제자들이 세례를 베풀도록 하셨습니다(요 4:2). 세례는 내가 하나님의 이름으로 베푸는 것인데 '내가 세례를 주노라.'고 한다고 어찌 불경스럽다고 말할 수 있겠습니까? 세례를 베풀 때에 '내가'란 말을 넣는 것은 깊은 의미가 있는 것입니다. 이는 내가 확신과 책임을 진다는 말씀입니다. 즉 '내가 세례를 베푸는 것은 예수님께서 명령하신 명령을 수행하는 것이니 확실한 것으로 아무 의심하지 말고 믿고 따라 오라.'고 하는 의미가 부여 되는 것입니다.

바울 사도께서 복음을 전할 때에 "다른 복음은 없나니 다만 어떤 사람들이 너희를 교란하여 그리스도의 복음을 변하게 하려 함이라 그러나 우리나 혹은 하늘로부터 온 천사라도 우리가 너희에게 전한 복음 외에 다른 복음을 전하면 저주를 받을지어다."(갈 1:7~8)라고 하였습니다. 바울 사도가 이 말씀을 하는 것은 자기가 전한 복음은 예수님께 받은 것이니 확실한 것이고 자기가 책임을 질 수 있는 복음이니 믿고 따라 오라고 하는 의미가 담겨 있는 것입니다. 이를 인간적으로 생각하면 사람인 바울이 어떻게 '우리가 전한 복음 외에 다른 복음을 전하면 하늘에서 온 천사라도 저주를 받는다.'라고 할 수가 있습니까? 바울 사도가 확신 있게 말씀을 전하는 것은 이 말씀은 예수님에게 받은 것이 확실함을 증언하는 것입니다.

이와 같이 세례도 내가 예수님의 명령에 순종하여 베푸는 것이니 내가 베푸는 세례가 확실하고 정당하고 확증됨을 증언하는 의미로 '내가'라는 문구를 넣는 것입니다. 성경은 묵상치 않고 인간적인 생각으로 하나님께 더 경건하게 행하겠다고 생각하여 행동하는 것은 옳지 않습니다. 교회의 모든 제도는 우리의 믿음의 조상들이 심사숙고하여 만든 것이기 때문에 이를 변하게 할 때에는 더 많은 연구와 성경을 검토하는 자세가 필요할 줄로 믿습니다. 그러므로 세례를 베풀 때에 '내가'란 말을 분명하게 하여 '내가 책임지고 너를 인도하노라'는 의미를 분명하게 해야 합니다.

스데반의 순교에 대한 교훈
(행 7:54~60)

질문 : 스데반은 은혜와 권능이 충만하여 큰 기사와 표적을 행하는 사람이었습니다.(행 6:8) 그런데 그는 왜 죽임을 당하였습니까? 스데반의 순교의 의미가 무엇입니까?

대답 : 스데반은 은혜와 권능이 충만한 사람입니다. 스데반이 순교할 수 있었던 것은 성령이 임하셨기 때문입니다. 사도행전 1장 8절에 보면 "성령이 너희에게 임하시면 너희가 권능을 받고 예루살렘과 온 유대와 사마리아와 땅 끝까지 이르러 내 증인이 되리라 하시니라."고 하셨습니다. 성령이 임하시면 복음이 땅 끝까지 전파되는 것입니다. 그런데 성령이 임하셔서 복음이 온 예루살렘에 전파되었습니다. 그러나 이 복음이 온 유대로, 사마리아로, 땅 끝까지 확장되어 가야 하는데 예루살렘에 머물러 있었습니다. 그러므로 스데반이 순교를 당하므로 이 복음이 예루살렘에서 온 세상을 향하여 전파되기 시작한 것입니다(행 8:1). 스데반의 순교로 인하여 믿는 사람들이 예루살렘에서 흩어져 사마리아로 향하여 나아감으로 복음이 사마리아에도 전파되었습니다(행 8:4~25). 이러함으로 스데반의 순교는 깊은 의미를 가지는 것입니다.

스 데반의 순교에 대하여 여러 가지 생각할 점이 있습니다. 스데
반에 대한 오해를 보면 부정적인 내용과 긍정적인 내용이 있
습니다. 부정적인 내용은 스데반을 참을성 없는 젊은이로 낙인찍는
것이고 긍정적인 내용은 바울 사도를 회개시켰다는 것입니다. 부정적
인 내용은 정말 어처구니없는 말이고, 긍정적인 내용도 성경적이 아
니라 사람의 생각에서 나온 것입니다. 그 내용을 알아보고자 합니다.

1. 부정적인 내용입니다.

스데반에 대하여 오해한 사람들은 사도행전 7장을 요약하기를 "스데
반이라고 하는 참을성 없는 젊은이가 공회 앞에서 연설하였다. 그는 우
선 그 공회원들이 잘 알고 있는 이스라엘의 역사를 장황하게 늘어놓았
다. 그리고 나서 '목이 곧고 할례 받지 못한 자들'이라고 가장 모욕적인
말로 그들을 공격했다. 그들을 지루하게 하고 괴롭힌 것에다가 마지막
에는 하늘을 우러러보면서 하늘이 열리고 그리스도가 하나님 우편에
서 계신다고까지 이야기했다. 이와 같은 태도는 파격적인 일이었다. 그
래서 공회원들은 그를 성 밖에 내던지고 돌로 쳐 죽였다. 이것은 조심
성 없고 지루하게 속여먹으려는 행동에 대해서 좀 가혹한 형벌이긴 하
지만 가난한 아나니아와 삽비라를 살해한 것에 비하면 훨씬 인간적이
고 용납될 수 있는 행동이다." {F.F. 부르스 성경주석 사도행전 p 202
Bernard Shaw (Androcles and the Lion [London, 1928], p.lxxxv)에서 재
인용} 정말 용납하기 어려운 망언을 하고 있는 것입니다. 어떻게 이렇게
해석할 수가 있는 것인가? 한탄스러울 뿐입니다.

또 어떤 자는 스데반의 죽음은 자신이 자초한 것이라고 합니다. "스데
반의 자초한 죽음이 다가온 것이다. 그러나 스데반은 분노로 일그러진
그들의 얼굴을 보지 않았다"라고 하였다(바클레이 주석 사도행전 p91).

과연 스데반은 참을성이 없고 분별력이 없어 마음대로 군중을 흥분하게 하여 순교한 것입니까? 성경은 뭐라고 하십니까?

스데반은 성도 수가 많아짐으로 번거로운 일이 많아져서 사도들이 기도하는 것과 말씀 전하는 것에 전무하기 위하여 세운 집사들 중에 한 사람이었습니다(행 6:1-6). 교회의 일을 하기 위하여 뽑은 집사의 자격은 "성령과 지혜가 충만하여 칭찬받는 사람"입니다(행 6:3~4). 그렇다면 스데반은 교인들 중에서 모범이 되는 사람으로 칭찬을 듣는 사람입니다. 누가 칭찬을 듣습니까? 참을성 없고 분별력이 없는 사람이 칭찬을 듣겠습니까? 절대로 그럴 수 없습니다. 특히 스데반은 칭찬을 듣는데 보통 칭찬이 아니고 많은 사람의 본이 되도록 칭찬을 듣는 사람입니다. 이는 성령이 충만하고 지혜가 충만하기에 듣는 칭찬입니다. 스데반에 대한 칭찬은 사람의 얄팍한 수단으로 요령만 부려서 듣는 칭찬이 아니라 성령이 충만하니 성령의 인도하심을 받으면 권능을 받아서 일하므로 듣는 칭찬입니다(행 1:8).

성령이 임하시면 권능을 받아서 일하는데 칭찬을 받지 않을 수가 있겠습니까? 성령으로 충만하면 지혜를 얻는 것입니다. 왜냐하면 성령님은 지혜의 영이시기 때문입니다(신 34:9, 요 16:7~8).

이와 같이 스데반이 성령과 지혜가 충만하여 칭찬을 듣는 사람인데 참을성이 없고 분별력이 없어서 죽음을 자초하였다고 한다면 이는 그 정신 상태를 의심해봐야 할 것 같습니다. 스데반을 비이성적인 생각으로 폄하하는 사람이 있다는 것 자체가 서글픈 마음이 들게 합니다.

2. 긍정적인 내용입니다.

우리는 스데반에 대하여 오해하는 견해로서 부정적인 내용을 살펴봤습니다. 그러면 이제 긍정적인 내용으로서 오해한 견해를 살펴보고자 합니다. 혹자는 스데반의 순교로 인하여 바울 사도가 회개하였다고 합니다.

"바울의 회개는 스데반의 기도의 열매이다." 계속하여 "스데반의 기도가 아니었더라면 기독교회가 바울을 소유하지 못하였을 것이다."라고 하는 어거스틴의 말을 인용하여 스데반의 기도로 인하여 바울이 회개하였다고 하였습니다(박윤선 주석 사도행전 p187).

우리는 넓은 의미로 보면 스데반의 기도로 바울이 회개하였다고 하여도 큰 잘못은 없을 것 같습니다. 그렇게 생각하면 오늘날 우리들도 스데반의 기도로 회개에 이르렀다고 할 수 있을 것입니다. 물론 스데반이 순교하는 현장에 바울이 있었습니다. 스데반을 죽일 때에 증인들이 그들의 옷을 바울의 발 앞에 두었고(행 5:58), 바울은 스데반의 죽임 당하는 것을 마땅히 여겼습니다(행 8:1). 그러므로 바울은 스데반의 기도를 들었으며 순교하는 장면을 다 보았을 것입니다. 그러나 바울이 스데반의 순교하는 자리에 있었다는 사실만으로 회개하였다는 것은 억지 같아 보입니다. 성경은 바울이 스데반의 일로 마음의 가책을 느꼈다든지 스데반의 죽임을 애석해 했다는 내용을 전혀 증언하지 않습니다. 오히려 스데반의 순교 이후에 바울은 더욱 흉포해졌습니다. 그는 스데반이 죽은 후에도 교회를 핍박하여 집집마다 다니며 믿는 사람들은 남녀를 막론하고 잡아다가 옥에 넘겨주었습니다(행 8:3). 이때는 스데반의 순교로 예루살렘에 큰 박해가 있음으로 사도들 외에 성도들이 예루살렘을 떠나서 유대로 사마리아로 떠난 후였습니다. 교회가 큰 박해를 피하여 유대로 사마리아로 흩어지고, 남아있는 교인들을 잔멸하여 옥에 넘겨주는 때는 스데반이 죽은 후 얼마간의 기간이 지났을 때였을 것입니다. 만약에 바울이 스데반의 일로 조금이라도 마음의 가책을 느꼈다든지 아니면 회개의 길로 들어섰다면 이렇게 폭력적일 수가 있겠습니까? 그리고 조금 양보하여 이때는 스데반의 순교 후에 시간적으로 짧기 때문에 회개의 시간이 없었다든지 성화하기에 시간이 너무 짧았다고 우길 수도 있을 것입니다.

그러나 사도행전 9장 1절을 보면 바울이 다메섹에 가서 교인들을 잡아 오려고 하였습니다. 이때는 예루살렘을 떠난 사람들이 유대로 사마리아로 떠나서 정착을 하여 복음을 전하였으니 제법 시간이 지났을 때입니다. 다메섹까지 가서 복음을 전하여 교회를 세웠으니 상당한 시간이 흘렸을 때인 것입니다. 그런데 이때에도 바울은 여전히 살기가 등등하여 있었습니다(행 9:1~2). 스데반의 기도가 바울을 회개케 하였다면 이때쯤에는 바울이 변화의 기미라도 보였어야 하지 않겠습니까? 바울의 살기는 시간이 갈수록 점점 더 심해진 것 같습니다. 그러므로 스데반의 순교할 당시에 한 기도가 바울을 회개케 하였다는 것도 순전히 사람의 생각에서 나온 해석이라고 할 수밖에 없습니다.

바울은 스데반의 순교를 통하여 회개한 것이 아니라 전적으로 예수님의 특별하신 역사를 통하여 회심케 된 것입니다(행 9:3~19). 바울은 하나님께서 예수님을 이방에 전하기 위하여 예수님께서 친히 강림하셔서 그를 부르시고 아나니아를 통하여 안수하여 성령으로 충만케 하셔서 세계를 복음화 하도록 택한 그릇인 것입니다.

3. 스데반은 하나님께서 하신 언약을 이루시기 위한 일꾼이었습니다.

우리는 이제까지 스데반에 대하여 부정적인 경우와 긍정적인 경우를 보면서 둘 다 잘못된 해석이라는 것을 보았습니다. 그러면 이제는 바른 해석을 생각해 보고자 합니다.

부활하신 예수님께서 승천하시기 직전에 "오직 성령이 너희에게 임하시면 너희가 권능을 받고 예루살렘과 온 유대와 사마리아와 땅 끝까지 이르러 내 증인이 되리라"(행 1:8)고 하셨습니다. 예수님이 약속하신 대로 열흘 후 오순절 날에 성령님이 강림하셨습니다(행 1:3, 2:1~4). 예수님의 약속은 "성령이 임하시면 예루살렘과 온 유대와 사마리아와 땅 끝까지 이르러 내 증인이 되리라."는 것입니다. 성령님이 임하시면 '증인이 되어라.'고 하시지 않고 "증인이 되리라."는 것입니다. 성령이 임하시면 사람의 임의대로 성령으로 충만했으니 증인이 되리라고 결심하고 노력하여 증인이 되는 것이 아닙니다. 성령님이 임하시면 불가항력적으로 예수님의 증인이 되는 것입니다. 사람의 힘이 아니라 성령님의 역사로 증인이 되는 것입니다.

그러므로 스데반은 자신의 힘으로 또는 자연인의 생각으로 예수님을 전한 것이 아니라 그에게 성령님이 임하셔서 충만케 하시니 불가항력적으로 예수를 전할 수밖에 없었습니다.

오순절 날 성령님이 임하시니 사람마다 예수의 증인이 되어 가는 곳마다 교회를 세우게 되었던 것입니다. 이는 예수님의 약속이기 때문입니다. 성령님이 임하시니 사람들이 예수님의 증인이 되어졌던 것입니다. 예수님의 증인이 된 사람들이 예루살렘으로부터 시작하여 온 유대로 또 사마리아로 결국에는 땅 끝까지 다니면서 복음을 전하게 되는 것입니다. 사람들이 내가 여기도 전하고 저기도 전하자고 계획하고 다니는 것이 아니라 불가항력적으로 전파하는 사람이 될 수밖에 없게 하시겠다는 것입니다. 이 약속은 반드시 이루어지게 되어 있습니다. 세상이 없어지기 전에는 이 약속은 반드시 이루지는 것입니다(마 5:18).

제2위 하나님이신 예수님이 약속하셨으니 반드시 이루어지는 것입니다. 이는 사람의 계획이나 노력으로가 아니라 순전히 성령이 임하시면 권능을 받아 증인이 되어서 땅 끝까지 가서 곳곳마다 교회는 세워지게 되는 것입니다. 이는 사람의 힘으로 되는 것이 아니라 예수님의 약속의 말씀대로 성령님의 권능으로 이루어지는 것입니다. 그런데 우리는 "하나님께서 일하시는데 왜 꼭 사람을 통하여 일하십니까?"라고 반문할 수 있습니다. 그러나 그 대답은 "하나님께서 정하신 일"이라고 대답할 수밖에 더 할 말이 없습니다.

"하나님의 지혜에 있어서는 이 세상이 자기 지혜로 하나님을 알지 못하므로 하나님께서 전도의 미련한 것으로 믿는 자들을 구원하시기를 기뻐하셨도다."(고전 1:21)라고 하셨으니 하나님께서 정하신 것이니 그 이유를 묻는 자들에게 대답할 필요가 없고 '하나님께서 정하신 일이다'라고 말할 수밖에 없는 것입니다.

예수님의 말씀대로 성령님이 임하셔서 예루살렘에 복음이 전파되었습니다. 그러므로 자연스럽게 온 유대로 사마리아로 복음은 전파되어야 하는 것입니다. 복음이 처음에는 예루살렘에 모여 있었습니다. 모여 있는 복음이 자연스럽게 예루살렘 밖으로 나아가야 하는 것이었습니다. 그러므로 하나님께서 스데반의 순교를 허락하시고 그의 순교를 통하여 복음은 온 유대와 사마리아와 땅 끝을 향하여 나아갔던 것입니다. 스데반의 죽음으로 복음은 온 유대와 사마리아로 확장되어 갔습니다. 이것이 스데반의 죽음의 이유였습니다.

참새 한 마리도 하나님의 허락 없이는 땅에 떨어지지 않는데 하물며 하나님의 신실한 종이 아무 뜻 없이 목숨을 잃을 수가 있겠습니까? 복음이 땅 끝까지 전해지기 위해서는 수많은 순교자가 필요했던 것입니다.

우리는 스데반을 폄하하거나 오해하는 일이 없어야 할 것입니다. 스데반은 복음의 확장을 위한 일꾼으로 순교를 당한 것입니다. 그러므로 우리들도 우리가 맡은 역할이 무엇이든지 순종하여 하나님의 뜻을 이루어야 합니다. 사람이 보기에 좋은 역할이든지 혹은 사람이 볼 때에 슬프고 괴로운 일이든지 하나님께서 주신 사명은 우리가 기꺼이 감당해야 합니다.

신앙의 요소 ?

질문 : 신앙의 요소가 두 가지라고 합니다. 이 신앙의 요소가 무엇입니까?

대답 : 신앙의 요소는 두 가지입니다. 그 하나는 개관적 요소이고 다른 하나는 주관적 요소입니다. 개관적 요소를 성경이라고 하고, 주관적 요소를 믿음 즉 신앙이라고 합니다.

신앙에는 두 가지 요소가 있습니다. 그것은 객관적인 요소와 주관적인 요소입니다. 개관적인 요소는 누구나 똑 같은 것으로 하나님의 계시입니다. 하나님의 계시를 인간의 언어로 기록한 것이 성경입니다. 그러므로 성경은 누구에게나 똑같은 것으로 누가 해석을 하여도 같은 대답이 나와야 하는 것입니다. 이 객관적 요소인 성경의 해석이 주관적으로 흐른다면 이것은 이미 객관적이지 못한 것입니다. 성경은 하나님의 진리를 인간의 언어로 기록하였기 때문에 해석하기가 어려울 때가 있습니다.

베드로 사도는 "또 우리 주의 오래 참으심이 구원이 될 줄로 여기라 우리가 사랑하는 형제 바울도 그 받은 지혜대로 너희에게 이같이 썼고 또 그 모든 편지에도 이런 일에 관하여 말하였으되 그 중에 알기 어려운 것이 더러 있으니 무식한 자들과 굳세지 못한 자들이 다른 성경과 같이 그것도 억지로 풀다가 스스로 멸망에 이르느니라."(벧후 3:15~16)고 하였습니다. 성경은 하나님의 계시를 받은 사람들이 인간의 언어로 기록한 것이므로 사람이 오해가 없도록 해야 합니다. 사람의 언어로 썼기 때문에 사람이 읽고 이해하게 되는데 이를 오해하여 잘못 풀면 하나님께서 인간들에게 전하시고자 하시는 뜻이 전달되지 못하고 다른 뜻이 전달됩니다. 그렇게 되면 그 성경은 신앙의 객관적 요소가 될 수 없는 것입니다. '객관적 요소라' 함은 모든 사람에게 동일하게 적용되어 신앙의 유일 규범이 되어야 하기 때문입니다. 이 신앙의 객관적 요소인 성경이 하나님의 뜻을 바로 전달하지 않으면 이를 듣는 사람들이 죄에 빠지게 되고, 사람으로 하여금 죄에 빠지게 하는 사람들은 화를 당하게 되는 것입니다.

예수님께서 "누구든지 나를 믿는 이 작은 자 중 하나를 실족하게 하면 차라리 연자 맷돌이 그 목에 달려서 깊은 바다에 빠뜨려지는 것이 나으니라 실족하게 하는 일들이 있음으로 말미암아 세상에 화가 있도다 실족하게 하는 일이 없을 수는 없으나 실족하게 하는 그 사람에게는 화가 있도다."(마 18:6~7)라고 하셨습니다.

이 객관적인 요소인 성경을 객관화를 극대화하는 사람들이 학자들입니다. 학자들은 가르치는 사람으로 성경을 객관화하는데 누구든지 '왜 그렇게 말합니까?'라고 물을 때에 그 이유를 정확하게 대답해야 합니다. 말은 하고 대답을 못하는 사람들은 학자로서의 자격이 없는 것입니다. 학자들은 이사야를 통하여 주신 말씀에서 "주 여호와께서 학자들의 혀를 내게 주사 나로 곤고한 자를 말로 어떻게 도와줄 줄을 알게 하시고 아침마다 깨우치시되 나의 귀를 깨우치사 학자들 같이 알아듣게 하시도다."(사 50:4)라고 하신 말씀과 같이 하나님의 말씀으로 곤고한 자를 도와줄 줄 아는 사람들입니다. 이 객관적 요소로 주관적인 요소를 창출합니다. 주관적인 요소는 믿음입니다. 믿음은 하나님의 말씀인 성경 말씀을 들을 때에 생기는 것입니다.

"그러므로 믿음은 들음에서 나며 들음은 그리스도의 말씀으로 말미암았느니라."(롬 10:17)고 하여 믿음은 하나님의 말씀을 듣는 데서 생기게 됨을 말씀하십니다. 물론 말씀을 들을 때에 성령님이 역사하셔야 믿음이 있게 되는 것입니다. 왜냐하면 믿음은 하나님의 선물이기 때문입니다(엡 2:8).

하나님의 말씀으로 인해 믿음이 있게 되는데 그 믿음은 사람마다 다르게 나타나는 것입니다. 이 믿음은 자기의 사명을 따라서 다르게 나타남으로 사람마다 믿음의 모양이 다르게 나타나는 것입니다. 그러므로 믿음은 지극히 다르게 나타남으로 이를 주관적 요소라고 하는 것입니다.

우리의 믿음은 객관적 요소와 주관적 요소를 따라서 완전해지는 것입니다. 객관적인 요소만 있고 주관적 요소가 나타나지 않으면 이는 믿음이 있다고 할 수 없습니다. 이 세상에는 성경은 잘 아는데 믿음이 없는 사람은 얼마든지 있습니다. 문학을 하는 사람들은 성경의 시편을 많이 읽는다고 합니다. 그들은 성경을 알고 있으나 이 성경을 문학의 지침서로만 알고 있는 것이지 믿음의 대상인 하나님을 아는 데는 이르지 못하는 것입니다.

성경은 증언합니다. "그들과 같이 우리도 복음 전함을 받은 자이나 들은 바 그 말씀이 그들에게 유익하지 못한 것은 듣는 자가 믿음과 결부시키지 아니함이라."(히 4:2)고 하였습니다. 그러므로 객관적 요소인 성경말씀을 들어도 믿음과 결부시키지 않으면 믿음에 이르지 못하는 것입니다.

또한 객관적인 요소는 없고 주관적인 요소인 믿음을 가졌다고 하는 것은 잘못된 말입니다. 객관적인 요소가 없이는 주관적인 요소인 믿음이 있을 수가 없는 것입니다. 그러므로 우리들은 말씀으로 믿음을 가져서 완전한 믿음에 이르도록 힘써야 합니다.

신을 벗어라(출 3:5)

질문 : "하나님이 이르시되 이리로 가까이 오지 말라 네가 선 곳은 거룩한 땅이니 네 발에서 신을 벗으라"(출 3:5)고 하셨습니다. 여기서 모세에게 신을 벗으라는 말씀은 무슨 뜻입니까?

대답 : 하나님께서 모세에게 "신을 벗으라."고 하신 말씀은 하나님을 섬기는 사람은 세상과의 모든 약속을 파기하고 하나님께로 와서 하나님과 언약을 맺자는 말씀입니다.

하나님께서 호렙 산에서 모세를 부르실 때에 "네가 선 곳은 거룩한 땅이니 네 발에서 신을 벗어라."(출 3:5)고 하셨습니다. 하나님께서는 왜 신을 벗으라고 하셨습니까? 성경 신학자들은 이 구절을 해석하기를 신은 발에 신는 것으로 먼지도 묻고 더러운 것도 묻었으니 "신을 벗어 버리라."고 하신 것은 인생의 더러움을 벗어야 한다고 해석합니다. 박윤선 박사의 주석을 보면 "신은 땅을 디디고 다녀서 더러워진 것이니 그것은 모세의 모든 행위를 가리킨다. 사람은 무슨 일을 행할 때마다 범죄하여 더러워진다. 그의 행위는 모두 다 '신'과 같다. …그 죄를 범한 자아 전체가 그 죄의 책임자이니만큼 자아 전체를 원통히 여겨서 벗어버리고 그리스도만을 의뢰하고 새 사람이 되어야 한다."(성경주석 창세기 출애굽기 pp434-435 박윤선 영음사)라고 하였고, 호크마 주석을 보면 "여기서 '신'은 인간의 타락한 품성과 행위를 상징한다. … 그러한 신을 신은 채 하나님께서 임재하신 거룩한 땅을 밟을 수는 없는 것이다."(호크마종합주석 출애굽기 p69 강병도 기독지혜사 1989년)라고 하였습니다. 훌륭한 주석가들이 해석한 것이니 무슨 말을 할 수 없으나 그러나 아무리 봐도 이와 같은 해석은 사람의 머리에서 나온 생각이지 하나님의 뜻은 아닌 것 같습니다. 왜냐하면 출애굽기 4장 2절에 모세가 가지고 있던 지팡이는 씻으라든지 깨끗하게 하라는 말씀이 없이 쓰셨습니다. 지팡이는 어떤 물건입니까? 거리에 다니면서 더러운 것은 다 묻히고 다닙니다. 지팡이에는 먼지도 묻고 짐승의 똥도 묻을 수 있는 것입니다. 그런데 하나님께서는 씻으라는 말씀이 없습니다. 예수님께서도 입으로 들어가는 것은 사람을 더럽게 못한다고 하셨습니다(마 15:11). 이 세상의 물질적인 것으로는 사람을 더럽게 할 수가 없는 것입니다. 그러한데 하나님께서 신을 벗으라는 말을 더러움을 벗으라는 말로 즉 상징적으로 보는 근거가 어디 있습니까? 이는 아무리 봐도 사람의 머리에서 나온 생각이지 하나님의 뜻은 아닌 것 같습니다.

그러면 성경은 뭐라고 말씀하십니까? 성경에 "신을 벗으라."는 말씀은 여러 번 나오고, "신발을 벗는다."는 말씀은 2번 나옵니다. 그 중에서 사도행전 7장 33절의 말씀은 스데반의 설교에서 모세를 말할 때에 출애굽기3장 5절의 말씀을 인용한 것이고, 이사야 20장 2절은 이사야의 사역의 내용을 말하는 말씀이고, 룻기 4장 7절, 8절 말씀은 어떤 일을 확정할 때에 신을 벗는 풍습을 말한 구절입니다. 시편 60편 8절과 시편 108편 9절 말씀에는 같은 내용인데 이 말씀을 보면 "에돔에는 나의 신발을 벗어 던지리라."고 하셨습니다.

이 말씀은 다음에 잘 정리하여 해석해야 되겠으나 여기서 먼저 해석부터 한다면 다음과 같습니다. "에돔에는 나의 신발을 벗어 던지리라."고 하셔서 하나님께서 에돔과 하신 언약을 파기하시겠다고 선언한 것이라고 생각됩니다. 즉 에돔이란 지역은 하나님께서 에서의 후손에게 주신 것이므로 그 지역은 '한 발자국도 이스라엘에 주지 않겠다'고 하셨습니다 (신 2:4~5). 이 언약을 파기하시겠다는 말씀이라고 생각됩니다. 왜 에돔과 언약을 파기하시겠다고 하셨습니까? 에돔이 이스라엘을 미워하였기 때문입니다.

"여호와여 예루살렘이 멸망하던 날을 기억하시고 에돔 자손을 치소서 그들의 말이 헐어 버리라 헐어 버리라 그 기초까지 헐어 버리라 하였나이다".(시 137:7)

에돔 자손들은 야곱의 형 에서의 후손들인데 예루살렘이 멸망하던 날에 오히려 마음아파하며 도와주어야 할 것인데 저주를 한 것입니다. 그러므로 "에돔에는 나의 신발을 벗어 던지리라"고 하셔서 그들과의 언약(세일 산을 주시겠다는 언약)을 파기하시겠다는 말씀입니다.

이와 같이 성경에는 신을 벗는다는 말씀이 여러 번 나오나 '신을 벗어라.'는 말씀을 해석할 수 있는 근거로서의 말씀은 네 곳에 나옵니다. 이 중에 출애굽기 3장 5절과 여호수아 5장 15절 말씀은 각각 모세에게와 여호수아에게 한 말씀으로 같은 내용입니다. 그 다음에 두 구절은 신명기 25장 9절과 룻기 4장 7절~8절입니다.

룻기 4장 7절~8절은 이스라엘 백성 중에서 기업을 무르거나 교환을 확정할 때에 신을 벗는 풍습을 말하는 것입니다. 그러면 나머지 한 구절은 신명기입니다. 이 신명기를 중심하여 생각해 보고자 합니다.

신명기 25장 5절~10절에 신을 벗는 용례의 내용이 나옵니다. 그 내용은 형제가 살다가 그 중에 하나가 죽으면 죽은 형제의 아내는 다른 사람에게 시집가지 말고 그의 남편의 형제에게 시집가서 아들을 낳아 그 형제의 이름을 잇게 하여 그 이름이 이스라엘 중에 끊어지지 않게 하라고 하셨습니다.

그런데 그 살아있는 형제가 이 의무를 행하지 않을 때는 죽은 자의 아내가 장로들에게 가서 "내 남편의 형제가 그 의무를 행하지 않습니다." 라고 하면 장로들은 사실을 확인하여 남은 형제가 그 의무를 행하지 않겠다고 하면 그 죽은 형제의 아내가 장로들 앞에서 그 남은 형제에게 나아가서 그의 발에서 신을 벗기고 그의 얼굴에 침을 뱉으며 이르기를 "그의 형제의 집을 세우기를 즐겨 아니하는 자에게는 이와 같이 할 것이라." 하고 이스라엘 중에서 그의 이름을 "신 벗김을 받은 자의 집이라 부를 것이니라."고 하였습니다. 여기서 신을 벗는다는 말씀은 그 죽은 형제에게 행할 의무를 행하지 않는 증표인 것입니다.

그렇다면 "신을 벗으라."는 말씀은 신명기 25장 5절~10절까지의 말씀과 관계있음으로 봐야 할 것입니다. 즉 거룩한 땅에 들어가는 자는 세상에 대한 의무를 버리는 확증이 있어야 함을 말하는 것입니다.

하나님께서 모세에게 "신을 벗으라."고 하신 것은 세상을 버린 확증을 보이라는 말씀으로 생각됩니다.

거룩하신 하나님 앞에 나아가는 사람은 세상과의 언약을 버려야 합니다. 세상에 대하여 어떤 의무가 있더라도 어떠한 약속이 있더라도 그 세상에 대한 모든 언약을 파기하고 하나님의 언약 속으로 들어가야 한다는 것입니다.

예수님께서 "수고하고 무거운 짐 진 자들아 다 내게로 오라 내가 너희를 쉬게 하리라 나는 마음이 온유하고 겸손하니 나의 멍에를 메고 내게 배우라 그리하면 너희 마음이 쉼을 얻으리니 이는 내 멍에는 쉽고 내 짐은 가벼움이라 하시니라."(마 11:28~30)고 하셨습니다.

이 말씀을 보면 수고하고 무거운 짐은 세상의 짐인 것입니다. 이 짐을 벗어던지고 예수님 품으로 들어와서 예수님의 언약 속으로 들어오라는 말씀입니다. 예수님과의 언약의 의무가 예수님의 멍에인 것입니다.

이와 같이 하나님의 나라에 들어가는 자는 세상에 대한 의무를 다 버리고 하나님에 대한 의무를 져야 하는 것입니다. 그러므로 바울 사도는 세상의 모든 것은 배설물같이 버리고 예수님을 얻고 그 안에서 발견되려 함이라고 합니다(빌 3:8~9).

그리고 "에돔에는 나의 신발을 던지리라."(시 60:8, 108:9)고 하신 말씀을 보면 "신발을 벗어라."는 말씀이 언약을 파기하라는 말씀으로 해석됨이 더 잘 드러납니다.

하나님께서는 에서에게 세일 산을 주셨습니다(신 2:4~5). 그러므로 이스라엘 자손에게 한 발자국도 그들의 땅을 주시지 않으시겠다고 하셨습니다. 이렇게 하나님께서는 그 사랑하시는 이스라엘 백성들에게 에서에게 세일 산을 그 거주지로 주셨다고 선포하시고 범하지 못하게 하셨습니다.

그러나 그들은 예루살렘이 멸망되고 성전이 무너질 때에 어떻게 하였습니까? "여호와여 예루살렘이 멸망하던 날을 기억하시고 에돔 자손을 치소서 그들의 말이 헐어 버리라 헐어 버리라 그 기초까지 헐어 버리라 하였나이다."(시 137:7)라고 하였습니다.

에돔 족속은 참으로 용서받지 못할 일을 한 것입니다. 멸망당하는 형제의 나라를 보고 도움은 주지 못할망정 오히려 기뻐한 것입니다. 이와 같은 일은 하나님의 율법을 어기는 것입니다. 하나님께서는 '원수의 길 잃은 짐승이라도 반드시 주인에게 돌리고', '미워하는 자의 나귀가 짐을 싣고 엎드러짐을 보거든 버려두지 말라.'(출 23:4~5)고 하셨는데 에돔 족속은 형제의 나라가 멸망하는 것을 보고도 돕기는커녕 오히려 기뻐한 것입니다.

"주 여호와께서 이같이 말씀하시기를 내가 진실로 내 맹렬한 질투로 남아 있는 이방인과 에돔 온 땅을 쳐서 말하였노니 이는 그들이 심히 즐거워하는 마음과 멸시하는 심령으로 내 땅을 빼앗아 노략하여 자기 소유를 삼았음이라"(겔 36:5)고 하셨습니다. 그러므로 하나님께서 "에돔에는 나의 신발을 벗어 던지리라"고 하시는 말씀은 에서에게 세일 산을 거주지로 주시기로 언약하셔서 범하지 못하도록 하셨으나 그들은 하나님의 성전이 무너짐을 기뻐하고 즐거워할 뿐 아니라 그 땅을 빼앗아 자기 소유로 삼았으니 그들과 약속을 파기하고자 선언하시는 말씀인 것입니다.

말씀을 정리하면 하나님께서 모세에게 '신을 벗어라.'고 하신 말씀은 세상에 대한 어떤 약속이든지 파기하고 하나님의 언약 속으로 들어오라고 하신 말씀인 것입니다.

심판주가 되시는 하나님?
(시 82:8)

질문 : 하나님은 심판주가 되십니다. 왜 하나님만이 심판주가 되셔야 합니까?

대답 : 하나님께서 심판주가 되셔야 할 이유가 분명히 있습니다. 태초에 하나님께서 만물을 창조하셔서 주인이 되셨기 때문에 심판주가 되시는 것입니다. 왜냐하면 하나님께서 천지를 창조하셨으니 천지의 주인은 하나님이십니다. 주인이 그 소유를 마음대로 처분하는 것을 누가 막겠습니까? 그러므로 만물을 하나님의 기쁘신 뜻대로 처리하시는 것은 당연한 것입니다. 마음대로 처리하시는 하나님의 활동을 심판이라고 할 수가 있습니다. 그러므로 하나님께서 만물의 주인이시니 당연히 심판주가 되시는 것입니다.

하나님은 사랑의 하나님이시고 공의의 하나님이십니다. 하나님께서 태초에 천지를 창조하시고 오늘날까지 사랑으로 감싸 안으시고 보호하셨습니다. 그러나 하나님께서는 그 영광을 그 어떤 피조물과도 나누지 않으시고 홀로 영광을 받으시기를 원하십니다. 그러므로 하나님께서는 공의의 하나님으로 엄위하신 분으로 다가오기도 하십니다. 하나님의 공의로우심을 인하여 아브라함이 소돔을 멸하시고자 하시는 여호와께 간구합니다. "주께서 의인을 악인과 함께 죽이심은 부당합니다. 세상을 심판하시는 이가 정의를 행하실 것이 아니니이까?"(창18:23~25)라고 말할 수 있는 것입니다. 하나님의 공의가 완전하시므로 의인과 악인을 같이 취급하시지 않으십니다. 여호와 하나님께서 공의로우시기 때문에 심판하셔서 악과 선을 판결하십니다. 그러므로 하나님께서 그 백성들은 구원하시고 악인들은 유황불 못에 던져 넣으시는 것입니다. 사람의 심판은 "악인을 의롭다 하고 의인을 악하다" 하는 일이 있을 수 있습니다(잠 17:15). 그러나 하나님께서는 공의로우시니 그 심판은 의로우십니다. 하나님의 의로우신 심판은 아버지 하나님께서 그 아들 하나님에게 맡기셨습니다(요 5:21~23). 그러므로 우리 주 예수 그리스도는 심판주가 되시는 것입니다. 하나님의 심판은 온전하시기 때문에 의인이 부당하게 화를 당하지 않고 악인이 선하다고 상을 주시지도 않으십니다. 그러므로 시인은 증언합니다. "온 백성은 기쁘고 즐겁게 노래할지니 주는 민족들을 공평히 심판하시며 땅 위의 나라들을 다스리실 것임이니이다."(시 67:4)라고 즐거워합니다. 하나님의 심판은 온전하시기 때문에 의인에게 기쁨이 되고 즐거움이 되는 것입니다. 왜냐하면 하나님의 심판은 공평하신 심판이심으로 사람이 그 행한 대로 받을 것이기 때문입니다.

그러면 왜 하나님만이 심판주가 되십니까?

이 세상을 심판하실 분은 하나님 한분 외에는 없습니다. 하나님 외에 다른 이가 심판주가 되는 것은 있을 수가 없는 일입니다. 반드시 하나님만이 심판주가 되시는데 그 이유는 하나님께서 우주 만물을 창조하셨기 때문에 우주 만물의 주인이 되신다는 것입니다(행 17:24, 히3:4). 하나님께서 만물을 지으시고 그 만물을 누구에게 파시든지 넘겨주신 일이 없습니다. 그러니까 만물의 주인은 여호와 하나님이십니다. 시편의 저자 시인이 이 사실을 잘 증언합니다. "하나님이여 일어나사 세상을 심판하소서 모든 나라가 주의 소유이기 때문이니이다."(시 82:8)라고 하였습니다.

하나님께서 주인이시니 심판주가 되시는 것은 당연한 것입니다. 이 우주 만물의 주인이 하나님이시니 하나님 뜻대로 처리하실 수가 있습니다. 우리가 이 세상의 일을 생각해 보면 그 이유가 분명해집니다. 어떤 물건이 있는데 그것을 집에 들이든지 창고에 쌓아두든지 아니면 시장에 내다 팔든지 또한 버리든지 어떻게 처분하든지 그 주인의 마음에 달려있는 것입니다. 만약에 주인이 아닌 사람이 남의 물건을 마음대로 처분하면 불법을 저지르는 것입니다. 남의 물건을 마음대로 처리하면 그 사람은 도둑으로 몰리든지 불법을 행하는 자가 되어서 손해배상을 해야 할 것입니다. 소유물은 반드시 그 주인만이 처분할 수가 있는 것입니다. 그러므로 우주 만물의 주인은 하나님이시니 하나님만이 심판주가 되셔서 그 뜻대로 처리하시는 것입니다. 하나님이 심판주가 되시는 것을 바울 사도가 잘 증언했습니다. "남의 하인을 비판하는 너는 누구냐? 그가 서 있는 것이나 넘어지는 것이 자기 주인에게 있으매 그가 세움을 받으리니 이는 그를 세우시는 권능이 주께 있음이라."(롬 14:4)고 하였습니다.

우리는 우리의 주인이 하늘에 계시니 그분만 바라봅시다. 그분이 우리를 일어나게도 하시고 넘어지게도 하시면서 이끌고 가십니다. 우리가 우리의 주인이 되시는 하나님을 따라가면 그 누구도 우리를 대적할 수 없습니다. 우리를 심판하실 분은 여호와 하나님밖에 없습니다. 그러므로 "아무것도 염려하지 말고 다만 모든 일에 기도와 간구로, 너희 구할 것을 감사함으로 하나님께 아뢰라 그리하면 모든 지각에 뛰어난 하나님의 평강이 그리스도 예수 안에서 너희 마음과 생각을 지키시리라."(빌 4:6~7)고 기록한 바울 사도의 말씀을 따라 담대히 나아가야 할 것입니다.

우리의 일은 우리의 주인이 판단하실 것이니 그분의 말씀을 따라 열심을 다하여 일합시다. 그리하면 우리의 주인께서 상을 주실 것입니다. 사람의 판단은 잘못 될 수 있으나 하나님의 심판은 다 의로우시니 강하고 담대한 마음을 가지고 하나님께 충성을 다합시다.

십자가를 지라
(마 10:38, 16:24)

질문 : 예수님께서 "또 자기 십자가를 지고 나를 따르지 않는 자도 내게 합당하지 아니하니라."(마 10:38)고 하셨고, 또 "이에 예수께서 제자들에게 이르시되 누구든지 나를 따라오려거든 자기를 부인하고 자기 십자가를 지고 나를 따를 것이니라."(마 16:24)고 하셨습니다. 그렇다면 자기가 져야 할 십자가는 무엇입니까?

대답 : 예수님께서 "자기 십자가를 지라."고 하시는 말씀은 "자기 사명을 감당하라."는 말씀입니다. 즉 사람은 이 세상에 태어날 때부터 하나님께로부터 받은 고유한 사명이 있습니다. 그 받은 사명을 감당해야 한다는 말씀입니다. 그러므로 고유하게 받은 자기의 사명이 십자가인 것입니다.

예수님의 명령은 반드시 시행되어야 합니다. 그렇다면 예수님께서 '자기 십자가를 지라.'고 하신 말씀은 반드시 지켜져야 합니다. 그러므로 우리는 반드시 자기 십자가를 지고 예수님을 따라가야 합니다. 그러면 우리가 자기 십자가를 지고 가기 위해서 먼저 십자가가 무엇인지를 알아야 합니다. 사람이 자기 십자가를 지고 예수님을 따라가기 위해서는 십자가가 무엇인지 알아야 지고 갈 수 있는 것입니다. 만약 십자가가 무엇인지 알지 못하면 어떻게 십자가를 지고 가겠습니까? 사람이 자기 십자가를 지고 가지 않으면 예수님께 합당치 않다고 하셨으니 심각하지 않습니까? 예수님께 합당치 않는 사람은 천국에 들어갈 수 없습니다. 왜냐하면 우리는 천국의 성전으로 지어져 가는 재목이 되기 때문인 것입니다(엡 2:21~22). 사람이 천국에 들어가는 것은 성령 안에서 하나님이 거하실 처소가 되기 위하여 예수 안에서 지어져 가는 것이라고 하였는데, 만약 성전으로 지어져 가는 재목으로 합당치 않으면 쓸데없어 버려지는 것입니다. 우리가 생각할 것은 예수님은 분명히 '자기 십자가'를 지고 나를 따르라고 하신 것입니다. 이 말씀은 다른 사람과 상관없이 '자기만의 십자가'가 있다는 것입니다. 어떤 사람들은 '자기 십자가'라고 하면 '자기'라는 말은 빼버리고 그냥 예수님의 십자가를 설명합니다. 예수님께서 '예수님의 십자가'를 지라고 하시지 않고 '자기 십자가'를 지라고 하셨습니다. 예수님의 십자가는 예수님이 지셨으므로 우리가 바라보고 믿어야 하는 십자가입니다.

그러면 내가 져야 할 '나의 십자가'는 무엇이겠습니까?

십자가 하면 고통 받고 고민하고 괴로워하는 구원의 처참한 십자가만을 생각하게 되고 또 그렇게 설명합니다. 그러나 십자가에는 고통과 괴로움만 있는 것일까요? 이는 우리를 죄에서 구원하시는 우리 구주 예수 그리스도의 십자가입니다. 이 십자가는 이미 예수님이 지시고 우리의 구세주가 되셨으니 우리가 질 필요가 없는 것입니다. 즉 예수님의 십자가는 예수님만이 지시는 것입니다. 그러므로 주님께서는 그 십자가를 앞에 놓으시고 "고민하여 죽게 되었으니"(마 26:38, 막 14:34)라고 하시면서도 그 제자들이 질 수가 없기 때문에 홀로 지고 가신 것입니다. 예수님이 잡히시던 밤에 함께 있던 베드로가 예수님을 잡는 군병, 즉 말고의 귀를 베어버리니(마 26:51, 막14:47, 눅 22:50, 요 18:10) 예수님께서 "잘 하였도다."라고 하셨습니까? 그와는 반대로 "네 칼을 도로 칼집에 꽂으라 칼을 가지는 자는 다 칼로 망하느니라."(마 26:52)고 하셨고, 또 "아버지께서 주신 잔을 내가 마시지 아니하겠느냐?"(요 18:11)라고 하셨으며 그뿐 아니라 "이것까지 참아라." 하시고 그 귀를 만져 낫게 하셨습니다(눅22:51). 이는 예수님의 십자가는 제자들이 대신 질 수가 없습니다. 조금이라도 참견할 수 있는 것이 아닙니다. 그러므로 성경은 말합니다. "목자를 치면 양이 흩어지고 나를 혼자 둘 때가 오나니"라고 하십니다(슥 13:7, 마 26:31, 막 14:27, 요 16:23). 이는 무엇을 말합니까? 예수님의 십자가는 예수님 홀로 져야 되는 것입니다. 예수님의 그 모진 고통의 십자가는 예수님만이 지실 수 있는 것입니다.

그렇다면 "자기의 십자가"는 각 사람에게 주어지는 자기만의 '십자가'인데 그 누구도 대신 질 수 있는 것이 아니라 자기만이 질 수 있는 십자가를 말합니다. 자기 십자가란 무엇입니까?

예수님께서 부활하셔서 디베랴 바닷가에서 제자들과 조반을 잡수시고 베드로에게 사명을 주십니다. "내 어린 양을 먹이라", "내 양을 치라", "내 양을 먹이라"고 하심으로 베드로에게 이 세상에서 해야 할 일을 부여하십니다. 그리고는 베드로가 어떻게 순교하여 영광을 하나님께 돌릴 것을 말씀하시고 "나를 따르라."고 하십니다. 그때 베드로가 예수님의 사랑하시는 제자가 따르는 것을 보고 "이 사람은 어떻게 되겠사옵나이까?"라고 물었습니다. 예수님의 대답은 단호하십니다. "내가 올 때까지 그를 머물게 하고자 할지라도 네게 무슨 상관이냐 너는 나를 따르라"고 하셨습니다(요 21:15~22). 이는 십자가를 잘 설명한 것이라고 생각됩니다. 베드로는 자기가 져야 할 십자가 즉 사명만을 감당해야 하는 것입니다. 요한과는 아무런 상관도 없습니다. 예수님께서 베드로에게 주신 사명 곧 양을 치는 일은 베드로만이 할 수 있는 것이지 그 누구도 대신 할 수가 없는 것입니다.

그러므로 자기 십자가는 자기의 사명인 것입니다. 베드로의 사명이 따로 있고 요한의 사명이 따로 있는 것입니다. 베드로의 사명을 요한이 감당할 수 없고 요한의 사명을 베드로가 감당할 수 없습니다.

그렇습니다. 우리 각 사람에게 주어진 고유한 사명이 있습니다. 즉 하나님께서 우리를 이 세상에 보내실 때에 명하신 일이 있습니다. 그것이 자기 십자가입니다. 우리에게 허락하신 이 사명을 감당하지 않는 자는 예수님께 합당치 않음으로 버림을 받는 것입니다.

바울 사도는 이방에 복음을 전하기 위해 택함받은 그릇입니다(행 9:15). 즉 복음을 이방에 전하여 교회를 세우는 일이 바울 사도의 사명이었습니다. 바울 사도가 교회를 세우는 것이 사명이므로 "그리스도의 남은 고난을 그의 몸 된 교회를 위하여 내 육체에 채우노라"(골 1:24)고 하십니다. 또 바울 사도는 "내가 달려갈 길과 주 예수께 받은 사명 곧 하나님의 은혜의 복음을 증언하는 일을 마치려 함에는 나의 생명조차 조금도 귀한 것으로 여기지 아니하노라"(행 20:24)고 하십니다. 그러므로 바울 사도의 사명은 이방에 복음을 전하는 것입니다. 바울 사도에게 있어서 복음 전하는 일이 자기의 십자가인 것입니다. 사도께서 자기의 십자가를 지고 갔음으로 "나의 달려갈 길을 마치고 믿음을 지켰으니 이제 후로는 나를 위하여 의의 면류관이 예비되었다."(딤후 4:7~8)고 증언합니다.

이와 같이 십자가는 사명이므로 괴로움과 고통만 있는 것이 아니라 보람도 있고 기쁨도 있고 소망도 있습니다. 또 때로는 자기의 사명을 감당하기 위하여 나아가자면 장애물로 인하여 괴로움과 고통을 당할 수도 있는 것입니다. 그러므로 우리들은 우리의 사명인 십자가를 지고 주를 따라 감으로 면류관을 얻는 삶을 살아야 하는 것입니다.

아브라함을 택하신 이유는 무엇입니까?
(창 12:1~3, 창 18:19)

질문 : 하나님께서 아브라함을 택하셔서 자기 백성으로 삼으신 이유가 무엇입니까? 모든 사람을 하나님께서 만드시지 않았습니까? 그런데 굳이 아브라함을 택하여 하나님의 백성이 되게 하시는 이유가 있을까요?

대답 : 아브라함을 택하셔서 하나님의 백성이 되게 하신 이유가 있습니다. 죄를 범한 인간들이 하나님 앞을 떠나 진노의 자식으로 살아갈 때에도 하나님은 멀리 떠나 있지 않으시고 섭리하시며 사랑을 베풀어 주셨습니다. 하나님께서 사랑을 베풀어 주셨으나 무능한 인간들이 하나님께서 사랑을 주신 것인지 우상이 사랑을 준 것인지 구별을 할 수가 없었습니다. 그러므로 하나님께서 아브라함을 택하여 세우셔서 자기 백성을 삼아 주심으로 하나님의 사랑을 받는 자와 받지 못한 자가 어떻게 다른가를 확실하게 보여주시기 위하여 하신 일입니다.

하나님께서 아브라함을 택하여 하나님의 백성이 되게 하셨습니다. 성경의 증언은 아브라함을 택하신 이유가 가나안 땅을 주어 살게 하시며 복이 되게 하시겠다는 것입니다(창 12:2). 여기서 생각할 것은 아브라함의 고향은 갈대아 우르입니다. 하나님은 전지전능하신 분이십니다. 그러면 왜 갈대아 우르에서 복이 되게 하실 수도 있는데 굳이 먼 나라인 가나안 땅으로 불러 내셔서 복의 근원, 즉 복 받은 민족의 조상이 되게 하셨는가 하는 것입니다. 하나님께서는 모든 것을 하실 수 있는 전능하신 분이시기 때문에 아브라함을 갈대아 우르에서도 믿음의 조상이 되게 하실 수 있는 것입니다. 그러나 아브라함을 가나안 땅으로 인도하셔서 하나님의 선민의 조상이 되게 하시기를 기뻐하셨습니다. 하나님께서 아브라함을 가나안 땅으로 인도하신 이유가 분명히 있습니다. 그 이유는 모세를 통하여 진술하신 하나님의 말씀에서 찾을 수가 있습니다.

1. 하나님의 영광을 위한 목적이 있습니다.

하나님께서 모세를 바로에게 보내어 하나님의 백성들을 인도하여 가나안 땅으로 인도할 것을 명령하신 것은 아브라함에게 약속하신 언약을 이루게 하시기 위함입니다(창 15:13~16). 그런데 모세가 바로에게 가서 그 백성을 인도하여 애굽 땅에서 떠나겠다고 하였으나 보내주지를 않았습니다. 그 이유는 하나님께서 바로의 마음을 완악하게 하여 보내지 않고 여러 가지 재앙을 내린 후에 마지막으로 그 장자를 죽인 후에 보내리라고 하셨기 때문입니다(출 4:21~23). 왜 이렇게 바로의 마음을 완악하게 하셔서 여러 번 거절하게 하시는 것입니까? 바로가 즉시 그들을 보내지 않음으로 백성들은 '혹시 하나님께서 그 힘이 약하신가?' 또는 '왜 그 종 모세를 궁지에 몰리게 하셨는가?' 하는 의문을 가지게 되었습니다. '하나님께서 한 번에 큰 권능으로 바로를 꾸짖어서 바로가 모세 앞에 벌벌 떨게 하시어 그 백성을 인도하셨다면 그 백성들이 고생을 하지 않고 하나님의 권능에 굴복할 것인데' 하는 생각이 듭니다.

왜냐하면 모세가 바로에게 가서 그 백성들을 보낼 것을 요구할 때에 바로가 그 백성들이 게으르다고 생각하여 더 혹독하게 일을 시킵니다(출 5:1~21). 그 이후에도 여러 가지 재앙을 내리셔서 그들을 벌하셨을 때에도 바로는 모세의 요구를 듣지 않았습니다. 하나님께서 여러 가지 재앙을 내리시기까지 바로의 마음을 완악하게 하신 이유를 성경은 분명히 밝혀주십니다. 이는 이 세상이 참 하나님(신)은 여호와밖에 없다는 것을 보여주시기 위하여 그렇게 하신 것이라는 것입니다. 이 세상에 신은 여호와밖에 없다는 것을 첫째는 모세가 하나님을 알게 되고(출 6:2) 그 다음에는 하나님을 알지 못하는 사람들에게도(출 5:2) 여호와만 홀로 살아계시는 하나님이신 것을 증언하게 하시는 것입니다(출 8:10).

이로 미루어 볼 때 아브라함을 택하여 하나님의 백성의 조상이 되게 하신 것은 하나님께서 그 백성들을 통하여 하나님이 하나님 되심을 증언하시기 위하여 하신 일입니다. 즉 아브라함의 후손들이 하나님의 보호하심으로 부와 영광이 지극하게 되고(대하 32:27) 죄로 말미암아 고통과 실패와 망하는 것(왕하 23:26, 24:3)을 보여주심으로 하나님이 살아계시는 증거를 삼기 위하여 아브라함을 택하여 하나님의 백성의 조상이 되게 하신 것입니다. 다시 말씀드리면 하나님께서 아브라함을 택하여 세우셔서 그 백성을 삼으신 이유는 그 백성을 통하여 하나님이 살아계신 증인이 되게 하시기 위함인 것입니다.

오늘날도 하나님께서 살아계신 증거를 삼기 위하여 믿는 백성들에게 진노하시기도 하시고 그 백성들을 보호하시기도 하시는 것입니다. 오늘을 사는 우리들도 하나님께서 살아계신 증거를 삼으시는 것을 알고 열심을 다하여 하나님의 말씀을 따라 행하여 하나님을 기쁘시게 해야 합니다.

2. 하나님께서 아브라함을 택하셔서 가나안 땅에 심으신 이유는 지역과 기후조건 때문입니다.

하나님께서 아브라함을 가나안 땅으로 가라고 지시하신 이유는 가나안 땅은 하나님께서 살아계신 증거를 보여주시기 위한 최상의 조건을 갖춘 지역이기 때문일 것입니다. 이 사실도 모세의 증언을 살펴보면 가나안 땅은 하늘에서 내리는 비를 흡수하는 땅이라 하나님께서 돌보아 주시면 젖과 꿀이 흐르는 땅이 되고 하나님께서 돌보아 주시지 않으면 사막이 되어 사람이 거주하기 아주 고통스러운 땅이 되는 것입니다(신 11:8~32).

그러므로 모세의 증언은 "복과 저주를 너희 앞에 두노니"(신 11:26)라고 합니다. 즉 모세가 경계하듯이 하나님의 말씀을 지켜 행하면 젖과 꿀이 흐르는 땅에서 장구한 세월을 보낼 것이요 그렇지 않고 하나님을 떠나 다른 신을 섬기면 쉽게 멸망할 것이라고 하였습니다. 그러므로 복된 삶을 얻기 위하여 자기도 하나님의 말씀을 열심을 다하여 지켜 행하고 그의 자손들에게도 하나님의 말씀을 부지런히 가르쳐 지키게 하라는 것입니다.

이로 볼 때 가나안 땅은 지역적 기후조건으로서 하나님을 증언하는 최적의 땅이 되는 것입니다. 그러므로 하나님께서 아브라함을 갈대아 우르에서 선민의 조상이 되게 하시기보다 가나안 땅으로 인도하셔서 그 곳에서 선민의 조상이 되게 하시는 것을 기뻐하신 것입니다. 이는 하나님이 하나님 되시는 것을 보여주기에 가장 적합한 땅이기 때문에 가나안 땅을 그들에게 주신 것입니다.

하나님께서는 어제나 오늘이나 영원토록 동일하신 분이십니다(히 13:8). 아브라함을 불러서 하나님이 살아계신 분이심을 증언하게 하신 하나님께서 오늘도 우리를 통하여 살아계신 분이라는 것을 증언하는 증인으로 삼고자 하시는 것입니다. 예수님께서 육체로 하나님의 백성과 이방인 사이에 있던 담을 허시고 화목하게 하셨습니다(엡 2:13). 그러므로 이제는 예수 그리스도를 믿는 믿음에는 차별이 없는 것으로 선포되었으니(롬 3:22, 골 3:11) 믿음으로 구원 얻은 우리들은 하나님 앞에서 하나님의 말씀을 지켜 온전한 믿음으로 하나님이 살아계심을 증언하는 신앙인이 되어야 할 것입니다.

아브라함이 가나안 땅으로 가는 길(히 11:8)?

질문 : 아브라함은 하나님의 부르심을 입고 가나안 땅으로 갔습니다. 아브라함이 장래 유업의 땅으로 나아갈 때에 갈 바를 알지 못하고 갔다고 합니다(히 11:8). 그렇다면 아브라함은 갈대아 우르에서 가나안 땅으로 갈 때에 가는 길을 알지 못하고 그냥 떠났다는 말입니까? 아브라함은 아무것도 모르고 순간순간 하나님의 지시하심을 받고 갔다는 말인가요?

대답 : 아브라함은 가나안 땅으로 가야 하는 것을 알고 있었습니다. 그러나 히브리서에서 갈 바를 알지 못하고 갔다는 말씀은 아브라함이 왜 아비 집을 떠나야 하는지, 가나안 땅으로 왜 가는지 그 이유를 알지 못한 것이라고 봐야 할 것입니다. 또한 지리적으로도 가나안 땅으로 가기는 하지만 얼마나 깊숙이 가야 하는지 동쪽으로 가야 하는지 아니면 서쪽으로 가야 하는지를 모르고 갔다는 말이라고 생각합니다.

창세기의 기사를 보면 갈대아 우르에서는 아브람이 아니라 데라가 그 가족을 데리고 가나안 땅을 향하여 갑니다(창 11:31). 그 때에도 데라가 가나안 땅으로 가고자 하여 우르를 떠난 것입니다. 즉 데라가 그 가족을 이끌고 가기로 한 곳은 가나안 땅입니다. 이미 데라의 가족은 가나안 땅이 목적지임을 알고 있었던 것입니다. 데라가 하란에 도착하여 거류하다가 그 곳에서 죽고(창 11:32), 이제는 아브람이 주인공이 됩니다. 창세기 12장 1절에 여호와 하나님께서 아브람에게 "너는 너의 고향과 친척과 아버지의 집을 떠나 내가 네게 보여 줄 땅으로 가라."고 하십니다. 여기서 우리는 아브람이 그 아버지 데라와 함께 우르에서 하란까지 와서 데라가 죽은 후에 부르심을 받았음을 알 수 있습니다. 그런데 "고향과 친척을 떠나서"라고 합니다. 이는 우르와 하란은 같은 갈대아인의 지역임으로 자기가 살고 있는 나라를 떠나서 다른 나라 즉 전혀 새로운 나라로 떠나라고 한 것을 가리킨다고 보아도 무리는 없겠습니다. 아무튼 아브람을 부르시는 여호와 하나님께서 "내가 네게 보여 줄 땅으로 가라."(창 12:1)고 하셨습니다.

그리고 창세기 12장 5절에는 "아브람이 그의 아내 사래와 조카 롯과 하란에서 모은 모든 소유와 얻은 사람들을 이끌고 가나안 땅으로 가려고 떠나서 마침내 가나안 땅에 들어갔더라."고 하였습니다. 이 내용을 종합해보면 아브라함은 갈대아인의 땅 우르에서 그 아버지 데라와 함께 가나안 땅을 향하여 떠났습니다. 데라가 하란에서 죽었을 때에 하나님께서 아브라함을 다시 부르시며 "내가 네게 보여 줄 땅으로 가라"고 하셨습니다. 이때 이미 아브라함이 가나안 땅이 목적지임을 알고 있었고 그 지시하시는 가나안 땅을 향하여 나아갔던 것입니다. 그러므로 아브라함이 그 조카 롯을 데리고 가나안 땅을 향하여 가다가 마침내 그 목표한 가나안 땅에 도착하였다는 것입니다.

이와 같은 경우는 아브라함이 아들 이삭을 바치는 모리아 땅으로 갈 때와 같습니다. 창세기 22장의 내용을 보면 여호와 하나님께서 아브라함에게 그 아들 이삭을 번제로 드리라고 하시면서 "내가 네게 일러 준 한 산으로 가라."고 하셨습니다. 그 지시하심을 받고 아브라함은 그 땅으로 갔다고 했습니다. 제삼일에 그 곳을 눈으로 바라보고 그 종들은 멀리서 기다리게 하고 아브라함은 그 아들 이삭과 함께 그 산으로 올라갔습니다. 9절에는 "하나님이 그에게 일러 주신 곳에 이른지라."고 합니다. 하나님께서 아브라함에게 "내가 네게 일러 준 한 산으로 가라."고 하실 때에 아브라함은 하나님께서 지시하시는 산을 알고 갔다는 것입니다. 삼일이나 되는 길을 가면서 계속하여 이 길로 가라 저 길로 가라고 지시한 것으로 보기는 어렵습니다. 이와 같이 하나님께서 아브라함에게 그의 고향을 "떠나 보여줄 땅으로 가라."고 하실 때에 이미 가나안 땅을 알고 그 곳을 향하여 가다가 마침내 그 곳에 당도하였던 것입니다. 그러면 "믿음으로 아브라함은 부르심을 받았을 때에 순종하여 장래의 유업으로 받을 땅에 나아갈 새 갈 바를 알지 못하고 나아갔으며"(히 11:8)라고 하신 말씀의 뜻은 무엇입니까?

"갈 바를 알지 못하고 갔다."는 말씀은 지형적으로 즉 길을 알지 못했다고 보기는 어렵습니다. 데라가 살았을 때에도 그들은 가나안 땅을 향하여 갔다고 하였기 때문입니다. 그러므로 아브라함은 갈대아 우르를 떠날 때부터 그가 가야할 길은 가나안 땅인 것을 알고 있었습니다. "갈 바를 알지 못하고 나아갔으며"라고 하신 말씀은 정확하게 어디까지 가야하며 왜 가야하며 그 곳에서 무슨 일이 기다리고 있는지 모르고 가나안 땅을 향하여 갔다는 것을 표현한 것이라고 봐야 할 것입니다. 즉 하나님께서 그가 복의 근원이 되기 위해서 왜 가나안 땅으로 가야만 하는지 그의 고향에서는 왜 복이 되지 못하고 가나안 땅에서만 복이 되는지 하나님께서 의도하시는 목적이 무엇인지 알지 못하고 갔다는 말씀인 것입니다.

아브라함이 갈 바를 알지 못하고 나아가서 가나안 땅에 이르러 생활할 때 많은 고난이 있었고, 발붙일 만한 땅도 받지 못하고(행 7:5) 그 후손이 이 땅을 소유한다는 약속만 받았습니다.

그런데 예수께서 아브라함에 대한 증거는 무엇입니까? "너희 조상 아브라함은 나의 때 볼 것을 즐거워하다가 보고 기뻐하였느니라."(요 8:56)고 하십니다. 아브라함은 처음에는 갈 바를 알지 못하고 갔지만 차츰 믿음으로 인도함을 받아서 그가 가나안 땅으로 온 이유를 알게 되었습니다. 그는 어려운 가운데서도 그의 믿음이 약하여지지 않았습니다. 그는 가나안 땅으로 인도하시는 하나님의 뜻을 알았기 때문에 끝까지 흔들리지 않고 갔습니다. 그는 어려움 속에서도 믿음이 약해지지 않고 하나님을 따랐기 때문에 그 믿음을 하나님께서 그의 의로 여기셨던 것입니다.

아브라함은 이삭을 바친 후에 하나님께서 그를 가나안 땅으로 인도하신 목적을 알게 되었습니다. 창세기 22장 15~18절에 보면 그에게 복을 주시면서 "네 씨로 말미암아 복을 받는다."고 하였습니다. 이때에 비로소 아브라함이 그가 가나안 땅에 온 이유를 알고 기뻐한 것이 아닌가 생각합니다. 즉 아브라함이 그 가나안 땅에 온 이유는 그의 후손들을 하나님의 백성으로 살게 하시기 위함인 것을 알게 된 것입니다. 하나님의 백성으로 사는 것이 그 목적인데 그 완성은 그리스도를 통하여 이루어진다는 것을 알게 된 것입니다. 그 사실을 알았을 때에 그는 기뻐하였던 것입니다.

이 사실을 바울 사도께서도 증언합니다. "이 약속들은 아브라함과 그 자손에게 말씀하신 것인데 여럿을 가리켜 그 자손들이라 하지 아니하시고 오직 한 사람을 가리켜 네 자손이라 하셨으니 곧 그리스도라."(갈

3:16)고 하였습니다.

아브라함은 데라와 함께 가나안 땅으로 갈 때에 처음에는 이유를 알지 못하고 갔지만 그가 이삭을 바친 후에 그의 후손인 그리스도를 통하여 하나님의 백성이 되는 것을 알게 되었다는 것입니다.

우리도 아브라함같이 장래의 일을 알지 못할지라도 말씀을 믿고 흔들리지 말고 믿음으로 승리하는 사람으로 살아야 합니다.

"사랑하는 자들아 우리가 지금은 하나님의 자녀라 장래에 어떻게 될지는 아직 나타나지 아니하였으나 그가 나타나시면 우리가 그와 같을 줄을 아는 것은 그의 참모습 그대로 볼 것이기 때문이니 주를 향하여 이 소망을 가진 자마다 그의 깨끗하심과 같이 자기를 깨끗하게 하느니라."(요일 3:2~3)

말씀을 정리하면 하나님께서 아브라함을 택하여 가나안 땅으로 가라 하실 때에 갈 바를 알지 못하고 갔다는 말씀은 하나님의 목적하신 바를 알지 못하고 갔다는 말씀입니다.

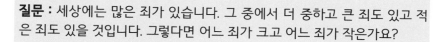

어느 죄가 더 큰가?
(마 22:36~40)

질문 : 세상에는 많은 죄가 있습니다. 그 중에서 더 중하고 큰 죄도 있고 적은 죄도 있을 것입니다. 그렇다면 어느 죄가 크고 어느 죄가 작은가요?

대답 : 세상에는 큰 죄가 있고 작은 죄가 있습니다. 세상 사람들은 큰 죄를 작다 하고 작은 죄를 크다고 착각하는 때가 있습니다. 이는 예수님께서 하신 말씀을 생각하면 쉽게 알 수가 있는 문제입니다. 예수님께서 "네 마음을 다하고 목숨을 다하고 뜻을 다하여 주 너의 하나님을 사랑하라 하셨으니 이것이 크고 첫째 되는 계명이요 둘째는 그와 같으니 네 이웃을 네 몸과 같이 사랑하라 하셨으니 이 두 계명이 온 율법과 선지자의 강령이니라."(마 22:37~40)고 하셨습니다.
 이 말씀에서 크고 첫째 되는 계명을 어긴 죄가 큰 죄이고, 둘째 되는 계명을 어긴 죄가 작은 죄라고 할 수 있습니다.

이 세상에는 죄악이 만연합니다. 문명이 발달할수록 죄는 더욱 늘어나고 있습니다. 인간의 문명은 하나님의 은혜가 끊어져서 하나님의 보호막이 없어졌을 때에 인간이 스스로 보호막을 형성하는 것이 인간의 문명이기 때문입니다. 그러므로 문명이 발달할수록 죄가 더 넘치는 것은 이상한 일이 아닙니다. 아무리 사회적인 제도를 개선하고 법을 엄중하게 한다 하더라도 죄악을 근절할 수는 없는 것입니다. 사람들이 하나님께로 돌아와서 그의 말씀 안에 거하여 하나님의 보호 속으로 들어오는 것만이 죄를 없이하는 유일한 길입니다.

그러면 우리는 죄 중에 어느 죄가 더 큰 죄인가를 생각해봐야 합니다. 세상에서는 살인하는 자, 간음하는 자가 가장 큰 죄라고 생각합니다. 그렇습니다. 이들의 죄는 용서하기 힘든 큰 죄입니다. 그러므로 살인죄나 간음죄는 법정 최고형을 받는 것입니다. 그러나 가만히 생각해보면 살인죄나 간음죄보다 더 큰 죄가 있다는 것입니다.

이는 예수님께서 말씀하셨습니다. 어떤 율법사가 예수님에게 "선생님이여 율법 중에 어느 계명이 크니이까?"(마 22:36)라고 물을 때에 예수님의 대답은 "네 마음을 다하고 목숨을 다하고 뜻을 다하여 주 너의 하나님을 사랑하라 하셨으니 이것이 크고 첫째 되는 계명이요 둘째는 그와 같으니 네 이웃을 네 몸과 같이 사랑하라 하셨으니 이 두 계명이 온 율법과 선지자의 강령이니라."(마 22:37~40)고 하셨습니다.

여기서 크고 첫째 되는 계명이 있고 둘째 되는 계명이 있습니다. 그러면 크고 첫째 되는 계명을 어기는 것이 큰 죄입니까? 아니면 둘째 되는 계명을 어기는 것이 더 큰 죄입니까? 그야 당연히 크고 첫째 되는 계명을 어기는 것이 더 큰 죄가 되는 것입니다. 십계명을 보면 제일계명부터 제사계명까지는 하나님을 사랑하는 계명이고 제오계명부터 제십계명까지는 사람을 사랑하는 계명입니다. 그렇다면 '살인하지 말라' '간음하지 말라'고 하는 계명은 사람을 사랑하는 계명입니다. 이것들은 둘째 되는 계명 중에 들어 있는 것들입니다.

그러면 살인죄나 간음죄보다 더 큰 죄가 있다는 것입니다. 그 죄는 하나님을 사랑하지 않는 죄입니다. 십계명 중에 제일계명부터 제사계명까지가 하나님을 사랑하는 계명인데 그 내용을 보면 제일은 "나 외에는 다른 신을 네게 두지 말라." 제이는 "너를 위하여 새긴 우상을 만들지 말고 또 위로 하늘에 있는 것이나 아래로 땅에 있는 것이나 땅 아래 물속에 있는 것의 아무 형상이든지 만들지 말며 그것들에게 절하지 말며 그것들을 섬기지 말라." 제삼은 "너는 너의 하나님 여호와의 이름을 망령되이 일컫지 말라." 제사는 "안식일을 기억하여 거룩히 지키라."는 것입니다.

그렇다면 우상을 섬기는 자는 살인한 자보다 더 큰 죄를 짓는 사람이 되는 것입니다. 하나님을 농담의 재료로 삼는 자가 살인자보다 더 큰 죄를 짓는 자입니다. 그리고 안식일을 지키지 않는 자가 간음한 자보다 더 큰 죄를 짓는 자입니다. 이 사실을 알지 못하고 사람들은 우상을 섬기며 하나님을 욕하기를 마다하지 않으면서 살인죄를 지은 자를 손가락질하며 상대하지 않고 수군거립니다. 자기는 더 큰 죄에 빠져 있으면서 말입니다. 심지어는 성도라고 하는 사람들이 주일날을 거룩히 지키지 않고 다른 일을 하면서 간음죄를 지은 사람들을 흉악한 자라고 하여 멸시합니다. 물론 살인자나 간음한 자를 두둔하려고 하는 것은 아닙니다. 다만 이들보다 더 큰 죄에 빠진 자가 바로 '나'라는 것을 인식해야 한다는 말입니다.

예수님께서 "먼저 네 눈 속에서 들보를 빼어라 그 후에야 밝히 보고 형제의 눈 속에서 티를 빼리라."(마 7:5)고 하셨습니다. 그러므로 남의 죄를 손가락질하기 이전에 먼저 나의 죄를 생각하여 자기의 죄를 회개하는 일이 먼저라는 말입니다. 사람은 먼저 하나님과의 관계를 바르게 한 후에 사람과의 관계를 바르게 하는 것이 순서입니다. 사람이 죄를 회개함에 있어서 큰 죄부터 작은 죄까지 해결해야 하는 것입니다. 더 큰 죄는 그냥 두고 작은 죄에만 연연해한다면 이는 올바른 행위라고 할 수 없습니다. 그러므로 하나님과의 관계를 회복하는 것이 최우선의 과제입니다.

예수님께서는 "몸은 죽여도 영혼은 능히 죽이지 못하는 자들을 두려워하지 말고 오직 몸과 영혼을 능히 지옥에 멸하시는 자를 두려워하라."(마 10:28)고 하셨습니다. 우리는 하나님의 말씀을 지켜 하나님과의 관계를 회복하면 하나님의 은혜로 사람과의 관계도 회복될 것입니다. 살인죄보다 더 큰 죄, 간음죄보다 더 큰 죄가 있음을 깊이 생각하여 큰 죄부터 작은 죄까지 짓지 않는 복된 삶을 사시기를 바랍니다.

"사람의 행위가 여호와를 기쁘시게 하면 그 사람의 원수라도 그와 더불어 화목하게 하시느니라."(잠 16:7)

어린아이와 같이되는 것은 무슨 의미입니까?

(마 18:1~4, 막 10:13~16, 눅 18:15~17)

질문 : 예수님께서 "어린아이와 같이 되지 않으면 결단코 천국에 들어가지 못하리라."고 하셨습니다. 어떻게 하는 것이 어린아이와 같이 되는 것입니까?

대답 : 예수님께서 "어린아이와 같이 되지 않으면 결단코 천국에 들어가지 못하리라."고 하신 말씀은 매우 중요합니다. 어린아이와 같이 되는 것은 천국에 들어가는 조건이 되기 때문에 반드시 어린아이와 같이 되어야 합니다. 어린아이와 같이 된다는 말씀은 어린 아이가 그 부모를 의존하여 사는 것같이 하나님을 의존하는 사람이 되어야 한다는 말씀입니다.

마태복음 18장 1절부터 4절의 말씀은 제자들이 "천국에서 누가 크니이까?"라고 물을 때에 예수님께서 "너희가 돌이켜 어린아이와 같이 되지 않으면 결단코 천국에 들어가지 못하리라 그러므로 어린아이와 같이 자기를 낮추는 사람이 천국에서 큰 자니라."고 대답하셨습니다. 이는 예수님께서 천국에서 큰 자가 누구인가를 묻기 전에 천국에 들어가는 것이 중요하다고 하시는 말씀입니다. 천국에 들어가지 못하면서 크다 작다 논쟁하는 것은 의미가 없기 때문입니다. 어린아이같이 자기를 낮추는 자가 되어 천국에 들어가서 하나님의 상급을 받아야 된다는 것입니다.

그리고 마가복음 10장 13절부터 16절까지와 누가복음 18장 15절부터 17절까지는 예수님의 만져주심을 바라고 어린아이들을 데리고 오는 것을 제자들이 꾸짖을 때에 예수님께서 제자들에게 하신 말씀입니다. "누구든지 어린 아이와 같이 받들지 않는 자는 결단코 그 곳(천국)에 들어가지 못한다"고 말씀하셨습니다.

마태복음에서 어린아이와 같이 되는 것과 마가복음과 누가복음에서 어린아이와 같이 받드는 것이 얼마나 중요합니까?

우리가 어린아이와 같이 되고 어린아이와 같이 받들지 않으면 천국에 들어가지 못합니다. 이렇게 중요한 말씀을 깊이 묵상하지 않을 수가 없습니다. 예수님께서 말씀하시는 어린아이와 같이 되는 것이 무엇인가를 알지 못하여 어린아이같이 되지 않으면 천국에 들어가지 못하는 것입니다.

왜냐하면 알지 못하는 것은 믿지 못하기 때문입니다. 또한 믿지 못하는 것을 어떻게 행할 수가 있겠습니까(롬10:13~17)? 우리가 어린아이와 같이 되어야 하는데 예수님께서 "어린아이"를 말씀하실 때 이것이 무엇을 뜻하는지를 알아야 합니다.

민수기 32장 16절에는 어린아이는 보호 받아야 할 약한 자로 나옵니다(스 8:21 참고). 시편 17편 14절에는 유업을 물려받을 자로 표현합니다. 누가복음 9장 48장에는 어린아이를 영접하는 것은 예수님을 영접하는 것이라고 하셨습니다. 마태복음 25장 40절에 "내 형제 중에 지극히 작은 자 하나에게 한 것이 곧 내게 한 것이니라."고 하심으로 "내 이름으로 이런 어린아이를 영접하면 곧 나를 영접함이요"라고 할 때에 어린아이는 곧 약한 자를 말합니다.

로마서 2장 20절에 보면 "어리석은 자의 교사요 어린아이의 선생"이라고 함은 지식이 없는 자, 또는 어리석은 자로 표현합니다. 고린도전서 3장 1절 말씀에도 "신령한 자를 대함과 같이 할 수 없어서 … 어린아이들을 대함과 같이 하노라."고 하여 지식으로나 지혜로나 미숙한 자를 가리킵니다. 고린도전서 13장 11절에도 어린아이를 깨닫지 못하는 어리석은 자로 표현합니다.

그리고 고린도전서 14장 20절에는 "지혜에는 아이가 되지 말고 악에는 어린아이가 되라 지혜에는 장성한 사람이 되라."고 함으로 어느 정도 순수함을 말씀하는 것 같습니다.

고린도후서 12장 14절에는 어린아이는 부모의 도움을 받아야 되는 존재를 말합니다. 또한 에베소서 4장 14절에는 사람의 속임수와 간사한 유혹에 빠지기 쉬운 자로 표현됩니다.

그러면 이 중에서 예수님이 말씀하시는 어린아이는 어떤 아이를 말씀하시는 것입니까? 정리하면 어린아이는 "약한 자", "지식이 없고 어리석은 자", "지식이나 지혜가 미숙한 자", "깨닫지 못하는 어리석은 자", "어느 정도 순수한 자", "부모의 도움을 받아야 하는 자", "유혹에 빠지기 쉬운 자"로 표현되는데 이 중에 "어리석은 자", "미숙한 자", "유혹에 빠지기 쉬운 자"가 되라고 하시는 것은 그 의미가 아닙니다. 그렇다면

"약한 자", "어느 정도 순수한 자", "부모의 도움을 받아야 되는 자"로 해석해야 할까요?

　필자는 이 문제를 깊이 묵상하면서 깨달은 말씀을 진술하고자 합니다. 어린아이에게 어떤 특성이 있으며 예수님께서 말씀하신 의미가 무엇인가를 알고자 하여 가까운 어린이 놀이터에 가서 관찰을 해 보았습니다. "호랑이를 잡으려면 호랑이 굴에 들어가야 한다"는 말과 같이 어린이를 알기 위하여 어린이 놀이터에 가서 관찰을 했습니다. 여러 달을 관찰하는데 지성이면 감천이라는 말이 있듯이 어느 날 놀이터에서 여러 아이들이 놀고 있는데 어린 아들을 데리고 나온 엄마가 있었습니다. 그 때에 그 아들이 벤치에 앉아있는 어머니를 뒤로하고 놀이터 모래밭으로 가며 뒤돌아보면서 "엄마 나 미끄럼 타면 돼?"라고 합니다. 엄마는 "그래 조심해서 타"라고 합니다. 그리고 미끄럼틀 가까이 가서는 또 "엄마 나 올라갈까?"라고 묻습니다. 그 엄마는 "그래 조심히 올라가"라고 허락합니다. 그리고 미끄럼틀에 다 올라가서는 "엄마 내려갈까?"라고 묻습니다. 또 엄마는 "그래 조심히 내려와"라고 합니다. 그리고는 미끄럼틀을 다 내려와서는 "엄마 나 시소 탈까?"라고 묻습니다. "그래 타"라고 허락합니다. 그리고는 시소 있는 데로 가서는 "엄마 누구하고 탈까?"라고 묻습니다. 엄마는 "그 옆에 있는 친구가 타고 싶은가 봐! 그 친구하고 타면 되겠네!"라고 합니다. 그 아들은 옆에 있는 그 친구에게 "나하고 시소 타자"라고 하여 그 친구하고 같이 시소를 탑니다.
　이 때 마음속에서는 '이것이구나! 예수님께서 이러한 어린아이를 말씀하시는 것이구나!' 라고 깨달아졌습니다. 즉 "어린아이와 같이 되라."고 하시는 것은 '어린아이가 그 부모를 의존하듯이 우리가 하나님을 의존하며 살라고 하시는 것이로구나!'라는 깨달음을 얻었습니다.
　우리는 하나님께 묻고 그 대답을 듣고 순종하며 살아야 하는 것입니다. "하나님 나 이것을 하면 될까요?" "어떻게 할까요?" "하나님 나 힘들어요. 도와주세요." 등과 같이 하나님께 그 뜻을 묻고 하나님의 응답을 받으며 살라는 것입니다. 즉 하나님께 전적으로 의존하여 살라고 하신 말씀으로 해석할 수 있습니다.

이 해석은 전적으로 필자의 경험입니다. 그러므로 다르게 해석될 수도 있겠습니다. 예수님이 말씀하시는 어린아이와 같다고 확증할 수는 없습니다. 그러나 이 말씀을 확신한 후에는 지금까지 이보다 더 분명하게 설명할 수 있는 말이 없기에 이를 채택하고 있습니다. 누구든지 이보다 더 명확하게 설명할 수 있는 말씀이 있으면 알려주시면 감사하겠습니다.)

어린 양 우리 주
(요 1:29)

질문 : 예수님을 왜 어린 양이라고 하시나요?

대답 : 예수님을 어린 양이라고 하시는 이유는 예수님이 제물이 되시는 것을 말씀하십니다. 예수님께서 화목제물이 되심으로 하나님과 원수 되었던 우리가 하나님의 자녀가 되었습니다. 예수님이 우리의 구세주라고 하는 것은 출애굽하는 이스라엘 백성들이 유월절 날 양을 잡아 그 피를 문설주와 인방에 바르면 멸하는 자가 그 집에 들어가지 않고 넘어갔으로 그 집에 장자가 죽지 않았습니다. 마찬가지로 예수님이 십자가에서 피흘려 돌아가심을 믿으면 멸망치 않고 구원을 얻기 때문에 유월절 양이라고 표현하는 것입니다. 유월절 양은 일 년 된 것이므로 어린 양입니다. 그러므로 우리의 생명을 구원하시는 분으로 표현할 때는 유월절 어린 양이라고 하고 하나님과 화목하게 하시는 분으로 표현할 때는 화목제물이라고 하는 것입니다.

예수님은 인간으로 이 땅에 오셨는데 양으로 즉 짐승으로 표현하는 이유가 무엇인가요? 세례 요한은 자기가 세례 베풀던 곳인 베다니에서 예수님을 증언하기를 "세상 죄를 지고 가는 하나님의 어린 양이로다."(요 1:29)라고 했습니다. 여기서 하나님의 아들이라고 증언하지 않고 어린 양이라고 증언합니다. 왜 예수님이 어린 양입니까? 그 대답은 예수님은 사망의 그늘에서 고통당하는 그 백성들을 구원하러 오신 구세주이기 때문입니다. 즉 그 백성들에게 생명을 얻게 하시기 위하여 오신 것입니다.

바울 사도는 증언합니다. "그는 허물과 죄로 죽었던 너희를 살리셨도다."(엡 2:1)라고 하십니다. 생명을 얻게 하시는 구세주는 구약 시대에 출애굽하는 날 즉 유월절에 애굽의 장자는 다 죽었는데 이스라엘 백성의 장자는 하나도 죽지 않았습니다. 그 이유는 출애굽하는 날 첫 유월절을 지키는데 그 달을 달의 시작 곧 해의 첫 달이 되게 하고 열흘날에 양을 준비하여 열나흘날까지 간직하였다가 해질 때에 이스라엘 회중에서 양을 잡고 그 피를 양을 먹는 그 집의 문설주와 인방에 바르고 그 집 안에서 그 양의 고기를 먹었습니다. 이 때 멸하는 자가 온 애굽을 두루 다니면서 그 나라의 백성들의 장자를 치는데 그 피가 있는 집에는 들어가지 않고 넘어감으로 재앙을 받지 않게 되었던 것입니다. 이때의 양이 죽음으로 그 장자가 살게 되는 것인데 이는 예수님이 십자가에 달려 돌아가심으로 그 백성이 구원을 얻게 되는 것을 예표하는 것입니다. 그리고 이 유월절에 죽는 양은 흠이 없고 일 년 된 수컷 어린양으로 해야 하는 것입니다(출 12:1~14).

그러므로 세례 요한이 유월절의 어린 양이 그 백성을 구원하는 것같이 예수 그리스도께서 그 백성을 위하여 십자가에 달려 돌아가셔서 그 백성의 죄를 담당하셔서 구원하실 분이심을 증언하는 것입니다. 이는 예수님이 하시는 일을 알게 하시려고 예수님을 향하여 세상 죄를 지고 가는 어린양이라고 한 것입니다. 그리고 예수님에 대하여 화목제물이라고도 합니다(롬 3:25). 이는 하나님과 원수 되었던 그 백성들로 하여금 그의 피를 믿음으로 하나님과 화목하게 되어 하나님은 그들의 하나님이 되고 그들은 하나님의 백성이 되는 것을 말하는 것입니다. 예수님은 자기 백성들을 구원하시려고 그 몸을 버려 희생당하시므로 마지막 제물이 되셨습니다. 제물이 되신 예수님을 세상 죄를 지고 가는 어린양이라고 하는 것입니다.

어린아이를 실족케 하면?
(마 18:6~7)

질문 : 어린아이를 실족하게 하면 어떻게 됩니까?

대답 : 어린아이를 실족하게 하면 그 어린아이를 죽이게 되고 자기도 화를 당하게 됩니다.

예수님께서 "천국에서 누가 크니이까?"(마 18:1)라고 묻는 제자
들에게 "어린아이와 같이 자기를 낮추는 자가 천국에서 큰 자
라"(마 18:4)고 하셨습니다. 어린아이와 같이 자기를 낮추는 자가 큰 자
인데 그 이유는 사람이 어린 아이와 같이 되지 아니하면 결단코 천국
에 들어가지 못하기 때문입니다(마 18:3). 어린아이와 같이 되는 것은 어
린아이가 그 부모를 의존하여 살듯이 사람이 하나님을 의존하여 살아
야 천국에 들어간다는 교훈이라고 하였습니다.

이 어린아이는 출입할 줄을 알지 못하고 갈 바를 알지 못합니다. 그러
므로 그들은 가르침을 받아야 합니다. 그 가르침은 하나님을 의존하여
사는 진리를 말하는 것입니다. 사람이 가르쳐야 할 것은 예수님께서 명
령하신 것입니다. 예수님께서 이 세상을 떠나시면서 하신 마지막 지상
명령이 "내가 너희에게 분부한 모든 것을 가르쳐 지키게 하라."는 것입
니다(마 28:20). 예수님은 구세주로서 그 백성들의 죄를 대속하심으로 구
세주로 오셨습니다(마 1:21). 그러므로 예수님은 그 백성들이 어떻게 행
할 것을 가르쳐 주셨습니다. 하나님 앞에 죄를 짓는 것은 하나님의 말
씀을 어기거나 부족하게 행하는 것을 말합니다. 예수님은 하나님의 뜻
이 무엇이며 어떻게 하는 것이 하나님의 말씀을 지켜 행하는 것인가를
알려 주시는 것입니다. 예수님은 그 백성들이 하나님의 말씀을 오해하
고 바로 알지 못할 때에 그것을 바로잡아 주셨습니다. 그 때 주님은 분
명히 말씀하십니다. "내가 율법이나 선지자를 폐하러 온 줄로 생각하지
말라 폐하러 온 것이 아니요 완전하게 하려 함이라."(마 5:17)고 하셨습
니다. 예수님이 그 제자들에게 하나님의 뜻을 가르쳐 주시는 분임으로
'선생'이 되시는 것입니다(요 13:14). 예수님이 가르치신 것을 그 제자들로
하여금 계속 가르치라고 권면하시는 것이 주님의 마지막 지상명령인 것
입니다.

그렇다면 가르치는 자의 자세는 무엇입니까? 그것은 가르침을 받는 사람을 실족시키지 않는 것입니다. 예수님께서 "누구든지 나를 믿는 이 작은 자 중 하나를 실족하게 하면 차라리 연자 맷돌이 그 목에 달려서 깊은 바다에 빠뜨려지는 것이 나으니라 실족하게 하는 일들이 있음으로 말미암아 세상에 화가 있도다 실족하게 하는 일이 없을 수는 없으나 실족하게 하는 그 사람에게는 화가 있도다."(마 18:6~7)라고 말씀하셨습니다. 여기서 갈 바를 알지 못하는 작은 자 하나를 실족케 하는 것은 그를 죽이는 것입니다. 그렇지 않겠습니까? 사람의 목에 연자 맷돌을 달아 깊은 바다에 빠뜨리면 그 사람이 죽을 수밖에 없지요. 사람이 하나님의 말씀을 오해하여 실족하는 것은 죽는 것보다 못한 것입니다. 하나님의 말씀을 오해하게 하여 사람을 실족케 하는 일로 인하여 세상에는 화가 있게 되는 것입니다.

요즘 세상에 이단이라고 하는 사람들이 실족하게 하는 이들입니다. 하나님의 말씀을 왜곡시켜서 그들을 따르게 하여 하나님이 말씀하시는 길을 버리고 사람의 길을 가게 하는 것을 말합니다. 요즘 우리나라에는 하나님의 말씀을 가르친다고 하여 하나님의 백성들을 미혹하고 교회를 공격하고 파괴하는 세력들이 많이 일어나고 있습니다. 우리는 그들에게 미혹을 받지 않도록 조심해야 합니다. 그들은 하나님을 위하여 일하는 것이 아니라 자기들의 배를 채우기 위하여 일을 합니다. 왜냐하면 하나님의 바른 길을 버리고 자기들의 길을 선전하여 하나님의 교회를 파괴하는 것입니다. "무리에게서 스스로 갈라지는 자는 자기 소욕을 따르는 자라 온갖 참 지혜를 배척하느니라."(잠 18:1)고 하여서 교회에서 스스로 갈라지는 그들을 경계하고 있습니다. 그러므로 하나님의 백성들은 진리를 따라 행하기 위하여 진리를 바로 알도록 부지런히 배우고 익혀야 할 것입니다. 하나님의 성도들은 모두 다른 사람들을 가르치는 사람이 되어야 합니다. 가르치는 사람은 그 가르침을 받는 사람을 실족케 하는 일이 없도록 자기가 먼저 바른 지식을 가져야 합니다.

호세아 선지자는 그 백성들이 지식이 없어서 망한다고 한탄을 합니다. "내 백성이 지식이 없으므로 망하는도다 네가 지식을 버렸으니 나도 너를 버려 내 제사장이 되지 못하게 할 것이요 네가 네 하나님의 율법을 잊었으니 나도 네 자녀들을 잊어버리리라."(호 4:6)고 하였습니다. 하나님의 지식을 알지 못하는 것은 망하는 길입니다. 이단들이 일어나 백성들을 미혹할 때에 어느 것이 바른 길인지 알지 못하고 따라가면 필경은 망하는 것입니다. 그러므로 우리들은 하나님의 진리를 아는 데에 힘써야 할 것입니다. 호세아 선지자는 그 백성들이 지식이 없음으로 망하는 것을 한탄하면서 바른 지식으로 돌아오라고 간곡히 호소합니다. "우리가 여호와를 알자 힘써 여호와를 알자"(호 6:3)라고 간곡히 부탁합니다.

세상에는 실족케 하는 일로 인하여 화가 있겠음으로 우리들은 바른 지식을 얻도록 힘써야 합니다. 그리고 한 마디 말을 할지라도 조심조심하여 남을 실족하게 하는 말을 하지 않도록 해야 할 것입니다.

예수님께서 이 일이 심히 중대한 일이라고 우리에게 알려 주십니다.

"만일 네 손이나 네 발이 너를 범죄하게 하거든 찍어 내버리라 장애인이나 다리 저는 자로 영생에 들어가는 것이 두 손과 두 발을 가지고 영원한 불에 던져지는 것보다 나으니라 만일 네 눈이 너를 범죄하게 하거든 빼어 내버리라 한 눈으로 영생에 들어가는 것이 두 눈을 가지고 지옥 불에 던져지는 것보다 나으니라 삼가 이 작은 자 중의 하나도 업신여기지 말라 너희에게 말하노니 그들의 천사들이 하늘에서 하늘에 계신 내 아버지의 얼굴을 항상 뵈옵느니라."(마 18:8~10)

우리의 작은 일로 인하여 소자를 실족케 한다면 얼마나 애통한 일입니까? 그러므로 우리는 조심하여 실족시키는 일을 하지 않도록 해야 합니다. 아무리 작은 자라도 가르칠 때에 신중히 생각하여 실족시키는 일이 없어야 하겠습니다.

열매 없는 무화과나무가 저주 받았나요?

(마 21:18~22, 막 11:12~24)

질문 : 예수님께서 베다니에서 아침 일찍 예루살렘으로 가실 때에 시장하심으로 무화과나무에 다가 가셔서 열매가 없음으로 무화과나무에게 "이제부터 영원토록 네가 열매를 맺지 못하리라 하시니 무화과나무가 곧 마른지라"(마 21:19)라고 하여 저주 받은 무화과나무라고 합니다. 그런데 과연 무화과나무가 열매가 없음으로 저주를 받은 것입니까?

대답 : 이 일은 무화과나무가 저주를 받은 것이 아니라 예수님의 입의 권세를 보여주신 것입니다. 이때의 무화과나무가 열매가 없는 것은 무화과의 때가 아니기 때문에 열매가 없었던 것입니다. 이때에 열매가 없는 것은 무화과 나무의 잘못이 아닙니다. 무화과나무의 잘못이 아닌데 열매가 없다고 저주하신다면 정당하지 못한 것입니다. 예수님께서 무화과나무에게 말씀하신 것은 열매 맺지 못한 것을 저주하신 것보다 예수님의 입의 권세를 보여주신 사건입니다.

열매없는 무화과나무에게 된 일은 좀 생각해 봐야합니다. 무화과나무가 예수님의 저주로 말라버린 내용의 기사는 마태복음 21장 18절-22절 말씀과 마가복음 11장 12절~24절에 나옵니다. 마태복음 21장 19절에는 열매가 없음으로 저주하셨다고 하실 수 있습니다. 그러나 마가복음 11장 13절에 보면 무화과나무에 열매가 없는 이유가 나오는데 "무화과의 때가 아님이라."고 하셨습니다. 그렇다면 창조주이신 예수님께서 창조의 질서를 깨뜨리시고 때가 아님에도 열매가 있기를 바라셨겠습니까? 그렇지는 않을 것입니다. 겨울에 감나무에 가서 감이 열려 있기를 바란다면 이치에 맞는 일입니까? 아니지 않습니까? 과일 나무는 제철에 열매를 맺습니다. 그러므로 사과는 사과가 열려 있는 때가 있고, 감은 감이 열리는 때가 있고, 바나나는 바나나가 열리는 때가 있습니다. 그러므로 무화과나무도 무화과가 열리는 때가 있는 것입니다. 그런데 무화과의 때가 되지 않아 열매가 없는 것이 나무가 잘못한 것입니까? 그렇지 않습니다. 무화과의 때가 아님에도 불구하고 무화과가 열려 있다면 그것이 잘못 된 것 아닙니까? 무화과나무가 잘못이 없는데 무화과나무가 저주를 받았다면 저주하신 분이 잘못을 하신 것입니다.

율법에는 자기의 죄로 인하여 벌을 받는 것이지 자기의 죄가 아니면 벌을 받지 않도록 하라고 하셨습니다(신 24:16, 왕하 14:6).

만약에 무화과나무가 잘못이 없는데 저주를 받았다면 율법을 어기는 것입니다. 벌은 죄 있는 자가 받는 것입니다. 그런데 잘못이 없는 무화과나무를 저주하시면 예수님은 율법을 어기시는 것이요 창조의 질서를 어기는 것입니다. 그렇다면 창조주 하나님이신 예수님께서 창조의 질서를 깨뜨리시고 저주하실 리가 만무하십니다.

예수님께서 무화과나무를 마르게 하신 이유는 더 깊은 뜻이 있습니다. 무화과나무가 마른 것을 보고 제자들이 예수님에게 "어찌하여 무화과나무가 말랐나이까?"라고 물을 때에 예수님의 대답이 어떠합니까? "예수께서 대답하여 이르시되 내가 진실로 너희에게 이르노니 만일 너희가 믿음이 있고 의심하지 아니하면 이 무화과나무에게 된 이런 일만 할 뿐 아니라 이 산더러 들려 바다에 던져지라 하여도 될 것이요 너희가 기도할 때에 무엇이든지 믿고 구하는 것은 다 받으리라 하시니라."(마 21:21~22)고 하셨습니다.

　무화과나무가 마른 이유를 묻는 제자들에게 하신 예수님의 대답에는 '열매가 없기에 저주하였노라.'는 말씀은 전혀 없습니다. "믿음이 있고 의심하지 아니하면 산더러 들려 바다에 던져지라 하여도 될 것이요 기도할 때 믿고 구하는 것은 받으리라"고 대답하십니다. 이는 무엇을 말씀하십니까? 믿음의 위력을 제자들에게 가르치시고자 하신 의도에서 하신 일인 것입니다. 즉 주님은 이제 이 세상을 떠나서 하늘 보좌로 올라가셔야 합니다. 세상에 남겨질 제자들이 그들에게 믿음이 있으면 그 입의 권세가 있음을 가르치시기 위하여 무화과의 때가 아님에도 불구하고 무화과나무에 가서 열매가 있는가를 보신 것은 의도된 행동일 것입니다. 그렇습니다. 믿는 우리에게는 입술의 권세가 산을 옮길 수 있을 만큼 크다는 것을 믿어야 될 것입니다. 믿음이 있고 의심하지 않으면 그 입의 권세는 산을 옮길 만큼 크다는 것을 가르치시기 위하여 때가 아님에도 불구하고 그 나무에 가셔서 열매를 찾으셨던 것입니다. 그리고 열매가 없는 것을 보시고 '영원토록 열매를 맺지 못한다.'고 말씀하심으로 그 입의 권세가 있음을 보여주신 것입니다. 그 입의 권세 즉 그 입의 말씀으로 나무가 마르게 된 것입니다. "사람이 마음으로 믿어 의에 이르고 입으로 시인하여 구원에 이른다"(롬 10:10)는 말씀을 기억하여 우리는 믿고 확신하는 바를 입으로 말할 수 있기를 바랍니다.

영생이란 무엇인가?
(요 3:16)

질문 : "하나님이 세상을 이처럼 사랑하사 독생자를 주셨으니 이는 그를 믿는 자마다 멸망하지 않고 영생을 얻게 하려 하심이라."고 하셨습니다. 여기서 예수님께서 저를 믿는 자마다 '영생을 얻게 하려 하심이라'고 하셨습니다. 그러면 영생은 무엇을 의미합니까?

대답 : 영생이란 하나님과 영원히 사귐이 있는 생활을 말합니다. 하나님 앞에서 쫓겨난 상태가 죽음입니다. 즉 하나님과 관계가 끊어진 삶이 죽음인 것입니다. 하나님과 분리되어 하나님 없이 사는 것을 죽음이라고 하고 (엡 2:2~3), 하나님과 사귐이 있는 영원한 삶을 영생이라고 합니다.

믿는 사람의 소망은 영생입니다. 그러므로 영생이 무엇인가를 생각해 보지 않을 수가 없습니다. 영생에 대한 것을 알지 못하면 하나님의 은혜를 알지 못하고 구원 받은 것을 확신할 수도 없습니다. 영생이란 무엇인가를 생각해 보고자 합니다.

절대적 의미의 영생은 하나님이십니다(단 4:34). 하나님의 형상을 닮은 자들 중에는 영생하는 자도 있고 영원히 수치를 당하는 자들도 있는 것입니다(단 12:2). 즉 악인은 영벌에, 의인은 영생에 들어갑니다(마 25:46). 이 영생을 얻게 하시기 위하여 그리스도께서 이 땅에 오신 것입니다(요 3:15~16). 이 영생은 예수님을 믿는 자가 얻는 것입니다(요 5:24). 성부 하나님, 성자 하나님께서 주신 말씀과 명령이 영생인 것입니다(요 12:50). 즉 말씀을 듣고 그 명령을 준행하는 자는 영생을 얻는 것입니다.

또한 영생은 하나님과 예수 그리스도를 아는 것이라고 하였습니다(요 17:3). 예수님이 이 땅에 오셔서 구원을 이루신 후에는 이방인이라고 하는 무할례자도 믿음으로 영생을 얻습니다(행 13:48). 영생을 얻는 것은 그리스도께서 십자가로 구원을 다 이루셨으므로 차별이 없는 것입니다. 오직 믿음으로 믿음에 이르러 영생을 얻게 되는 것입니다.

그러면 예수 그리스도를 믿어 구원을 얻음으로 성도들이 가지는 영생은 무엇입니까? 이는 한마디로 그리스도로 말미암아 얻은 구원입니다. 즉 태초에 하나님께서 인간을 창조하시고 생육하고 번성하여 땅에 충만하라고 하셨습니다(창 1:28, 9:1). 인간은 생육하고 번성하는 생명을 얻었습니다. 그러나 이 생명은 영생이 아니라 잃어버릴 수 있는 생명이었습니다(창 2:17). 인간이 받은 생명은 영생의 가능성이었습니다. 즉 하나님의 말씀을 순종하여 선악을 알게 하는 나무의 열매를 먹지 않는 데서 약속된 영생인 것입니다.

우리가 알 것은 인간은 동물과 달라서 영혼을 가진 존재로 창조되었습니다(창 2:7). 영혼을 가졌다는 것은 그 만큼 큰 복이었습니다. 사람이 하나님께서 창조하신 어떤 피조물보다 우월한 존재가 된 것은 바로 영혼을 가졌기 때문입니다. 영혼을 가진 사람의 복은 하나님과 교통하는 특권을 가지는 것입니다. 이는 영혼을 가진 존재만이 가지는 특권입니다. 영혼을 가진 인간의 특권을 보면 1)영생의 특권입니다. 2) 하나님과 교제의 특권입니다. 3) 만물을 다스리는 특권입니다.

이 세 가지 특권을 가지고 사는 것이 영생입니다. 즉 하나님이 주신 생명을 가지고 하나님과 교제하면서 만물을 다스리는 생활이 영생인 것입니다.

인간이 범죄하여 하나님 앞에서 쫓겨났을 때에 사망이 그 위에 왕 노릇하고 인간이 부패하여 영적으로 무능하여 하나님과의 교제가 끊어짐으로 하나님을 알지 못하고 감사치도 못하고 버려진 상태였습니다. 그 뿐만이 아니라 만물을 다스리도록 지음을 받았으나 다스리기는커녕 오히려 만물에게 굴복하여 자연을 섬기는 비참함에 빠진 것입니다.

이렇게 비참한 자리에 떨어진 인간을 예수 그리스도께서 인간이 되어 이 땅에 오셔서 십자가의 대속으로 인하여 구원을 허락하셨습니다. 우리는 예수를 믿어 구원받아 잃어버린 특권을 되찾게 되는 것입니다. 즉 사망이 사람을 주장하지 못하고 생명으로 옮겨져서 영생을 가졌고 (요 5:24, 롬 8:2, 고전 15:54), 끊어졌던 하나님과의 관계가 회복된 것입니다(롬 8:14~15). 범죄로 인하여 원수가 되었던 관계가 이제는 아버지와 아들의 관계로 회복된 것입니다. 그리고 만물을 다스리는 특권이 회복됩니다(벧전 2:9, 마 19:28, 눅 22:29). 왕 같은 제사장들로서 다스리게 되는 것입니다.

이렇게 범죄로 말미암아 잃어버렸던 특권을 되찾아 우리의 생명이신 그리스도와 연합하여 영원한 친교의 생활을 누리는 것을 영생이라고 하는 것입니다. 우리 성도들이 예수 그리스도로 말미암아 구원을 얻어서 하나님과 영원히 교제를 나누며 하나님과 함께 사는 것을 영생이라고 합니다.

영적 간음이란 무엇인가?
(호 4:13~14)

질문 : 영적 간음이란 무엇을 말하는가요?

대답 : 아내가 남편을 버리고 외간 남자를 따라가는 것을 간음이라고 하듯이 하나님의 백성이 하나님을 버리고 우상을 따라가는 것을 말합니다.

간음이란 아내가 자기 남편을 버리고 외간 남자와 관계를 맺는 것을 말합니다. 반대로 남편의 자기 아내를 두고 외간 여자와 관계를 맺는 것 또한 간음이라고 합니다. 하나님께서는 간음하는 행위를 몹시 싫어하십니다. 그러므로 십계명에도 제 칠 계명에 "간음하지 말라."(출 20:14, 신 5:18)고 하셨습니다. 이 간음죄는 중한 죄로서 간음을 행하는 자들은 죽이도록 규정하고 있습니다(레 20:10). 야곱의 큰 아들 르우벤은 간음함으로 그는 장자의 명분을 **빼앗기고** 말았습니다(창 49:3~4, 대상 5:1). 다윗은 간음죄를 범함으로 그 가정에 평화가 깨어져 버렸습니다(삼하 12:7~12). 다윗이 간음함으로 나단을 통하여 하신 말씀은 "이제 네가 나를 업신여기고 헷 사람 우리아의 아내를 **빼앗아** 네 아내로 삼았은즉 칼이 네 집에서 영원토록 떠나지 아니하리라."(삼하 12:10)고 하셨습니다. 과연 다윗의 가정은 이때부터 평화롭지 못하고 그 아들들이 죽임을 당하는 일이 일어났습니다. 다윗이 밧세바를 통하여 낳은 아들이 죽었고, 사무엘하 13장에 보면 암논은 압살롬의 누이 다말을 범하고 그를 버렸음으로 그는 압살롬에게 죽임을 당하였습니다. 그리고 압살롬이 반역하여 다윗이 왕궁에서 피하여 떠나는 일이 있었고 압살롬은 그 아버지의 후궁들을 백주 대낮에 범하는 어처구니없는 일을 행하였고 그는 결국 죽임을 당하였습니다. 그리고 사사기 19장, 20장에 보면 어떤 불량한 사람들이 한 여인을 간음함으로 한 지파가 이지러지는 불상사를 당하기도 하였습니다.

이와 같이 간음죄는 중한 죄로서 행하지 말아야 할 죄입니다. 물론 어떤 죄든지 범하여서는 안 됩니다. 바울 사도는 "음행을 피하라 사람이 범하는 죄마다 몸 밖에 있거니와 음행하는 자는 자기 몸에 죄를 범하느니라."(고전 6:18)고 하였습니다. 사람이 범하는 죄는 몸 밖에 있으나 간음은 자기 몸 안에 있다고 하였습니다. 이는 간음죄가 얼마나 나쁜가를 말하는 것입니다. 이 간음죄는 육적으로도 행하지만 영적으로도 행하는 것입니다. 그렇다면 영적 간음이란 무엇을 말하는 것입니까?

이는 우리의 육신으로 간음하는 것이 아니라 영의 아버지(히 12:9)를 버리고 다른 신을 섬기는 것을 말합니다. 이 사실은 호세아서에 잘 기록하였습니다. 호세아 2장 2절에 "너희 어머니와 논쟁하고 논쟁하라 그는 내 아내가 아니요 나는 그의 남편이 아니라 그가 그의 얼굴에서 음란을 제하게 하고 그 유방 사이에서 음행을 제하게 하라."고 하여 이스라엘 백성들이 그 하나님을 버리고 우상을 섬기는 것을 말하고 있습니다. 또 5절에는 그 어머니가 음행한 내용은 "그가 이르기를 나는 나를 사랑하는 자들을 따르리니 그들이 내 떡과 내 물과 내 양털과 내 삼과 내 기름과 내 술들을 내게 준다 하였음이라."고 하여 이스라엘 백성들이 그 하나님께서 주신 복을 그 우상이 준다고 하였기 때문이라는 것입니다. 이는 8절에도 말하여 줍니다. "곡식과 새 포도주와 기름은 내가 그에게 준 것이요 그들이 바알을 위하여 쓴 은과 금도 내가 그에게 더하여 준 것이거늘 그가 알지 못하도다."라고 하여 우상이 복을 주는 것이 아니라 하나님께서 주신 것임을 분명하게 증언하고 있습니다.

그러므로 하나님께서 '이스라엘 백성들이 그 남편이 되시는 여호와를 버리고 우상을 따른 시기를 따라 벌하시겠다.'고 하였습니다. 13절에 "그가 귀고리와 패물로 장식하고 그가 사랑하는 자를 따라가서 나를 잊어버리고 향을 살라 바알들을 섬긴 시일대로 내가 그에게 벌을 주리라 여호와의 말씀이니라."라고 하였습니다. 이스라엘 백성들이 남편 되시는 여호와를 버리고 우상을 따라갔음으로 남편이 되시는 하나님께서 그 백성들을 가르쳐서 다시는 그 연애하는 자 즉 우상을 따르지 않고 하나님께로 인도하시겠다고 하셨습니다.

"여호와께서 이르시되 그 날에 네가 나를 내 남편이라 일컫고 다시는 내 바알이라 일컫지 아니하리라 내가 바알들의 이름을 그의 입에서 제거하여 다시는 그의 이름을 기억하여 부르는 일이 없게 하리라."(호 2:16~17)고 하였습니다. 이렇게 우상을 떠나게 하셔서 하나님께로 인도하신 후에 하나님이 그 남편 되심을 선포하시고 있습니다. "내가 네게 장가들어 영원히 살되 공의와 정의와 은총과 긍휼히 여김으로 네게 장가들며 진실함으로 네게 장가들리니 네가 여호와를 알리라."(호 2:19~20)고 하셨습니다.

하나님의 백성들이 우상을 떠나 하나님과 신비로운 연합을 이루었을 때에 하나님께서 그 백성들에게 복을 주시는 것입니다. "여호와께서 이르시되 그 날에 내가 응답하리라 나는 하늘에 응답하고 하늘은 땅에 응답하고 땅은 곡식과 포도주와 기름에 응답하고 또 이것들은 이스르엘에 응답하리라."(호 2:21~22)고 하였습니다.

이와 같이 영적 간음은 하나님을 버리고 우상을 섬기는 것을 말합니다. 하나님을 버리고 우상을 따르면 그 어떤 복도 받을 수 없습니다. 우상을 위하여 쓴 은과 금의 패물도 하나님이 주신 것입니다. 그러므로 회개하여 하나님과 연합한 자가 되어 그를 따르면 하나님께서 복을 베풀어 주신다는 것입니다.

하나님께서는 어제나 오늘이나 영원토록 변함이 없으신 분이십니다(히 13:8). 호세아 시대에 역사하셔서 호세아에게 말씀하시는 하나님은 오늘도 똑같은 은혜로서 우리들에게 말씀하십니다. 우상을 섬기는데서 떠나서 하나님을 섬기면 응답하시겠다는 말씀이 우리를 깨우실 것입니다.

우리의 남편 되시는 하나님께서 오늘도 그 신부를 사랑하시고 보호하시고 복을 주십니다.

할렐루야

영혼구원

질문 : 교회마다 "구령사업" "영혼구원"이란 말을 많이 합니다. 이 말이 옳다면 우리는 영혼만 구원을 받습니까?

대답 : 우리의 구원은 영혼구원으로 완성되는 것이 아닙니다. 우리의 구원의 완성은 우리의 육신이 부활하여 영혼과 육신이 천국에 들어가는 것을 말합니다. 그러므로 우리는 우리의 육신을 가지고 하나님 앞에 서야 하기 때문에 우리의 육신을 더럽혀서는 안 됩니다.

"너희는 너희가 하나님의 성전인 것과 하나님의 성령이 너희 안에 계시는 것을 알지 못하느냐 누구든지 하나님의 성전을 더럽히면 하나님이 그 사람을 멸하시리라 하나님의 성전은 거룩하니 너희도 그러하니라."(고전 3:16~17)고 하였습니다. 성도들은 영혼뿐 아니라 그 육신도 정결하게 잘 보존하여서 정결한 육신으로 하나님 앞에 가도록 해야 합니다.

사람은 말이 통하기 때문에 만물의 영장이라고 합니다. 물론 하나님께서 창조하실 때에 특별한 계획 속에 사람을 창조하셨기 때문에 특별한 존재가 된 것입니다. 이 특별한 존재인 사람은 말로 마음과 뜻을 전하기 때문에 어떤 말을 어떻게 하느냐가 매우 중요합니다. 여러 해 전에 기독신문에 어떤 교수님이 기고를 하신 일이 있습니다. 그 내용은 교회를 개척하고 첫 예배를 드릴 때에 "창립예배"라 함은 잘못이라는 것입니다. 왜 그런가하면 창립이란 시초에 세워지는 것을 뜻하는데, 지금 교회를 개척하면서 창립은 잘못된 표현이고 "설립예배"라고 해야 한다는 것이었습니다. 창립이란 말을 쓸 수 있는 경우는 예루살렘의 초대교회 즉 오순절 날 성령님이 강림하셔서 처음으로 세워진 교회만이 창립이란 말을 쓸 수 있는 것이라는 말씀이었습니다.

그 이후로 지금은 교회를 개척하고 예배를 드릴 때에 "창립예배"라는 말을 쓰지 않습니다. 모두가 '설립예배'라고 합니다.

그만큼 말의 선택은 중요한 것입니다. 사람이 말의 단어를 잘못 선택하면 전하고자 하는 뜻이 제대로 전해지지 못하기 때문입니다. 특히 성경을 가르치는 사람의 말은 매우 중요합니다. 성경에 "네 혀를 악에서 금하며 네 입술을 거짓말에서 금할지어다."(시 34:13)라고 하였고, 또 "누구든지 스스로 경건하다 생각하며 자기 혀를 재갈 물리지 아니하고 자기 마음을 속이면 이 사람의 경건은 헛것이라."(약 1:26)고 하였습니다. 이는 말의 중요성을 잘 표현한 말씀입니다. 우리나라 속담에도 "말로 천 냥 빚을 갚는다."고 하여 말의 중요성을 역설했습니다.

오늘날 교회에도 용어를 바로 알고 써야 할 것들이 있습니다. 여러 가지가 있겠으나 그 중에 하나만 선택한다면 "구령사업"이란 말을 선택하고 싶습니다.

"구령사업이란 말이 뭐가 잘못 되었는가?"라고 굳이 반문한다면 딱히 할 말은 없습니다. 왜냐하면 성경에는 "영혼구원"이란 말이 있기 때문입니다.

"여호와여 일어나 그를 대항하여 넘어뜨리시고 주의 칼로 악인에게서 나의 영혼을 구원하소서."(시 17:13)라고 하였고, "우리는 뒤로 물러가 멸망할 자가 아니요 오직 영혼을 구원함에 이르는 믿음을 가진 자니라."(히 10:39)고 하였습니다. 또한 "그러므로 모든 더러운 것과 넘치는 악을 내버리고 너희 영혼을 능히 구원할 바 마음에 심어진 말씀을 온유함으로 받으라."(약 1:21)고 하였습니다.

그러므로 "영혼구원"이란 말을 쓴다고 하여 잘못 되었다고 할 수는 없겠으나 예수님께서 이 땅에 오신 이유가 무엇이며, 부활의 의미가 무엇인가를 생각해보면 더 깊이 생각해보는 것이 좋겠습니다.

교회가 영혼구원만을 위하여 일한다면 예수님께서 인간이 되셔서 오실 필요가 없었을 것입니다. 예수께서 영혼구원만을 위하신다면 인간이 되시지 않고 영으로 오셔서 구원사역을 이루실 수 있었을 것 아니겠습니까? 예수님이 영혼만 구원하신다면 굳이 육신을 가진 인간이 되어 이 땅에 오셔서 십자가에 달려 죽으시고 삼 일만에 부활하실 필요가 없었을 것입니다.

예수께서 인간이 되셔서 이 땅에 오신 이유는 우리를 구원하시기 위한 것입니다. 그러므로 그 몸을 찢으시고 물과 피를 다 흘리시고 죽으셨고 그리고 삼일 만에 부활하신 것은 우리의 부활의 첫 열매가 되시기 위함이었습니다(고전 15:20). 부활하신 주님은 우리의 첫 열매가 되시고 우리가 부활할 때에는 우리도 주님과 같이 될 것입니다(요일 3:2).

그러므로 사도들의 복음전파의 핵심은 우리 주님이 부활하셨다는 것이었습니다(행 1:22, 2:24).

"예수께서 이르시되 나는 부활이요 생명이니 나를 믿는 자는 죽어도 살겠고"(요 11:25)라고 하셨고, "항상 우리와 함께 다니던 사람 중에 하나를 세워 우리와 더불어 예수께서 부활하심을 증언할 사람이 되게 하여야 하리라 하거늘"(행 1:22)이라고 하였습니다. 그리고 "어떤 에피쿠로스와 스토아 철학자들도 바울과 쟁론할 새 어떤 사람은 이르되 이 말쟁이가 무슨 말을 하고자 하느냐 하고 어떤 사람은 이르되 이방신들을 전하는 사람인가보다 하니 이는 바울이 예수와 부활을 전하기 때문이러라."(행 17:18)고 하였습니다. 또한 바울 사도는 예루살렘에서 잡혀서 끌려갈 때에 "바울이 그 중 일부는 사두개인이요 다른 일부는 바리새인인 줄 알고 공회에서 외쳐 이르되 여러분 형제들아 나는 바리새인이요 또 바리새인의 아들이라 죽은 자의 소망 곧 부활로 말미암아 내가 심문을 받노라."고 하여 부활을 전하였습니다. 그뿐 아니라 "이 첫째 부활에 참여하는 자들은 복이 있고 거룩하도다 둘째 사망이 그들을 다스리는 권세가 없고 도리어 그들이 하나님과 그리스도의 제사장이 되어 천년 동안 그리스도와 더불어 왕 노릇 하리라."(계 20:6)고 하여 부활을 전하는 것을 전도의 핵심으로 삼았습니다.

이렇게 예수님의 부활을 중요시함은 우리가 영혼만 구원을 받는 것이 아니라 우리의 육신 또한 구원함을 받는 것(부활)이 중요하기 때문입니다.

교회가 영혼구원만 강조하니까 육신의 행함을 중요시 하지 않고 윤리 도덕적으로 죄악에 이르는 일이 많이 일어나지 않은가 하는 생각이 듭니다. 우리가 행위로 구원받는다는 말은 잘못된 말입니다. 그러나 믿음으로 구원받은 사람은 천국 백성이 되는 것입니다. 천국 백성이 되니까 우리의 시민권은 하늘에 있는 것과 땅에 있는 것으로 둘이 되는 것입니다. 천국 백성은 천국의 법을 따라야 합니다. 행위로 천국 백성이 되는 것은 아니로되 믿음으로 천국 백성이 된 사람은 천국의 법, 즉 천국윤리를 따라야 한다는 것입니다.

우리가 천국에서 하나님 앞에서 찬송을 드려야 하는데(엡 1:6) 결점이 있고 흠이 있는 육신을 가지고 거룩하신 하나님 앞에 나아가기가 많이 부끄러울 것입니다. 하나님께서 우리를 만세 전에 택하여 아들들이 되게 하신 것은 거룩하여 흠이 없게 하시려고 하신 것입니다(엡 1:4-5). 우리는 하나님 앞에서 부활한 육신을 가지고 하나님께 찬송을 드리기 위하여 선택함을 받은 하나님의 아들들입니다. 성경은 우리의 육신의 부활을 크게 강조합니다. 우리의 부활한 육신을 가지고 하나님 앞에 서야 하기 때문입니다.

그러므로 "영혼구원" "구령사업" 같은 말은 잘못 되었다고는 할 수 없으나 그냥 "구원" "인간 구원" "구원 사업"이란 말을 사용함이 바람직하다고 생각됩니다. 이 바쁜 세상에 굳이 영혼이란 말을 덧붙여 쓰기보다는 그냥 간단하게 "구원사업"이라고 쓰는 것이 더 좋을 것으로 생각됩니다.

예배란 무엇인가?

질문 : 예배란 무엇입니까?

대답 : 예배란 하나님과 그 백성과의 소통의 통로가 되는 것입니다.

예수님과 대화하는 사마리아 수가라는 동네의 여인이 "우리 조상들은 이 산에서 예배하였는데 당신들의 말은 예배할 곳이 예루살렘에 있다 하더이다."(요 4:20)라고 한 것은 "선생님은 선지자이시니 우리와 당신들이 주장하는 예배할 곳이 다른데 어느 것이 옳습니까?"라는 질문입니다. 그때 예수님께서 하신 말씀은 "이 산에서도 말고 예루살렘에서도 말고 너희가 아버지께 예배할 때가 이르리라."(요 4:21)고 하셨습니다. 그리고 계속하여 아버지께서는 예배하는 자를 찾으신다고 하시면서 "하나님은 영이시니 예배하는 자가 영과 진리로 예배할지니라."(요 4:24)고 하셨습니다. 그러면 여기서 예배가 무엇인가를 알아봐야 하겠습니다.

예배란 제사를 의미적으로 계승한 것이라고 생각됩니다(제사와 예배가 다 같이 하나님과 소통한다는 의미에서 의미적 계승이란 말을 쓴 것임). 제사는 하나님께서 정하신 의식을 통하여 그 백성들과 소통하는 통로가 됩니다. 하나님은 그 백성들이 제사를 드리면 받으시고 복을 내려 주시고 만나 주시고 은혜를 주시는 것입니다. 이 제사에 대하여 생각해보면 하나님께서 제사에 드리는 황소의 기름을 먹기 위하여 제사를 드리라고 하신 것이 아닙니다.

성경은 증언합니다. "내가 수소의 고기를 먹으며 염소의 피를 마시겠느냐?"(시 50:13)라고 하셔서 하나님께서 제사를 드리라고 하신 것은 하나님께서 무엇이 부족하여 채우기 위한 수단이 아니라 인간들과의 소통의 통로가 되게 하시기 위하여 세우신 제도인 것입니다. 그러므로 이사야를 통하여 하신 말씀은 "여호와께서 말씀하시되 너희의 무수한 제물이 내게 무엇이 유익하뇨 나는 숫양의 번제와 살진 짐승의 기름에 배불렀고 나는 수송아지나 어린 양이나 숫염소의 피를 기뻐하지 아니하노라 너희가 내 앞에 보이러 오니 이것을 누가 너희에게 요구하였느냐 내 마당만 밟을 뿐이니라 헛된 제물을 다시 가져오지 말라 분향은 내가 가증히 여기는 바요 월삭과 안식일과 대회로 모이는 것도 그러하니 성회와 아울러 악을 행하는 것을 내가 견디지 못하겠노라."(사 1:11~13)고 하십니다.

이 말씀은 제사에서 하나님과의 소통 즉 하나님을 섬기는 마음은 없어지고 외식함만이 남아서 하나님을 노엽게 하는 것에 대한 책망의 말씀입니다.

제사는 짐승을 잡아 드리는 것이 주된 목적이 아니고 하나님과의 소통 즉 하나님을 섬기는 데 있는 것입니다. 하나님은 영이시고 우리는 육을 가진 인간입니다. 그리고 인간은 죄인으로 하나님을 뵙지 못하고 사망의 그늘에 놓여 있었습니다. 그러므로 하나님과의 소통은 일어날 수 없었습니다. 왜냐하면 죄인이 거룩하신 하나님 앞에 가면 멸망밖에 없기 때문입니다.

하나님과 소통을 가지지 못하는 인간들에게 제사로 언약하셔서 그 소통의 길을 마련하셨습니다. 시편의 증언을 보면 "하나님이 자기의 백성을 판결하시려고 위 하늘과 아래 땅에 선포하여 이르시되 나의 성도들을 내 앞에 모으라 그들은 제사로 나와 언약한 이들이니라 하시도다."(시 50:4~5)라고 하셨습니다. 이는 하나님께서 그 백성들이 죄인으로 멸망을 받아 마땅하나 제사라는 제도를 통하여 그 백성들에게 하나님과 소통의 길이 되게 하시겠다는 언약을 하셨다는 것입니다.

그렇다면 제사의 의미적 계승이 예배라고 하였는데 이것이 옳다면 예배는 하나님께서 그 백성들과 소통하는 제도로 주신 것입니다. 예배를 드리는 것이 그 형식이 중요한 것이 아니라 하나님을 섬기는 마음이 중요한 것입니다. 예배를 통하여 하나님께서 그 백성들을 만나주시고 그 백성들에게 복을 내려주시고 하나님이 하나님 되심을 알려주시는 것입니다.

그러므로 예배드리는 것을 소홀히 해서는 안 됩니다. 이 예배가 하나님과 소통의 창구가 되기 때문에 이 세상의 그 어떤 일보다도 더 중요시해야 할 것입니다.

예수님이 받으신 시험의 내용
(마 4:3~11, 눅 4:1~13)

질문 : 예수님이 마귀에게 시험 받으신 내용이 마태복음 4장에 나오는데 그 시험의 내용이 무엇인가요? 많은 사람이 시험의 내용을 경제적인 시험, 명예적인 시험, 권세적인 시험이라고 하는데 그 내용이 옳은 말인가요?

대답 : 예수님의 시험 받으신 내용은 마귀가 예수님을 죄짓게 하여서 그리스도 즉 구세주가 되지 못하도록 유혹하는 것입니다. 예수님께서 마귀의 계획을 아시고 말씀으로 물리치신 것입니다.

예수님의 시험에 관한 내용을 보면, 그 중에 첫째 시험인 돌들로 떡덩이가 되게 하라는 마귀의 말이 경제적인 시험이라는 해석이 무엇을 근거로 하여 나온 해석인지 알 수가 없습니다. 성경에 근거하지 않은 성경해석은 옳다고 할 수 없습니다. 예수님의 대답에서도 전혀 경제적인 시험이라는 내용은 나오지 않습니다. 예수님의 대답은 "기록되었으되 사람이 떡으로만 살 것이 아니요 하나님의 입으로부터 나오는 모든 말씀으로 살 것이라 하였느니라."(마 4:4)고 하셨습니다. 이 말씀은 신명기 8장 1절부터 6절까지의 말씀을 인용하신 것입니다. 그 내용은 광야 40년 동안 그 백성들이 고난과 역경 중에 농사하지 않아도 만나를 먹이시고, 길쌈을 하지 않아도 의복이 해지지 않고, 발이 부르트지 않게 하신 것은 하나님께서 그 백성들이 하나님의 말씀을 순종하여 그 명령을 지키며 그의 길을 따라가며 그를 경외하면 먹고, 입고, 마시는 것을 책임져 주신다는 말씀입니다.

그러므로 그의 백성들은 하나님의 말씀을 지켜 그분의 명령을 순종하면 먹을 것이 없으면 만나라도 내려주셔서 먹여 주시고, 마실 것이 없으면 바위를 터뜨려 물을 주심을 말씀하시는 것입니다. 이것이 광야 40년 동안의 생활로 이어져 왔습니다.

그러면 마귀의 시험이 무엇입니까?

마귀의 시험의 내용은 예수님께서 죄에 빠져서 구세주가 되지 못하게 하는 것이 목적이었습니다. 즉 마귀는 최초의 사람 아담을 시험하여 죄에 빠져 하나님으로부터 버림받게 한 것과 같이 둘째 아담이신 예수님도 죄에 빠져 그 백성을 구원하실 자격을 잃어버리게 하기 위한 것입니다.

예수님은 마귀의 의도를 아시고 하나님의 말씀을 지켜 죄짓지 않고 사는 것이 하나님의 뜻임을 상기시켜 주심으로 이기신 것입니다.

여기서 우리는 죄가 무엇인가를 알아야 합니다. 죄란 "하나님의 법을 범함으로 말미암아 하나님의 뜻을 거역하는 인간의 생각과 행위"라고 할 수 있습니다. 이것은 마귀의 의도와 예수님의 대답을 통해 쉽게 알 수 있습니다. 마귀는 교묘하게 예수님을 위하는 척하면서 죄에 빠지게 하려고 유혹합니다. "돌로 떡이 되게 하라."는 말에는 교묘한 함정이 있습니다. 하나님께서 떡은 무엇으로 해 먹도록 정하셨습니까? 하나님의 뜻은 떡은 곡식으로 만들어 먹도록 하셨습니다. 최초의 사람 아담의 범죄로 인하여 땅이 저주를 받음으로 사람은 이마에 땀을 흘려야 그 소산을 먹을 수 있다고 하셨습니다. 즉 범죄한 인간은 밭에 곡식을 심어 노력하여야 먹고 살 수가 있게 한 것입니다(창 3:17~19). 그런데 돌은 떡을 해 먹는 용도로 만드신 것이 아닙니다. 즉 돌로 떡이 되게 하는 것은 하나님의 뜻을 어기는 것입니다. 그러므로 예수님께서 돌로 떡이 되게 하시면 하나님의 뜻을 거역하는 것이므로 죄에 빠지는 것입니다. 예수님이 죄에 빠지면 그리스도가 될 수 없는 것입니다. 사람들을 구속할 그리스도는 반드시 죄가 없는 사람이어야 했습니다. 왜냐하면 죄 없는 사람만이 죄 있는 사람을 대속할 수 있기 때문입니다. 마귀는 예수님을 시험하여 죄를 짓게 함으로 그리스도가 되지 못하게 하기 위한 의도로 시험하였습니다. 그러나 예수님은 마귀의 의도를 파악하시고 신명기 8장을 인용하셔서 하나님의 뜻을 거역하여 죄에 빠짐이 불가함을 드러내심으로 마귀를 물리치신 것입니다.

"성전에서 뛰어 내려라"는 시험과 "마귀에게 절하라"는 시험도 똑같이 하나님의 뜻을 거역하여 죄에 빠지도록 하기 위해 올무를 놓은 것입니다.

예수님을 시험하였듯이 하나님의 백성들이 죄를 짓도록 하기 위한 교묘한 마귀의 유혹이 있을 것입니다. 그러므로 하나님의 말씀이 무엇이며 그분이 기뻐하시는 것이 무엇인가를 깨달아 죄에 빠지지 않도록 해야 할 것입니다.

예수님이 왕권을 가지고 오는 것을 본 제자들 ?
(마 16:28)

질문 : 예수님께서 "여기 서있는 사람 중에 죽기 전에 인자가 그 왕권을 가지고 오는 것을 볼 자들도 있느니라"(마 16:28)고 하셨는데 예수님이 왕권을 가지고 오는 것이 무엇이며 이를 본 자는 누구입니까?

대답 : 예수님이 왕권을 가지고 오는 것은 변화 산에서 변형되사 모세와 엘리야와 이야기하는 것을 말합니다. 예수님이 변형되셔서 보이신 것이 왕권으로 임하시는 것입니다. 그러므로 이를 본 세 제자는 베드로, 야고보, 요한입니다. 예수님이 왕권을 가지고 오는 것을 본 제자들이 이들입니다.

예수님께서 빌립보 가이사랴 지방에서 제자들에게 자기가 누구
인가를 질문하시고 베드로의 멋있는 대답을 들으신 후에 이때
부터 그의 죽으심을 가르치셨습니다. 예수님이 죽으시고 난 후에 예수
님의 제자들은 자기 목숨을 걸고 자기 십자가를 지고 예수님을 따라
가야 한다고 하시면서 '그 수고는 예수님이 영광의 왕으로 그 천사들
과 오셔서 다 갚아 주시겠다.'(마 16:27)고 하셨습니다. 예수님이 그 행한
대로 갚아주시는 때는 그 왕권을 가지고 오시는 때입니다. 그러므로
예수님께서 "진실로 너희에게 이르노니 여기 서 있는 사람 중에 죽기
전에 인자가 그 왕권을 가지고 오는 것을 볼 자들도 있느니라."(마 16:28)
고 하셨습니다. 이 말씀은 예수님이 빌립보 가이사랴 지방에서 가르치
시는 것을 듣고 있는 사람들 중에 죽기 전에 그 왕권을 가지고 오시는
것을 볼 자들이 있다는 것입니다. 예수님의 말씀을 듣는 모든 사람이
아니라 그 말씀을 듣는 사람들 중에 몇 사람은 보고 또 몇 사람은 못
본다는 말씀입니다. 과연 예수님이 왕권을 가지고 오시는 것을 본 제
자들은 누구입니까?

　예수님의 말씀은 일점일획이라도 다 이루어집니다(마 5:18). 그러면 예
수님께서 "여기 서 있는 사람 중에 죽기 전에 인자가 왕권을 가지고 오
는 것을 볼 자들도 있다"고 하셨으니 그 중에는 분명히 예수님이 그 왕
권을 가지고 오시는 것을 본 자들이 있다는 말씀입니다. 그들은 누구입
니까?

　이는 마태복음 17장 1~8절에 기록되어 있습니다. 그 내용은 예수님
이 높은 산에 올라가셔서 변형되셔서 그 제자들에게 보이신 변화 산의
사건입니다. 예수님께서 그 왕권을 가지고 오는 것을 볼 자들이 있다고
하신 말씀을 하신 엿새 후에 베드로와 야고보와 요한을 데리시고 높은
산에 올라가셨을 때에 그들 앞에서 변형되셨습니다. 그 얼굴이 해같이

빛나며 옷이 빛과 같이 희어졌습니다. 그 변형되신 예수님이 모세와 엘리야와 더불어 말씀하시는 것을 제자들이 보았습니다. 그 때에 성부 하나님께서 그 아들을 증언하실 때에 그들이 두려워함으로 예수님이 안위하시는 것을 말씀하셨습니다.

이 사건을 베드로는 증언하기를 "우리 주 예수 그리스도의 능력과 강림하심을 너희에게 알게 한 것이 교묘히 만든 이야기를 따른 것이 아니요 우리는 그의 크신 위엄을 친히 본 자라 지극히 큰 영광 중에서 이러한 소리가 그에게 나기를 이는 내 사랑하는 아들이요 내 기뻐하는 자라 하실 때에 그가 하나님 아버지께 존귀와 영광을 받으셨느니라 이 소리는 우리가 그와 함께 거룩한 산에 있을 때에 하늘로부터 난 것을 들은 것이라."(벧후 1:16~18)고 했습니다.

베드로는 그 광경을 친히 본 자라고 증언합니다. 예수님이 말씀하시는 것은 무엇이든지 다 이루어집니다. 하나님께서 말씀하신 것은 천지가 없어지기 전에 다 이루어지는 것이므로 예수 그리스도를 통하여 구원하시겠다는 말씀이 이루어진 것입니다. 이와 같이 예수님의 말씀은 다 이루어집니다. 어떤 것은 며칠 만에 이루어지고 어떤 것은 오랜 시간이 흐른 후에 이루어지는 것입니다. 예수님께서 '그 왕권을 가지고 오는 것을 볼 자들도 있느니라.'고 하셔서 왕권을 가지고 오는 것을 보여주심으로 그분의 하신 말씀은 이루어지는 것을 확신하게 하셨습니다. 그러므로 예수님께서 "인자가 아버지의 영광으로 그 천사들과 함께 오리니 그 때에 각 사람이 행한 대로 갚으리라."(마 16:27)고 예언하신 말씀도 반드시 이루어질 것입니다.

성경은 예수님이 다시 오셔서 그 백성들을 데리고 자기 있는 곳에 함께 있게 하시겠다고 하셨습니다(요 14:1~3). 이 말씀도 반드시 이루어집니다. 어리석은 자들 중에는 예수님이 이미 재림하셨다고 하는 자들도 있습니다. 이들은 성경도 하나님의 말씀도 알지 못하는 자들입니다. 예수님이 오시면 조용히 오시지 않으시고 "주께서 호령과 천사장의 소리와 하나님의 나팔 소리로 친히 하늘로부터 강림하시리니"(살전 4:16)라고 하신 대로 장엄하게 영광을 가지고 오시므로 모르는 사람이 없도록 오시는 것입니다(계 1:7).

예수님께서 그 왕권을 가지고 오는 것을 볼 자가 있다고 하신 말씀대로 그 세 제자에게 보여주신 것같이 그 천사들과 함께 오셔서 우리들이 행한 대로 갚으시겠다는 말씀도 그대로 이루어질 줄로 믿습니다.

예수님께서 "여기 서 있는 사람 중에 죽기 전에 인자가 그 왕권을 가지고 오는 것을 볼 자들도 있느니라."(마 16:28)고 하신 말씀이 엿새 후에 그대로 이루어졌습니다.

변화 산에서 이루어진 예수님의 변형된 모습은 왕권을 가지고 오신 것을 말하는 것이고 이를 세 제자가 보았던 것입니다. 그 말씀을 친히 이루어 주시는 예수님을 찬양합니다.

완전한 신앙생활이란?

질문 : 완전한 신앙생활이란 어떻게 하는 것입니까?

대답 : 완전한 신안생활이란 하나님의 말씀대로 생활하는 것을 말합니다. 가정생활을 하나님의 말씀대로 꾸려가야 하고, 교회생활도 하나님께서 정하여 주신 대로 행해야 합니다. 그리고 사회생활도 하나님의 말씀을 따라 행하는 것입니다. 신안생활은 일 년 365일 하루 24시간을 하나님의 말씀을 따라 생활하는 것입니다.

신앙생활이라 함은 신앙인이 하는 생활을 말합니다. 신앙인의 생활은 세상 사람들의 생활과는 구별되어야 할 것입니다. 왜냐하면 신앙인은 소속이 다르고 생각이 다르고 추구하는 의가 다르기 때문입니다. 그러므로 예수님께서 "너희의 의가 서기관과 바리새인보다 더 낫지 못하면 결단코 천국에 들어가지 못하리라"(마5:20)고 하셨습니다. 이는 신앙인의 생활이 신앙인이 아닌 세상 사람들과는 달라야 된다는 것을 말씀하신 것입니다. 신앙인의 생활이 세상 사람들의 생활보다 더 고상하고 더 우월한 윤리 체계와 규범을 세워야 한다는 것입니다. 여기서 우리는 신앙인의 생활과 신앙인이 아닌 세상 사람들의 생활이 어떻게 다르다는 것을 말하기 보다는 신앙생활이 어떠해야 하는가? 또는 완전한 신앙생활은 무엇인가를 생각해보도록 하겠습니다. 유한한 인간에게 어떻게 완전한 생활을 기대할 수가 있겠습니까만 인간으로서 하나님께서 기뻐하시는 생활이 무엇인가를 찾고자 합니다.

완전한 신앙생활을 말하기 위해서는 생활이 무엇인가를 규명해야 합니다. 생활은 활동을 말하는데 사람의 활동의 가장 기초적인 공간은 가정입니다. 그리고 더 나아가서 사회와 국가가 그 활동의 공간입니다. 완전한 생활은 가정생활과 사회생활이 완전해져야 된다는 것입니다. 그렇다면 신앙생활도 사람의 활동이니 신앙인으로서의 가정생활과 사회생활이 완전해져야 되는 것입니다. 그뿐 아니라 신앙인의 활동무대가 되는 교회생활이 완전해야 된다는 것입니다.

완전한 신앙생활은 가정생활과 사회생활과 교회생활이 완전해야 된다는 것을 말하는 것입니다.

이 세상에서 완전한 것이 없습니다. 성경은 증언하기를 "의인은 없나니 하나도 없다."(롬 3:10)라고 하였고, "다 치우쳐 한가지로 무익하게 되어 선을 행하는 자가 하나도 없다."(시 14:3, 롬 3:12)라고 하였습니다. 또 다른 성경에는 "만물보다 거짓되고 심히 부패한 것이 사람의 마음이"(렘 17:9)라고 하였습니다. 이는 세상에 죄가 가득하여 그 마음의 생각의 모든 계획이 악하기 때문인 것입니다(창 6:5). 이러하니 어찌 완전한 신앙생활을 기대할 수 있겠습니까? 의인이 없으니 선을 행하는 자도 없고, 심히 부패한 마음을 가지고 항상 모든 계획이 악한 사람들에게서 완전한 신앙생활을 기대한다는 것은 심히 잘못된 생각인 것 같습니다.

그러면 이대로 무익하고 부패하여 쓸모없는 생활 속에서 물거품같이 꺼져가야 하겠습니까? 아닙니다. 하나님은 사랑이십니다(요일 4:16). 하나님은 인간들을 아무런 희망도 없이 꺼져가야 하는 비극을 껴안은 체 그대로 버려두시는 분이 아니십니다. 하나님은 끊임없이 그 백성들을 인도하시고, 의인의 길에 서서 선을 행할 수 있는 길을 알려주시는 것입니다. 하나님이 알려주시는 길을 따라 가기만 하면 우리는 완전한 신앙생활을 할 수 있는 것입니다.

우리가 굳이 하나님이 주시는 길을 "계시"라는 어려운 말을 쓰지 않아도 이해할 수 있을 것입니다. 이는 하나님께서 주신 계시를 인간의 문자로 기록한 것이 성경입니다. 이 성경은 하나님의 사람으로 완전한 신앙생활을 하는 길을 알려 주시는 것입니다(딤후 3:16~17). 하나님께서 완전한 신앙생활의 길을 다 기록해 놓으시고 "하늘에 계신 너희 아버지의 온전하심과 같이 너희도 온전하라."(마 5:48)고 하셨습니다. 완전한 신앙생활이란 가정생활과 사회생활과 교회생활이 완전한 것을 말합니다. 그렇다면 완전한 신앙생활이란 성경말씀대로의 가정생활, 성경말씀대로의 사회생활, 성경말씀대로의 교회생활을 말하는 것입니다. 즉 교회생활은 열심히 하는데 가정생활을 성경말씀대로 하지 않으면 완전한 신앙생활을 한다고 할 수 없는 것이고, 가정생활은 잘 하는데 사회생활을 성경말씀대로 하지 않으면 완전한 신앙생활이라 할 수 없는 것입니다. 그러므로 완전한 신앙생활은 시간적으로 아침부터 저녁까지, 주일부터 주일까지, 월초부터 월말까지, 정월 초하루부터 섣달 그믐날까지 전 생애의 모든 시간을 성경말씀대로 생활하는 것이라 할 수 있겠습니다. 또한 공간적으로는 우리의 생활범위의 전부를 포함하는 것입니다. 즉 가정의 전 범위와 사회생활의 전 범위와 교회생활의 전 범위를 아우르는 것을 말합니다. 어느 한 시간이나, 어느 한 곳에서라도 하나님의 말씀이 우리를 지배하도록 맡겨져야 만이 완전한 신앙생활을 한다고 할 수가 있는 것입니다.

하나님께서 "너희는 거룩하라 이는 나 여호와 너희 하나님이 거룩함이니라."(레 19:2)고 하셨습니다. 거룩하다는 말씀은 "구별되다, 분리되다"란 뜻으로 '거룩하라.' 하신 말씀은 "모든 죄악된 것과 부정한 것으로부터 구별되고 분리된 상태를 가리킨다."는 것입니다.

신앙인들은 거룩한 사람들이니 세상 사람들과 달리 생각하고, 달리 행동해야 합니다. 서기관들보다도, 바리새인들보다도 더 나은 의를 추구해야 한다는 것입니다. 이 세상에는 부패한 심령들이 악한 계획을 할 뿐이므로 비리가 난무하고 권모술수가 횡행할 수밖에 없습니다. 모든 사람들은 부패한 인간일 수밖에 없다고 성경은 증언하십니다. 실제적으로 아무리 양심적으로 산다는 사람일지라도 평생에 한 번도 비양심적인 일을 행하지 않는 사람이 있겠습니까? 아무리 법 없이 살 사람이라고 하여도 과연 법 없이 살아도 죄를 짓지 않을 사람이 있겠습니까? 성경은 말씀하십니다.

"한 사람도 없다고!"(롬 3:10)

그러므로 신앙인들은 부패한 세상 속에 사는 사람들이지만 세상에

속하지 않고 하늘에 속한 것을 생각하여 세상으로부터 분리되어 거룩한 생활을 해야 하는 것입니다. 즉 '어떻게 사는 것이 옳게 사는 것인가?'라고 물으면 '그 사람에게 가보라'고 하는 말을 들어야 한다는 것입니다. '어느 교회, 어느 교인에게 가봐라.' '어느 집사님에게 가봐라.' '어느 장로님에게 가봐라.' '어느 목사님에게 가봐라.'는 말을 들을 수 있도록 세상 사람과 구별되고 분리되어 고고하게 살아야 한다는 것입니다. 예수님께서는 "너희는 세상의 빛이라"(마 5:14)고 하셔서 신앙인이 세상과 구별되고 분리되어 그들에게 길잡이가 되어 그들을 바른 길로 인도해야 될 책무가 있음을 말씀하셨습니다.

빛은 비추어야 합니다. 많은 사람이 그 빛을 보고 따라오도록 길 안내자가 되어야 된다는 것입니다. 세상에서 신앙인이 빛을 발하지 않으면 캄캄한 어두움이 세상을 뒤덮어 버려서 바른 길을 찾지 못하게 됩니다. 신앙인이 바른 길을 버리고 세상을 향하면 누가 이 세상의 올바르지 않은 자를 바르게 인도할 수가 있겠습니까?

신앙인은 '세상의 빛'뿐 아니라 "세상의 소금이라."(마 5:13)고도 말씀하십니다. 세상의 부패한 심령들이 갈 길을 알지 못할 때 그 빛을 비추어서 부패한 것을 버리고 선하고 착한 양심을 가져 선을 행하도록 인도하는 것이 소금으로서의 신앙인이 할 일입니다.

그러므로 예수님께서 "온전하라." 하심은 의미가 깊은 말씀입니다. 성경은 증언하기를 "완전히 행하는 자가 의인이라 그 후손에게 복이 있느니라."(잠 20:7)고 하셨으니 신앙인은 완전한 신앙생활을 하여 세상의 빛과 소금이 되고, 의인이 되어 후손들에게 복을 끼치는 사람들이 되어야 할 것입니다.

사람의 행동은 그 생각이 지배하는 것입니다. 생각이 올바르면 행동이 바르고, 생각이 올바르지 않으면 그 행동이 바르지 못할 것입니다. 사람이 아무런 생각이 없는데 행동을 합니까? 생각 없이 행동하는 사람은 몽유병자이거나 혼이 빠진 사람일 것입니다. 사람이 TV를 켠다면 TV켜기 전에 마음속에서 '지금은 TV에서 뉴스를 하겠구나! 그러면 내가 TV를 봐야겠구나!' 하는 마음이 먼저 생기는 것이 아니겠습니까? 그러므로 행동은 생각이 지배하는 것입니다. 즉 생각한 대로 행동하게 된다는 말입니다.

성경은 증언합니다. "너희가 믿음 안에 있는가? 너희 자신을 시험하고 너희 자신을 확증하라 예수 그리스도께서 너희 안에 계신 줄을 너희가 스스로 알지 못하느냐 그렇지 않으면 너희는 버림받은 자니라."(고후 13:5)고 하십니다. 이는 우리 안에 예수를 믿는 믿음이 있어서 예수님의 생각과 마음이 우리 마음속을 지배하여 예수께서 기뻐하시는 행동을 할 수 있도록 하라는 것이 아니겠습니까?

신앙인은 예수님의 생각과 마음이 그 마음을 지배하도록 해야 합니다. 예수님을 믿는다고 하면서 행동이 믿는 자 답지 않으면 어떻게 예수를 믿는다고 말할 수 있겠습니까? 왜냐하면 생각한 대로 행동을 하게 되기 때문입니다.

성경은 말합니다. "사람이 마음으로 믿어 의에 이르고 입으로 시인하여 구원에 이르느니라."(롬 10:10)고 하셨습니다. 이는 사람이 마음에 믿음이 있음으로 신앙의 행동이 따르는 것을 말합니다. 신앙인이 신앙생활을 하지 않을 수가 없는 것입니다. 마음속에 있는 믿음이 생활로 이어지게 되고 그 믿음 생활이 구원에 이르는 것입니다. 그러므로 예수님께서 "나더러 주여 주여 하는 자마다 다 천국에 들어갈 것이 아니요 다만 하늘에 계신 내 아버지의 뜻대로 행하는 자라야 들어가리라."(마 7:21)고 말씀하셨습니다.

신앙인은 그 마음속에 믿음이 확증되어야 신앙생활이 이루어지는 것입니다. 사람은 부패하고 거짓되어서 마음은 없으면서 그 행동을 거짓되게 할 수가 있는 것입니다. 즉 마음은 하나님을 믿지 않지만 거짓되게 믿는 척 할 수가 있는 것입니다.

그러기에 성경은 증언합니다. "사람의 행위가 자기 보기에는 모두 정직하여도 여호와는 마음을 감찰하시느니라."(잠 21:2)고 말씀합니다. 하나님께서는 그 마음을 감찰하시기 때문에 하나님 앞에서는 거짓되게 행하는 행위는 용납될 수가 없습니다. 행동하기 전에 마음가짐이 올바르게 되어야 하는 것입니다.

신앙인은 쾌락을 추구하지 않고 하나님이 기뻐하시는 것이 무엇인가를 찾아야 합니다. 그러므로 "주께 기쁘시게 할 것이 무엇인가 시험하여 보라"(엡 5:10), "오직 우리 마음을 감찰하시는 하나님을 기쁘시게 하려 함이라"(살전 2:4)하고 한 말씀을 깊이 생각해야 합니다.

신앙인의 생활, 즉 완전한 신앙생활은 매우 중요한 것입니다. 신앙인으로서 신앙인의 생활이 온전치 못하면 되겠습니까? 신앙생활이 온전하려면 그 마음속에 있는 믿음이 온전해져야 합니다. 왜냐하면 행동은 마음이 지배하기 때문입니다. 바울 사도는 빌립보 성도들에게 "그리스도의 마음을 품으라."(빌 2:5, 고전 2:16)고 하였습니다. 그리스도의 마음을 품고 그리스도처럼 생활하도록 요청한 것입니다.

또한 에베소 교인들에게는 "그리스도의 장성한 분량까지 자라가 온전한 사람을 이루라."(엡 4:13)고 하였습니다. 앞에서 말했듯이 사람이 완전해질 수는 없습니다. 의인이 없고 선을 행하는 자도 없고 부패한 마음을 가지고 있어서 마음의 생각의 모든 계획이 악하기 때문입니다.

그럼에도 불구하고 하나님께서는 우리들에게 그리스도를 본받아 자라가라고 요청하십니다. 어디까지 자라가야 하는가? 이는 그리스도의 분량까지라고 하였습니다. 그러므로 우리는 그리스도의 완전하심과 같이 완전해질 때까지 자라가야 하는 것입니다. 그러면 우리가 완전해지기 위하여 해야 할 일은 무엇입니까? 우리가 그리스도의 완전하심같이 완전해지기 위해서는 우리의 마음속에 완전한 신앙이 자리 잡도록 해야 하는 것입니다. 완전한 신앙이 우리 마음을 지배하도록 하는 일이 우리가 가장 먼저 해야 할 일입니다. 그리하여야 마음속에 확증된 믿음이 생활 속에 실행될 것이기 때문입니다.

　완전한 신앙생활이란 성경대로의 가정생활, 성경대로의 사회생활, 성경대로의 교회생활을 하는 것을 말합니다.

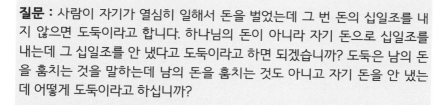

왜 도둑입니까?
(말 3:8~9)

질문 : 사람이 자기가 열심히 일해서 돈을 벌었는데 그 번 돈의 십일조를 내지 않으면 도둑이라고 합니다. 하나님의 돈이 아니라 자기 돈으로 십일조를 내는데 그 십일조를 안 냈다고 도둑이라고 하면 되겠습니까? 도둑은 남의 돈을 훔치는 것을 말하는데 남의 돈을 훔치는 것도 아니고 자기 돈을 안 냈는데 어떻게 도둑이라고 하십니까?

대답 : 사람은 하나님의 종입니다. 하나님의 종이 아닌 사람은 십일조를 내지 않습니다. 십일조는 하나님을 믿어서 하나님의 백성이 된 사람이 내는 것입니다. 종의 모든 것은 주인의 것입니다. 즉 종이 벌어온 돈도 다 주인이 관리하고 활용합니다. 주인은 돈뿐 아니라 그 종 자체를 관리하십니다. 그러므로 십일조는 주인이 받는 것이 아니라 주인의 금고에 남겨준 것입니다. 종이 돈을 벌어오면 다 주인의 금고에 넣어둡니다. 그리고 그 넣어둔 돈을 가지고 종이 생활하도록 내주는 것입니다. 주인은 종이 벌어온 돈이라고 종을 위하여 다 내어 주는 것이 아닙니다. 종이 생활할 수 있도록 주인이 그의 금고에서 얼마를 내주고 또 그 돈으로 주인도 생활하는 것입니다. 그러므로 종은 자기 돈으로 생활하는 것이 아니라 주인의 돈으로 생활하는 것입니다. 종이 벌어온 돈을 전부 다 주인의 금고에 넣어두고 주인이 그 돈으로 종의 생활비를 주는 것입니다. 이와 같이 하나님께서 하나님의 금고에 그 백성들이 모은 돈을 넣어 두시는 것입니다. 하나님께서 금고에 있는 돈의 십분의 구를 그 백성들의 생활비로 주시고 십분의 일은 그 금고에 남겨 두시는 것입니다. 그러므로 십일조 헌금을 내지 않는 것은 하나님의 금고에 남겨두신 십일조를 훔쳐오는 것이니까 도둑이 되는 것입니다.

성경은 증언합니다. 십일조를 내지 않는 자는 도둑이라고 합니다. "사람이 어찌 하나님의 것을 도둑질하겠느냐? 그러나 너희는 나의 것을 도둑질하고도 말하기를 우리가 어떻게 주의 것을 도둑질하였나이까? 하는도다 이는 곧 십일조와 봉헌물이라 너희 곧 온 나라가 나의 것을 도둑질하였으므로 너희가 저주를 받았느니라 만군의 여호와가 이르노라 너희의 온전한 십일조를 창고에 들여 나의 집에 양식이 있게 하고 그것으로 나를 시험하여 내가 하늘 문을 열고 너희에게 복을 쌓을 곳이 없도록 붓지 아니하나 보라."(말 3:8~10)고 하여 하나님께 십일조를 내지 않는 자는 도둑이라고 하셨습니다. 이 십일조를 내지 않음으로 저주를 받았다고 하였습니다. 그러므로 온전한 십일조를 하나님의 집에 들여 양식이 있게 하면 하늘 문을 열고 복을 쌓을 곳이 없도록 부어 주시겠다고 하였습니다. 왜 십일조를 내지 않으면 도둑이 됩니까? 그 이유를 알아봅시다.

십일조를 내지 않으면 도둑이 된다는 것을 알기 위해서는 십일조가 무엇인가를 알아야 합니다. 십일조는 모든 소득의 십분의 일을 말합니다(레 27:32, 신 12:17, 14:22). 성경에서 가장 먼저 십일조를 드린 이는 아브라함입니다. 그가 자기 조카 롯을 구출하여 왔을 때에 그가 얻은 것에서 십분의 일을 멜기세덱에게 주었습니다(창 14:20). 그리고 십일조를 서원한 이는 야곱입니다. 그가 그의 형 에서를 피하여 밧단아람으로 갈 때에 벧엘에서 돌베개를 베고 잠을 잘 때에 꿈에 하나님을 보고 일어나 평안히 집으로 돌아오게 하시면 십일조를 드리겠다고 서원했습니다(창 28:22). 그리고 이스라엘 사람들은 보편적으로 다 십일조를 드렸습니다(눅 18:12). 이렇게 십일조를 드리는 것이 이스라엘 백성들의 보편화된 관습이었습니다. 그러므로 오늘날에도 십일조를 드립니다. 십일조는 소득의 십분의 일을 드리는 것입니다.

나의 소득은 무엇입니까? 내가 직장에서 또는 사업장에서 열심히 일해서 벌어들인 것입니다. 내가 일해서 내가 벌어들인 나의 돈으로 십일 조를 드리는데 이것을 안 냈다고 어떻게 도둑이 됩니까? 이는 성경이 불합리한 기록이 아닙니까? 라고 반문할 수 있습니다. 도둑질은 남의 것을 내 것으로 만드는 행위입니다. 그런데 어떻게 내 돈을 안 드리는데 어떻게 도둑이 되겠습니까? 라고 반문하는 사람들이 있습니다. 이렇게 반문하는 사람들은 내가 누구이며 나와 하나님과의 관계를 알지 못하여 오해한 것입니다. 우리는 하나님이 창조하신 피조물입니다(창 1:31, 2:8, 신32:6, 15, 시 86:9, 94:9, 100:3, 139:13). 하나님께서 우리를 지으셨으므로 우리의 주인이 되십니다. 하나님께서 우리의 주인이 되시면 우리는 그분의 종이 되는 것입니다.

바울 사도는 "주 안에서 부르심을 받은 자는 종이라도 주께 속한 자유인이요 또 그와 같이 자유인으로 있을 때에 부르심을 받은 자는 그리스도의 종이니라."(고전 7:22)고 하였습니다. 여기서 우리가 생각할 것은 십일조를 내야 할 의무를 지는 사람은 모두 그리스도의 종들입니다. 즉 그리스도의 백성들이 십일조를 내는 것입니다. 그리스도의 종이 아니면 십일조를 낼 필요가 없습니다. 십일조의 의무는 그리스도의 종들에게 지워지는 것입니다.

그리스도의 종이 왜 꼭 십일조를 드려야 합니까? 라고 반문할 수가 있습니다. 이는 대답할 가치도 없는 질문입니다. 왜냐하면 하나님의 말씀에 십일조를 드리라고 하셨고 십일조 드리지 않는 사람은 도둑이라고 분명하게 말씀하셨기 때문입니다.

그런데 십일조를 안 드리면 도둑이 되는 것을 비유로 말씀드리겠습니다.

어떤 동네에 최 첨지가 살고 있었습니다. 어느 날 건너 마을에 사는 박 첨지가 찾아와서 '어이 최 첨지, 이 사람아 우리 집에 큰 역사를 일으켰는데 일손이 너무 부족하네! 자네 집에 있는 종을 보내서 나를 좀 돕게 할 수 없겠나.'라고 했습니다. 그 때 최 첨지가 "아니 이 사람아 자네 집에 일손이 부족하면 우리 집에 있는 종을 보내서 도와야지." 이리하여 최 첨지의 종이 박 첨지의 집에 가서 하루 종일 일을 하였습니다. 하루의 일이 끝나고 최 첨지의 종이 박 첨지에게 가야겠다고 인사를 드리니 박 첨지가 최 첨지의 종을 불러서 "애 오늘 수고했다. 최 첨지에게 고맙다고 안부 여쭙게, 오늘 수고했으니 이것 받아가게." 하면서 5만원을 주었습니다. 그러면 그 종이 오다가 시장에 들러서 옷도 한 벌 사고 신발도 한 켤레 사고 친구를 만나 밥도 먹고 5만원 중에서 3만원을 쓰고 2만원만 가지고 집에 와서 주인에게 2만원을 드리면서 "주인님! 오늘 박 첨지 집에서 일을 하고 오는데 박 첨지께서 안부 여쭈라고 하면서 5만원을 주십디다. 그 돈을 가지고 오다가 시장에서 옷을 한 벌 사고 신발도 한 켤레 사고 친구를 만나서 밥도 먹고 하다 보니까 3만원을 써버렸습니다. 5만원 중에서 2만원이 남았으니 주인님! 받으세요."라고 하면 주인이 "오냐 수고했다."라고 하면서 기쁘게 받겠습니까? 절대 그럴 수 없습니다. 종이 하루 종일 일하여서 번 돈 5만원을 그대로 가져가서 주인에게 드려야 하는 것입니다. 종이 번 5만원을 주인에게 드리면 주인은 그 돈을 금고에 넣어두고 자기 집에 쓸 것을 생각합니다. 그 종이 생활할 생활비를 주인이 주는 것입니다. 종은 주인이 주는 그 생활비를 가지고 옷도 사고 신발도 사고 친구와 밥도 먹는 것입니다.

종은 그가 번 돈을 다 주인에게 갖다 드리고 주인이 그 돈에서 종의 생활비를 대주는 것입니다. 이와 같이 우리들은 하나님의 종입니다. 그렇다면 우리의 모든 소득은 하나님의 금고에 넣어야 합니다. 그러면 하나님께서 우리의 생활비를 주시는 것입니다. 이것이 십일조의 개념입니다. 즉 우리가 번 돈을 하나님의 금고에 넣어두면 하나님께서 우리에게 생활비를 주시는데 하나님은 사랑이 많으셔서 하나님의 금고에 있는 돈의 십 분의 일은 떼어놓고 십분의 구를 우리에게 돌려주셔서 생활하게 하시는 것입니다. 그러므로 십일조를 내지 않는 것은 하나님의 금고에 떼어 놓은 십분의 일을 가져 오는 것이니 도둑이 되는 것입니다.

그러므로 우리는 돈에 대하여 '우리가 벌었으니 우리 마음대로 쓰자'라고 생각하면 안 됩니다. 주인이 우리의 쓰는 돈을 보고 아끼지도 않고 낭비하면 그 생활비를 줄여서 주시지 않겠습니까? 그러므로 우리가 물질에 대하여 깊이 생각하여 좀 더 신중히 생각하며 쓰도록 해야 할 것입니다.

왜 사랑이 제일입니까?
(고전 13:13)

질문 : 고린도전서 13장 13절에 보면 "믿음 소망 사랑 이 세 가지는 항상 있을 것인데 그 중의 제일은 사랑이라"고 하셨습니다. 그런데 믿음으로 구원(롬 1:17, 행 16:31, 요 1:12)을 받고 소망으로 구원을 얻는다(롬 8:24)고 하였습니다. 그러면 구원이 없는 사랑이 가능하며, 또 구원보다 사랑이 더 나은 것입니까?

대답 : 고린도전서 13장 13절의 사랑이 제일이라는 말씀은 믿음과 소망을 비교에서 그렇다는 말이 아닙니다. 이는 믿음이 없이는 소망을 가지지 못하고 소망이 없는 사람은 사랑을 행하지 못한다는 말씀입니다. 다시 말씀드리면 믿음이 있는 사람이 소망 가운데 살고 소망 가운데 사는 사람이 비로소 사랑을 행하게 된다는 것입니다. 사랑을 행하는 사람은 믿음과 소망을 다 함께 가지고 있는 것입니다. 그러므로 사랑이 제일인 것입니다.

사랑이란 무엇이며 어떻게 하는 것이 사랑입니까?(고전 13:1~13)라는 질문을 할 때에 어떻게 대답할 수가 있습니까?

사람은 마음이 움직이는 대로 행하게 됩니다. 그러므로 주님께서는 입으로 들어가는 것이 사람을 더럽게 하는 것이 아니라 안에서 나오는 것이 더럽게 한다고 하셨습니다(마 15:11). 이는 마음에서 나오는 것은 마음이 움직이는 대로 행하기 때문에 안에서 나오는 것이 사람을 더럽게 하는 것입니다. 주님께서는 음욕을 품는 자마다 이미 간음함이니라(마 5:28)고 하셨습니다. 이것도 마음에 음욕을 품으면 그 마음이 행동으로 나오기 때문에 마음에 품은 것은 행동의 시작점입니다. 이와 같이 사랑도 행동으로 보여지는 것만이 사랑이 아니라 그 마음이 움직이는 것에서부터 사랑이 행하여지는 것입니다. 하나님은 사랑이라고 하셨으니 하나님의 말씀이 우리 속에 있으면 우리는 이미 사랑을 행하는 자가 되는 것입니다. 이제 우리는 사랑이 무엇인가를 알아보고자 합니다. 우리가 먼저 생각할 것은 사랑이 무엇인가를 알기 전에 사람들이 오해하는 것 즉 사랑이 아닌 것을 사랑이라고 하는 것을 알아보아야 합니다.

사랑이 아닌 것을 사랑이라고 생각하는 사람들이 많습니다. 그러면 사랑이 아닌 것이 무엇입니까?

1. 사람의 방언과 천사의 말은 사랑이 아닙니다.

좋은 말, 위로의 말은 사랑 위에 놓일 때에 그 빛이 밝게 빛나는 것입니다. 만약에 사랑 위에 놓이지 않으면 소리 나는 구리와 울리는 꽹과리와 같이 뜻 없는 소리가 된다는 것입니다(고전 13:1). 이것은 오해하기 쉽습니다. 선한 말을 하고 위로하는 말을 잘 하는 사람을 사랑이 많은 사람이라고 합니다. 아닙니다. 말로 사람을 위로하고 기쁘게 하는 것이 사랑이 아니라 그 속에 사랑이 있는 사람이 선한 말, 위로하는 말을 할 때 그 가치가 큰 것입니다.

2. 예언하는 능력과 산을 옮길 만한 믿음도 사랑이 아닙니다.

예언과 믿음은 얼마나 사람을 유익하게 합니까? 낙담하고 좌절하는 사람에게 큰 힘을 줄 수가 있습니다. 앞날이 불확실하여 불안할 때 예언하여 위로하기도 합니다. 믿음으로 세상을 이길 힘을 주기도 합니다 (요일 5:4). 그러나 이렇게 유익한 것들도 사랑 위에 놓이지 않으면 아무것도 아닙니다. 이 유익한 것들이 사랑 위에 놓일 때에 그 빛이 영롱하게 빛난다는 것입니다.

3. 구제하는 것도 사랑이 아닙니다.

이것은 가장 착각하기 쉬운 것입니다. 내가 나의 재물로 다른 사람을 위하여 구제하고, 나의 몸으로 봉사하는 것을 사랑이라고 생각합니다. 그러나 구제하는 것도 사랑 위에 놓이지 않으면 아무 유익이 없습니다. 즉 "제자의 이름으로 냉수 한 그릇이라도 주는 자는 상을 잃지 않는다."(마 10:42)라고 하셨습니다. 그러나 사랑이 없이 나의 모든 재물로 구제하고 나의 몸으로 봉사하고 희생하여도 내가 유익을 얻지 못하는 것입니다. 내가 사랑 위에서 구제하고 사랑 위에서 희생할 때에 비로소 그 가치가 큰 것입니다.

그러면 사랑이 무엇입니까?

문자적으로 사랑이란 여러 가지로 정의할 수 있습니다. 에로스적인 사랑, 필레아적인 사랑, 스톨게적인 사랑, 아가페적인 사랑 등으로 설명합니다만 이 모든 사랑의 속성은 똑같습니다.

사랑은 무엇입니까? 고린도전서 13장에 15가지의 사랑을 말하고 있습니다. 이를 정리해 보면 다음과 같습니다.

①오래 참고 = 사랑은 오래 참는 것입니다.

사랑하는 남녀가 상대편의 잘못이라도 참아 주지 않습니까? 친구끼리도 친구의 허물을 덮어주고 그 허물을 오래 참아 주지 않습니까? 부모의 사랑은 하해와 같다고 하는데 이는 부모는 자식을 향해 무한 책임으로 용서하지 않습니까? 이와 같이 하나님의 사랑이 어떠합니까?(벧후 3:9) 헤아리기 어렵습니다. 사랑은 오래 참아 주는 것입니다.

②온유하며 = 모세가 그 백성을 사랑하였습니다(민 12:3).
③ 시기하지 아니하며
④ 자랑하지 아니하며
⑤ 교만하지 아니하며
⑥ 무례히 행치 아니하며
⑦ 자기의 유익을 구하지 아니하며
⑧ 성내지 아니하며
⑨ 악한 것을 생각하지 아니하며
⑩ 불의를 기뻐하지 아니하며
⑪ 진리와 함께 기뻐하고
⑫ 모든 것을 참으며
⑬ 모든 것을 믿으며
⑭ 모든 것을 바라며
⑮ 모든 것을 견디는 것이 사랑입니다.

여기에 기록된 15가지를 행하는 것이 사랑인 것입니다.

우리는 사랑이 무엇인가를 깨달았으면 모든 행위를 사랑 안에서 행하기를 바랍니다. 그러므로 사랑은 모든 것을 포함하는 제일인 것입니다. 즉 사랑은 믿음과 소망을 포함하고 있습니다. 이는 믿음이 있는 사람이 소망 중에 살고 소망 중에 있는 사람이 사랑을 행하게 되는 것입니다. 그러므로 사랑하는 사람은 믿음과 소망을 동시에 가지는 것입니다. 그러므로 사랑이 제일인 것입니다.

"이스라엘"이 왜 복입니까?
(창 32:22~32)

질문 : 하나님께서 야곱이 복을 주시기를 간구할 때에 '이스라엘'이란 이름을 주셨습니다. '이스라엘'이란 이름이 왜 복이 되는 걸까요?

대답 : 하나님께서 복을 구하는 야곱에게 '이스라엘'이란 이름을 주셨습니다. "그가 이르되 네 이름을 다시는 야곱이라 부를 것이 아니요 이스라엘이라 부를 것이니 이는 네가 하나님과 및 사람들과 겨루어 이겼음이니라."(창 32:28)고 하셨습니다. 이스라엘이란 이름을 주시면서 그 이유를 "하나님과 및 사람들과 겨루어 이겼음이라"고 하셨습니다. 하나님과 겨루어 이겼는데 이것이 왜 복이 되느냐는 말입니다. 이는 사람이 하나님의 집에 들어가서 복을 가져 올 수 있는 길이 열렸기 때문에 복이 되는 것입니다.

야곱이 밧단아람에서 20년을 있다가 가나안 땅으로 가는 도상에서 일어난 일입니다. 즉 얍복 나루에서 야곱이 어떤 사람과 밤새도록 씨름을 하였습니다. 그 사람이 야곱을 이기지 못함으로 야곱의 허벅지 관절을 치니 야곱의 허벅지 관절이 어긋났습니다. 야곱이 허벅지 관절이 어긋남으로 인해 다리를 절었습니다. 야곱과 씨름하던 그 사람이 보내주기를 청할 때에 야곱은 "당신이 내게 축복하지 아니하면 가게 하지 아니하겠나이다."라고 하였습니다. 이때에 그 사람이 야곱의 이름을 바꾸어 주었습니다. 바꾸어준 이름이 "이스라엘"입니다. 이 "이스라엘"로 바꾸어준 이유가 하나님과 및 사람들과 겨루어 이겼기 때문이라는 것입니다. 야곱이 겨루어 이긴 그 사람은 천사였습니다(호 12:4). 그렇다면 야곱은 천사와 겨루어 이겼던 것입니다. 그러면 인간의 눈으로 볼 때 야곱이 천사를 이겼습니까? 그렇지 않습니다. 야곱이 이긴 것이 아니라 천사가 이겼습니다. 왜 그렇습니까? 싸움에서 때린 사람이 이기는 것입니까? 맞은 사람이 이기는 것입니까? 그야 당연히 때린 사람이 이기는 것 아닙니까?

야곱은 천사에게 어떤 손해도 입히지 못했습니다. 그러나 천사는 야곱의 허벅지 관절을 쳐서 어긋나게 하였습니다. 이는 누가 보아도 야곱이 이긴 것이 아니라 천사가 이긴 것입니다. 그런데 하나님과 및 사람들과 겨루어 이겼다는 뜻의 "이스라엘"이란 이름을 주었습니다. 맞아서 진 사람에게 '이겼다'는 뜻의 "이스라엘"이란 이름을 준 것입니다. 이는 사람의 생각으로는 이해가 되지 않지만 하나님의 깊은 뜻이 담겨 있는 것입니다.

"이스라엘"이란 이름은 복된 이름입니다. 그러므로 하나님의 백성들을 '아브라함의 민족' 또는 '이삭의 민족' '야곱의 민족'이라 하지 않고 '이스라엘 민족'이라고 합니다.

그러면 "이스라엘"이 왜 복된 이름입니까? 이스라엘이 복된 이름이 된다는 것을 예수님의 말씀에서 찾을 수가 있습니다.

"사람이 먼저 강한 자를 결박하지 않고서야 어떻게 그 강한 자의 집에 들어가 그 세간을 강탈하겠느냐 결박한 후에야 그 집을 강탈하리라."(마 12:29)

이 말씀은 사람이 남의 것을 탈취하려면 그 집 사람을 이기고 난 후에 그 집의 세간을 탈취할 수가 있다는 말씀입니다. 이것이 축복해 주시기를 간청하는 야곱에게 "이스라엘"이란 이름을 주신 이유입니다. 이스라엘 민족이라 함은 하나님과 겨루어 이긴 백성이란 뜻입니다. 이는 하나님과 겨루어 이겼으니 하나님의 집에 들어가서 하나님의 복을 가져올 수 있는 민족이라는 뜻입니다. 하나님의 집에 들어가서 복을 가져가도 된다는 이름을 가졌으니 이 얼마나 복된 이름입니까? 하나님의 집에 들어가서 하나님의 복을 빼앗아 올 수 있으니 이보다 더 큰 복이 어디에 있겠습니까?

어떻게 사람이 하나님의 집에 들어가서 그 복을 빼앗아 올 수 있다는 말인가? '이 말은 하나님을 모욕하는 말이다.'라고 생각할 수 있습니다. 그러나 성경은 이러한 대답에 답을 주고 있습니다. 예수님께서 친히 말씀하셨습니다.

"세례 요한의 때부터 지금까지 천국은 침노를 당하나니 침노하는 자는 빼앗느니라."(마 11:12)

예수님께서 친히 말씀하시기를 '천국은 침노하는 자가 빼앗는다'고 말씀하십니다. 천국은 침노하는 자가 빼앗는데 그 천국에 있는 복을 빼앗아올 수도 있는 것은 당연한 것입니다.

이 복스러운 이름 '이스라엘'이란 이름을 지금 우리에게 주셨으니 얼마나 우리가 복을 받았습니까? 여기서 우리는 하나님의 자녀들을 말합니다.

그러면 우리가 어떻게 이스라엘이 됩니까? 이는 바울 사도께서 갈라디아서에 잘 설명해 놓았습니다.

"그런즉 믿음으로 말미암은 자들은 아브라함의 자손인 줄 알지어다 또 하나님이 이방을 믿음으로 말미암아 의로 정하실 것을 성경이 미리 알고 먼저 아브라함에게 복음을 전하되 모든 이방인이 너로 말미암아 복을 받으리라 하였느니라 그러므로 믿음으로 말미암은 자는 믿음이 있는 아브라함과 함께 복을 받느니라."(갈 3:7~9)

하나님의 말씀대로 아브라함의 자손들은 아브라함을 통하여 아브라함과 함께 복을 받는 것입니다. 아브라함의 자손들을 하나님께서 '이스라엘'이란 이름을 주셔서 복 받은 백성들이 되게 하셨습니다. 이는 아브라함의 자손은 아브라함과 같이 믿음을 가진 자가 되어 복을 받은 민족에 포함되는 것입니다. 그러므로 이제는 예수님께서 친히 인간이 되셔서 이 땅에 오셔서 둘 사이에 막혔던 담을 허시고 하나가 되게 하셨습니다.

"그는 우리의 화평이신지라 둘로 하나를 만드사 원수 된 것 곧 중간에 막힌 담을 자기 육체로 허시고"(엡 2:14)

예수님이 이 땅에 인간이 되어 오시기 전에는 이스라엘 백성과 이방인들 사이에 담이 막혀 있어서 누구나 이스라엘이 될 수 없었습니다.

그러나 이제는 예수님께서 인간이 되셔서 이 땅에 오셔서 둘 사이에 막혀 있던 담을 그 육체로 허시고 하나 되게 하셨으니 믿음이 있는 자는 다 같이 아브라함의 자손이요 '이스라엘' 민족이 되는 것입니다. 이제 우리가 이스라엘 민족이 되었으니 우리는 하나님의 집에 들어가서 하나님의 곡간에서 하나님의 복을 가져 올 수 있는 것입니다.

그렇다면 우리가 어떻게 하나님의 복을 가져 올 수 있겠습니까? 이는 기도로 가져 올 수 있습니다. 하나님께서 그 백성들 즉 이스라엘 민족에게 하나님의 복을 가져가는 방법이 기도가 되게 하셨습니다. 그러므로 성경은 증언합니다.

"구하라 그리하면 너희에게 주실 것이요 찾으라 그리하면 찾아낼 것이요 문을 두드리라 그리하면 너희에게 열릴 것이니"(마 7:7)

"너희가 내 이름으로 무엇을 구하든지 내가 행하리니 이는 아버지로 하여금 아들로 말미암아 영광을 받으시게 하려 함이라 내 이름으로 무엇이든지 내게 구하면 내가 행하리라."(요 14:13~14)

"지금까지는 너희가 내 이름으로 아무것도 구하지 아니하였으나 구하라 그리하면 받으리니 너희 기쁨이 충만하리라."(요 16:24)

우리에게 기도를 허락하셨고 그 기도를 들으시고 예수님께서 친히 행하신다고 하셨으니 이보다 더 복된 사람이 어디에 있겠습니까? 그러므로 우리들은 이 세상에서 세상 것을 욕심내어 열심히 일할 것이 아니라 하나님의 집에 있는 복을 욕심내어 열심을 다하면 얻을 것이니 쉬지 말고 기도하는 것이 마땅할 것입니다.

내가 세상 끝 날까지 너희와 항상 함께 있으리라 (마 28:20)

질문 : 예수님께서 "내가 세상 끝 날까지 너희와 함께 있으리라."고 하셨습니다. 그러면 어떻게 예수님은 세상을 떠나 하늘나라로 가시면서 세상 끝 날까지 함께하시겠다고 하십니까? 예수님이 함께 있는 것은 무엇을 의미하는 것입니까?

대답 : 예수님께서 "내가 세상 끝 날까지 너희와 함께 있으리라."고 하신 말씀은 오해하기가 쉽습니다. 예수님이 '너희와 함께 있으리라.'고 하신 말씀은 지리적으로 공간적으로 함께하시겠다는 말씀이라기보다는 너희가 도움을 청하면 언제든지 도와주시겠다는 말씀입니다.

예수님께서 "세상 끝 날까지 너희와 함께 있으리라"고 하신 말씀은 예수님의 지상명령의 마지막 결론으로 주님께서 승천하시기 직전에 하신 말씀입니다. '내가 세상 끝 날까지 너희와 함께 있으리라.'고 하신 말씀을 성령님이 오셔서 함께한다는 의미로 해석합니다. 과연 성령님이 함께하신다는 말씀으로 보는 게 옳은 것인가요? 이 문제는 많이 생각해봐야 합니다. 예수님께서 성령님을 말씀하실 때는 3인칭으로 말씀하십니다. 즉 "성령 그가"라고 하십니다.

요한복음 14장 26절에 "보혜사 곧 아버지께서 내 이름으로 보내실 성령 그가 너희에게 모든 것을 가르치고 내가 너희에게 말한 모든 것을 생각나게 하리라."고 하셨습니다. 곧 예수님께서 승천하시고 난 후에 성부 하나님께서 예수님의 이름으로 보내실 성령님이 예수님의 말씀을 생각나게 하시고 모든 것을 가르치신다고 하셨으니 이는 예수님 승천 후에 오순절 날 오신 성령님을 가리키신 것입니다. 여기서 예수님은 "성령 그가"라고 하셔서 성령님을 3인칭으로 지칭하셨으니 성령님과 예수님을 동일시 할 수는 없는 것입니다. 그리고 요한복음15장 26절에도 "내가 아버지께로부터 너희에게 보낼 보혜사 곧 아버지께로부터 나오시는 진리의 성령이 오실 때에 그가 나를 증언하실 것이요"라고 하셨습니다. 여기서 말씀하시는 성령님은 사도행전 1장 8절에 오실 성령님과 동일하신 분이십니다. 여기서도 그 보혜사라고 하여 예수님과 동일시 할 수 있는 말씀이 아닙니다. "그러나 진리의 성령이 오시면 그가 너희를 모든 진리 가운데로 인도하시리니 그가 스스로 말하지 않고 오직 들은 것을 말하며 장래 일을 너희에게 알리시리라."(요 16:13)고 하셨습니다. 여기서도 그 진리의 성령이 오시면 이라고 하여 예수님과 동일시 할 수 있는 근거는 없습니다.

그리고 신학적으로도 성령님과 예수님은 동일시 할 수가 없습니다.

삼위일체 하나님은 합쳐지거나 분리될 수 없는 것입니다. 마태복음 28 장 20절에 1인칭으로 말씀하신 예수님께서 "내가 너희와 함께 있으리라"고 하신 것은 예수님 자신이 함께하신다고 하시는 것이고 성령님이 함께하신다는 어떤 근거도 찾을 수가 없습니다.

삼위일체 하나님은 유일 불가분리적 본체이시면서 삼위의 인격을 가지고 계십니다. 삼위는 "나와 당신" "우리"라고 할 수 있는 개별적인 인격이십니다. 그리고 각 위는 전 본체를 가지고 계십니다. 즉 성부 하나님, 성자 하나님, 성령 하나님은 유일 불가분리적 삼위로서 한 본체를 가지고 계시는 분이십니다. 그러나 본체 안에 삼위가 계시니 삼위는 합체되거나 분리될 수가 없는 독립된 인격을 가지신 분이십니다. 그러므로 성자 하나님이신 예수님은 예수님이시고, 성령 하나님은 성령 하나님이십니다.

그러므로 마태복음 28장 20절에 "내가 함께 있으리라."고 하신 말씀은 예수님이 함께하신다는 말씀이지 성령님이 함께하신다고 하는 것은 잘못된 말씀입니다. 만약 예수님이 함께하시겠다고 하셨는데 성령님이 오신 것이라고 한다면 이는 이단으로 정죄된 양태론과 같은 이론이 됩니다.

그러므로 마태복음 28장 20절의 예수님께서 "내가 세상 끝 날까지 함께 있으리라."고 하신 말씀을 성령님이 오셔서 함께하신다고 해석하는 것은 잘못된 것입니다.

그러면 예수님께서 이 세상을 떠나시면서 어떻게 '내가 세상 끝 날까지 너희와 함께 있으리라'고 하셨겠습니까?

이 해석은 저의 어리석은 생각으로 풀어보면 다음과 같습니다. 즉 이 해석은 "함께"라는 개념을 바로 정의하면 풀립니다.

구약 여호수아 1장 5~6절에 보면 "네 평생에 너를 능히 대적할 자가 없으리니 내가 모세와 함께 있었던 것같이 너와 함께 있을 것임이니라 내가 너를 떠나지 아니하며 버리지 아니하리니 강하고 담대하라 너는 내가 그들의 조상에게 맹세하여 그들에게 주리라 한 땅을 이 백성에게 차지하게 하리라."고 하였습니다. 여기서 모세에게 함께하신 것은 모세를 도와주셔서 그 백성을 인도하게 하신 것을 말씀하십니다. 그와 마찬가지로 여호수아에게 함께하시겠다는 말씀은 여호수아를 도와주셔서 그 백성을 인도하시겠다는 말씀입니다. 그렇다면 함께하신다고 하신 말씀은 도움을 주시겠다는 말씀입니다.

예수님께서 하신 '내가 세상 끝 날까지 함께 있으리라.'는 말씀은 예수님께서 이 세상을 떠나시면 우리는 어떻게 하나 하는 불안 속에 있는 제자들을 위로하시는 말씀입니다. 즉 '내가 떠나도 너희는 두려워하거나 근심하지 말라 내가 지금 떠나도 너희와 세상 끝 날까지 함께하여 도와주시겠다.'는 말씀입니다.

그런데 예수님께서 떠나시면서 함께하신다는 말씀은 이 세상의 생각으로는 이해가 안 됩니다. 이해가 안 되는 이유는 하나님을 인간과 같은 줄로 생각하였기 때문입니다(시 50:21). 하나님의 완전성과 전능성을 이해하면 그렇게 어려운 문제도 아닙니다. 이 "함께"라는 말의 개념을 정리하면 이해가 될 것입니다.

어린 아이와 함께하는 보호자가 어느 정도 가까이 있어야 함께하는 것입니까? 1미터 혹은 10미터까지 아니면 100미터까지도 함께하는 것입니까? 이는 사람의 능력에 따라 다르다고 생각합니다. 즉 이 아이가 위험을 당하여 도움을 요청할 때에 즉시 도와 줄 수 있는 거리는 함께하는 것이라고 볼 수 있습니다.

운동선수 같은 이는 100미터 밖에 있어도 10초면 달려옵니다. 어떤 이는 10미터, 또 어떤 이는 1미터 밖에 있어도 전혀 도움을 줄 수 없다면 함께한다고 할 수가 없는 것입니다.

그러므로 '내가 세상 끝 날까지 너희와 함께 있으리라.'고 하신 말씀은 예수님이 이 세상을 떠나셔서 보좌에 앉아계시지만 그 제자들이 도움을 청할 때에 즉시로 도와주시겠다는 약속이라고 볼 수 있습니다. 왜냐하면 예수님은 완전하신 분이시니까 보좌에 계시면서도 우리의 부르짖음을 들으시고 즉시 도움의 손길을 보내 주실 수가 있으십니다. 그러므로 예수님이 이 세상을 떠나시면서 '내가 너희와 함께 있으리라.'고 하시는 말씀은 '내가 하늘 보좌에 있지만 너희가 도움을 요청하면 그 즉시로 도와주겠노라'고 하신 말씀입니다.

실제적으로 예수님께서 하나님 우편에 계시는 동안 "선지자직" "제사장직" "왕직"을 수행하고 계십니다. 예수님은 살아계셔서 우리가 도움을 청할 때에 즉시로 도우시겠다고 약속하셨으니 우리는 날마다 기도하여 우리 주 예수 그리스도의 도움을 받아야 될 것입니다.

예수님께서는 마태복음 18장 20절에 하신 말씀 "두세 사람이 내 이름으로 모인 곳에는 나도 그들 중에 있느니라."고 하신 말씀을 생각해 보시기 바랍니다.

비유로 말하면 어떤 사람이 먼 외국으로 여행을 떠나갈 때에 어린 아들에게 '아들아 내가 멀리 가더라도 네뒤에는 아버지가 있다. 그러니 아무 염려 말고 잘 있어라. 무슨 일이 있으면 아빠에게 연락해라 그러면 아빠가 도와줄게, 다녀오마!'라고 말하는 것은 이상할 것이 하나도 없지 않습니까? 그 아버지가 먼 외국에 있어도 아들에게 무슨 일이 생기면 전화를 하든지 아니면 아는 사람을 통하여서도 그 아들을 도울 수가 있는 것입니다. 이와 같이 예수님께서 이 세상을 떠나시면서 불안해하는 제자들에게 "내가 세상 끝 날까지 항상 함께 있으리라.”고 하신 말씀은 언제든지 도움을 청하면 즉시 도와주시겠다는 약속의 말씀입니다.

내가 세상 끝 날까지 너희와 항상 함께 있으리라(마 28:20)